"十三五"国家重点出版物出版规划项目·重大出版工程规划
中国工程院重大咨询项目成果文库
战略性新兴产业发展重大行动计划研究丛书
丛书主编 钟志华 邬贺铨

能源新技术战略性新兴产业重大行动计划研究

彭苏萍 等 著

科学出版社
北 京

内 容 简 介

"十三五"时期及之后十年是我国推进"四个革命,一个合作"能源发展战略的重要机遇期,大力发展能源新技术产业是推动我国能源结构优化调整和能源转型升级的主要方向。本书从我国经济社会发展阶段、国家的重大战略需求出发,基于全球能源新技术发展态势、我国能源国情的基本现实以及经济社会发展趋势,以构建低碳、清洁、高效、智能的现代综合能源体系为目标,同等重视化石能源和非化石能源新技术的颠覆性作用,结合能源资源清洁高效利用、碳约束下的能源安全战略、将能源新技术及关联产业打造成新的经济增长点等重大问题,充分体现能源新技术产业发展新趋势、新活力、新生态,提出了面向未来5~10年我国能源新技术战略性新兴产业发展重大行动计划。

本书可供能源领域的行业管理人员、科研人员、高等院校师生阅读,也可为政府部门制定决策提供参考。

图书在版编目(CIP)数据

能源新技术战略性新兴产业重大行动计划研究/彭苏萍等著. —北京:科学出版社,2019.3

(战略性新兴产业发展重大行动计划研究丛书/钟志华,邬贺铨主编)
"十三五"国家重点出版物出版规划项目·重大出版工程规划
中国工程院重大咨询项目成果文库
ISBN 978-7-03-060570-2

Ⅰ.①能⋯ Ⅱ.①彭⋯ Ⅲ.①能源工业-新兴产业-产业发展-研究-中国 Ⅳ.①F426.2

中国版本图书馆 CIP 数据核字(2019)第 029985 号

责任编辑:李 莉/责任校对:贾娜娜
责任印制:霍 兵/封面设计:正典设计

科学出版社 出版
北京东黄城根北街 16 号
邮政编码:100717
http://www.sciencep.com

北京画中画印刷有限公司 印刷
科学出版社发行 各地新华书店经销

*

2019年3月第 一 版 开本:720×1000 B5
2019年12月第二次印刷 印张:18
字数:360 000
定价:168.00元
(如有印装质量问题,我社负责调换)

课题组成员名单

组长
彭苏萍　　中国矿业大学（北京）、中国工程院院士

顾问
韩英铎　　清华大学、中国工程院院士
马永生　　中国石油化工集团公司副总经理、中国工程院院士
叶奇蓁　　中国核工业集团公司、中国工程院院士
多　吉　　西藏自治区地质矿产勘查开发局、中国工程院院士
徐　銤　　中国原子能科学研究院、中国工程院院士
张玉卓　　中国工程院院士
陈　勇　　中国科学院广州能源研究所、中国工程院院士
余贻鑫　　天津大学、中国工程院院士
顾大钊　　国家能源投资集团有限责任公司、中国工程院院士
黄其励　　国家电网公司东北电网有限公司、中国工程院院士

成员
俞珠峰　　国家能源集团神华研究院副院长、研究员
许世森　　中国华能集团清洁能源技术研究院有限公司董事长、研究员
王成山　　天津大学电气自动化与信息工程学院院长、教授
戴松元　　华北电力大学可再生能源学院院长、教授
王志峰　　中国科学院电工研究所研究部主任、研究员
袁振宏　　中国科学院广州能源研究所、研究员
王贵玲　　中国地质科学院水文地质环境地质研究所、研究员

武中地	中核新能核工业工程有限责任公司总工程师、研究员
汤文兵	中国船舶重工集团海装风电股份有限公司副总经理、研究员
吴玉程	太原理工大学党委书记、教授
张　博	中国矿业大学（北京）、副教授
宋　梅	中国矿业大学（北京）、教授
孙旭东	中国矿业大学（北京）、副教授
程　健	中国华能集团清洁能源技术研究院有限公司部门总工程师、研究员
张　军	国家能源技术经济研究院、高级工程师
王洪建	中国华能集团清洁能源技术研究院有限公司所长助理、高级工程师
罗　腾	国家能源技术经济研究院、助理研究员
谢小荣	清华大学、副教授
李　鹏	天津大学、副教授
李　鹏	南方电网科学研究院有限责任公司副院长、教授级高级工程师
宋　毅	国网经济技术研究院有限公司、高级工程师
宋关羽	天津大学、工程师
赵培荣	中国石化油田勘探开发事业部副处长、高级工程师
刘红光	中国石化经济技术研究院、工程师
吴秀花	中核新能核工业工程有限责任公司副总工程师、研究员
薛海宁	中国核电工程有限公司总工程师、研究员
苏　罡	中国核电工程有限公司、研究员
郭　晴	中国核电工程有限公司、高级工程师
韩花丽	中国船舶重工集团海装风电股份有限公司研究院院长、高级工程师
董晔弘	中国船舶重工集团海装风电股份有限公司、高级工程师
冯　煜	中国船舶重工集团海装风电股份有限公司、工程师
姚建曦	华北电力大学可再生能源学院副院长、教授
严建文	合肥工业大学工业与装备技术研究院院长、教授
孔凡太	中国科学院合肥物质科学研究院、副研究员
张剑寒	中国科学院电工研究所、助理研究员
詹　晶	中国科学院电工研究所、助理研究员
庄新姝	中国科学院广州能源研究所、研究员

| 王　闻 | 中国科学院广州能源研究所、副研究员 |
| 何雨江 | 中国地质科学院水文地质环境地质研究所、副研究员 |

执笔人名单（按专题排序）

彭苏萍	中国矿业大学（北京）、中国工程院院士（综合）
张　博	中国矿业大学（北京）、副教授（综合）
孙旭东	中国矿业大学（北京）、副教授（综合）
王洪建	中国华能集团清洁能源技术研究院有限公司所长助理、高级工程师（煤炭）
罗　腾	国家能源集团神华研究院、助理研究员（煤炭）
赵培荣	中国石化油田勘探开发事业部副处长、高级工程师（非常规油气）
刘红光	中国石化经济技术研究院、工程师（非常规油气）
苏　罡	中国核电工程有限公司、研究员（核能）
武中地	中核新能核工业工程有限责任公司总工程师、研究员（核能）
李　鹏	天津大学、副教授（智能电网与储能）
宋关羽	天津大学、工程师（智能电网与储能）
冯　煜	中国船舶重工集团海装风电股份有限公司、工程师（风电）
孔凡太	中国科学院合肥物质科学研究院、副研究员（太阳能光伏）
张剑寒	中国科学院电工研究所、助理研究员（太阳能光热）
王　闻	中国科学院广州能源研究所、副研究员（生物质能）
何雨江	中国地质科学院水文地质环境地质研究所、副研究员（地热能）

"战略性新兴产业发展重大行动计划研究"丛书序

中国特色社会主义进入了新时代，中国经济已由高速增长阶段转向高质量发展阶段。战略性新兴产业是以重大技术突破和重大发展需求为基础，对经济社会全局和长远发展具有重大引领带动作用的产业，具有知识技术密集、物质资源消耗少、成长潜力大、综合效益好等特点。面对当前国际错综复杂的新形势，发展战略性新兴产业是建设社会主义现代化强国，培育经济发展新动能的重要任务，也是促进我国经济高质量发展的关键。

党中央、国务院高度重视我国战略性新兴产业发展。习近平总书记指出，要以培育具有核心竞争力的主导产业为主攻方向，围绕产业链部署创新链，发展科技含量高、市场竞争力强、带动作用大、经济效益好的战略性新兴产业，把科技创新真正落到产业发展上[1]。党的十九大报告也提出，建设现代化经济体系，必须把发展经济的着力点放在实体经济上，把提高供给体系质量作为主攻方向，显著增强我国经济质量优势[2]。要坚定实施创新驱动发展战略，深化供给侧结构性改革，培育新增长点，形成新动能。

为了应对金融危机，重振经济活力，2010年，国务院颁布了《国务院关于加快培育和发展战略性新兴产业的决定》；并于2012年出台了《"十二五"国家战略性新兴产业发展规划》，提出加快培育和发展节能环保、新一代信息技术、生物、高端装备制造、新能源、新材料、新能源汽车等战略性新兴产业；为了进一步凝聚重点，及时调整战略性新兴产业发展方向，又于2016年出台

---

[1] 中共中央文献研究室. 习近平关于科技创新论述摘编. 中央文献出版社, 2016.
[2] 习近平. 决胜全面建成小康社会 夺取新时代中国特色社会主义伟大胜利. 人民出版社, 2017.

了《"十三五"国家战略性新兴产业发展规划》，明确指出要把战略性新兴产业摆在经济社会发展更加突出的位置，重点发展新一代信息技术、高端制造、生物、绿色低碳、数字创意五大领域及 21 项重点工程，大力构建现代产业新体系，推动经济社会持续健康发展。在我国经济增速放缓的大背景下，战略性新兴产业实现了持续快速增长，取得了巨大成就，对稳增长、调结构、促转型发挥了重要作用。

中国工程院是中国工程科技界最高荣誉性、咨询性学术机构，同时也是首批国家高端智库。自 2011 年起，配合国家发展和改革委员会开展了"战略性新兴产业培育与发展""'十三五'战略性新兴产业培育与发展规划研究"等重大咨询项目的研究工作，参与了"十二五""十三五"国家战略性新兴产业发展规划实施的中期评估，为战略性新兴产业相关政策的制定及完善提供了依据。

在前期研究基础上，中国工程院于 2016 年启动了"战略性新兴产业发展重大行动计划研究"重大咨询项目。项目旨在以创新驱动发展战略、"一带一路"倡议等为指引，紧密结合国家经济社会发展新的战略需要和科技突破方向，充分关注国际新兴产业的新势头、新苗头，针对《"十三五"国家战略性新兴产业发展规划》提出的重大工程，提出"十三五"战略性新兴产业发展重大行动计划及实施路径，推动重点任务及重大工程真正落地。同时，立足"十三五"整体政策环境进一步优化和创新产业培育与发展政策，开展战略性新兴产业评价指标体系、产业成熟度深化研究及推广应用，支撑国家战略决策，引领产业发展。

经过两年的广泛调研和深入研究，项目组编纂形成"战略性新兴产业发展重大行动计划研究"成果丛书，共 11 种。其中 1 种为综合卷，即《战略性新兴产业发展重大行动计划综合研究》；1 种为政策卷，即《战略性新兴产业：政策与治理创新研究》；9 种为领域卷，包括《节能环保产业发展重大行动计划研究》《新一代信息产业发展重大行动计划研究》《生物产业发展重大行动计划研究》《能源新技术战略性新兴产业重大行动计划研究》《新能源汽车产业发展重大行动计划研究》《高端装备制造业发展重大行动计划研究》《新材料产业发展重大行动计划研究》《"互联网+智能制造"新兴产业发展行动计划研究》《数字创意产业发展重大行动计划研究》。本丛书深入分析了战略性新兴产业重点领域以及产业政策创新方面的发展态势和方向，梳理了具有全局性、带动性、需要优先发展的重大关键技术和领域，分析了目前制约我国战略性新兴产业关键核心技术识别、研发及产业化发展的主要矛盾和瓶颈，为促进"十三五"我国战略性新兴产业发展提供了政策参考和决策咨询。

2019 年是全面贯彻落实十九大精神的深化之年，是实施《"十三五"国家战略性新兴产业发展规划》的攻坚之年。衷心希望本丛书能够继续为广大关心、支持和参与战略性新兴产业发展的读者提供高质量、有价值的参考。

前　言

"十三五"时期及之后十年是我国推进"四个革命，一个合作"能源发展战略的重要机遇期，大力发展能源新技术产业是推动我国能源结构优化调整和能源转型升级的主要方向。能源新技术不仅涉及可再生能源、核能及非常规油气领域，也涵盖能源的清洁高效转化、传输以及终端用能等多方面，是具有突破性或颠覆性的能源开发利用技术。基于能源新技术的分类与战略性特点，能源新技术战略性新兴产业主要涵盖的范围包括煤炭清洁高效转化与利用产业、非常规油气开发利用产业、智能电网与储能产业以及核能和可再生能源产业（主要涉及我国战略性新兴产业分类中的"新能源产业"）。

中国工程院"战略性新兴产业重大行动计划研究"重大咨询项目"能源新技术战略性新兴产业发展重大行动计划研究"课题由彭苏萍院士担任负责人，组织国内能源领域的院士、专家40余人共同参与。课题研究从我国经济社会发展阶段、国家的重大战略需求出发，基于全球能源新技术发展态势、我国能源国情的基本现实以及经济社会发展趋势，以构建低碳、清洁、高效、智能的现代综合能源体系为目标，同等重视化石能源和非化石能源新技术的颠覆性作用，结合能源资源清洁高效利用、碳约束下的能源安全战略、将能源新技术及关联产业打造成新的经济增长点等重大问题，充分体现能源新技术产业发展新趋势、新活力、新生态，提出了面向未来 5~10 年我国能源新技术战略性新兴产业发展重大行动计划。

首先，总论了能源新技术战略性新兴产业重大行动计划研究的主要成果。集成各专题研究成果，从背景、总体要求、发展目标、重大行动四个方面，详细阐述了面向 2020 年和 2025 年我国能源新技术战略性新兴产业的发展目标，特别是提出了煤炭清洁高效转化与利用产业、非常规油气开发利用产业、智能电网与储能产业及核能与可再生能源产业的具体重大行动计划。

其次，全面总结了国内外能源新技术产业发展现状评价与趋势。一方面，针对全球能源新技术新兴产业发展动态与未来趋势，分析了全球能源新技术战略性新兴产业发展现状、引发全球能源产业变革的颠覆性技术前瞻、未来全球能源新技术战略性新兴产业发展趋势等内容；另一方面，结合我国能源新技术战略性新兴产业发展的实际情况，对我国能源新技术战略性新兴产业发展态势与需求，尤其是"十二五"以来产业发展的现状与问题，开展了深入分析。特别是，本书首次基于产业成熟度方法，针对整体煤气化联合循环（integrated gasification combined cycle，IGCC）、页岩气、电力电子设备、自主三代压水堆核能发电、下一代大容量智能化风力发电、玉米整株燃料乙醇生物炼制等细分产业，开展了能源新技术产业成熟度评价研究。

再次，系统论述了能源新技术产业各领域重大行动计划的研究成果。根据我国能源新技术产业分类，分别阐述了煤炭清洁高效转化与利用产业重大行动计划、非常规油气开发利用产业重大行动计划、智能电网与储能产业重大行动计划、核能与可再生能源产业（新能源产业）重大行动计划，具体涉及发展目标、产业发展重点任务与实施途径、需重点攻关的工程科技项目或重大工程等内容。研究提出，重点建设西部煤炭绿色转化利用重大工程、非常规天然气规模化开发重大工程、面向新型城镇的绿色低碳能源智慧利用重大工程；在核能和可再生能源领域，重点攻关 10MW 级及以上大容量海上风电机组示范工程、太阳电池技术和实证技术公共研究平台、太阳能热发电与热利用技术、玉米整株燃料乙醇生物炼制工程和大型沼气工程以及干热岩发电示范工程等工程科技项目；集中高起点、高水平建设泛雄安地区和粤西地区 2 个国家级新能源高比例发展与集成创新示范区。

最后，提出了能源新技术产业各领域重大行动计划实施的保障措施。①以宏观调控为导向推动能源新技术新兴产业的合理布局，逐步改善能源产业内各领域发展不均衡的问题；②加快重大示范工程建设速度，推动我国能源新技术产业的引领发展；加强产业发展的预见与成熟度评价工作，实现我国能源新技术产业的差异化管理；③充分发挥能源新技术战略性新兴产业链长、技术路线复杂、多学科交叉和多种创新要素的集聚作用，积极推动大数据、人工智能和互联网与能源经济的深度融合及信息化技术在能源领域的应用。同时，针对各具体产业，提出了促进相关产业发展的建议。

当前，全球能源发展处于重要的转型期，能源技术创新具有多点突破、交叉融合、加速应用、影响深远等特点。我国是全球能源新技术产业发展最快的国家之一，能源新技术产业已经具备良好的发展基础与先行优势。希望本书的相关研究成果，可为今后 5~10 年我国能源新技术产业发展的顶层设计，以及实现我国从能源大国向能源强国转变的战略构想，提供管理决策参考。

彭苏萍
2018 年 1 月

目　录

总论 ··· 1
　一、背景 ·· 1
　二、总体要求 ··· 3
　三、发展目标 ··· 3
　四、重大行动 ··· 8
第一章　全球能源新技术新兴产业发展动态与未来趋势 ·························· 30
　一、全球能源新技术战略性新兴产业发展现状 ·· 30
　二、引发全球能源产业变革的颠覆性技术前瞻 ·· 53
　三、未来全球能源新技术战略性新兴产业发展趋势 ································· 67
第二章　我国能源新技术战略性新兴产业发展态势与需求 ······················ 83
　一、"十二五"以来产业发展现状与成功经验 ··· 83
　二、"十二五"以来产业发展存在的问题与面临的挑战 ·························· 115
　三、国家重大战略需求与产业发展重要意义 ··· 130
第三章　我国能源新技术战略性新兴产业成熟度评价研究 ···················· 148
　一、产业成熟度评价原则与方法 ··· 148
　二、IGCC产业成熟度评价 ··· 155
　三、页岩气产业成熟度评价 ·· 160
　四、电力电子装备产业成熟度评价 ··· 163
　五、自主三代压水堆核能发电产业成熟度评价 ····································· 167
　六、下一代大容量智能化风力发电产业成熟度评价 ······························ 172
　七、玉米整株燃料乙醇生物炼制产业成熟度评价 ································· 177
　八、能源新技术产业成熟度评价结果分析 ·· 181

· ix ·

第四章 煤炭清洁高效转化与利用产业重大行动计划 ················ 183
一、发展目标 ·· 183
二、产业发展重点任务与实施途径 ·································· 185
三、西部煤炭绿色转化利用重大工程 ································ 192

第五章 非常规油气开发利用产业重大行动计划 ······················ 196
一、发展目标 ·· 196
二、产业发展重点任务与实施途径 ·································· 197
三、非常规天然气规模化开发重大工程 ······························ 199

第六章 智能电网与储能产业重大行动计划 ·························· 202
一、发展目标 ·· 202
二、产业发展重点任务与实施途径 ·································· 203
三、面向新型城镇的绿色低碳能源智慧利用重大工程 ················ 213

第七章 核能与可再生能源产业（新能源产业）重大行动计划 ········ 220
一、发展目标 ·· 220
二、产业发展重点任务与实施途径 ·································· 223
三、需重点攻关的工程科技项目 ···································· 236
四、新能源高比例发展与集成创新示范区 ···························· 241

第八章 保障措施与政策建议 ······································ 254
一、煤炭清洁高效转化与利用产业 ·································· 256
二、非常规油气开发利用产业 ······································ 257
三、智能电网与储能产业 ·· 257
四、核能与可再生能源产业 ·· 258

参考文献 ·· 264

总　　论

一、背景

战略性新兴产业代表新一轮科技革命和产业变革的方向，是培育经济社会发展新动能、获取未来竞争新优势的关键领域。新一轮的能源革命已初露端倪，世界能源生产与消费格局正在向绿色低碳型转变，更高效率、更低成本的能源新技术不断推广应用，能源电气化、智能化已渐成能源发展主流，能源清洁高效开发、大规模可再生能源利用、智能电网等技术进步将催生能源转化、传输与利用方式的重大变革。

能源新技术不仅涉及可再生能源、核能及非常规天然气领域，也涵盖能源的清洁高效转化、传输以及终端用能等多方面，是具有突破性或颠覆性的能源开发利用技术。在煤炭清洁高效转化与利用领域，引发全球能源产业变革的颠覆性技术（destructive technology）主要包括先进燃煤发电技术、CO_2减排与碳资源利用技术、粉煤灰综合利用技术、先进现代煤化工技术。在非常规油气开发利用技术方面，地质综合评价、地球物理"甜点"预测、水平井钻井及多级压裂、微地震等一批关键核心技术的进步极大地推动了产业的快速发展。耐事故燃料元件在先进水冷堆技术中的应用、快中子反应堆技术、中小型反应堆或模块堆技术、核动力的非电力应用、核聚变技术的发展将极大地促进核电安全高效以及多用途利用。可再生能源领域技术革新迅速，风电技术前沿包括分段式或组合式叶片技术、混合式塔筒技术、智能化风电技术；太阳能发电技术前沿包括新型薄膜电池、硅电池、钙钛矿太阳电池、有机太阳电池、高温气体太阳能热发电技术、固体粒子太阳能热发电技术、化学储热技术、高效率聚光器及聚光场设计技术等；生物质能高效开发利用技术涉及新型能源植物育种与栽培技术、低耗高效的预处理技术、高性能产酶/发酵菌株的选育技术、高效催化剂制备技术、全组分高值化利用技术等。以增强型地热系统（enhanced geothermal systems，EGS）等为代表的干热岩资源发电是全球地热产业未来最重要的发展方向。智能电网与储能技术的发展关键在于高电压大功率新型电力电子装置、规模化新型电能存储技术、规模化车网融合互动技术、高温超导电力装备及应用技术。能源新技术与信息技术、材料技术的交叉融合，不断催生新的能源产业形态。

因此，能源新技术战略性新兴产业主要涵盖的范围包括煤炭清洁高效转化与利用产业、非常规油气开发利用产业、智能电网与储能产业、核能与可再生能源产业（主要涉及我国战略性新兴产业分类中的"新能源产业"）。绿色、清洁、高效和低碳是未来全球煤炭产业的发展方向，将贯穿于煤炭开采、加工、利用、转化、综合循环等整个产业链，因而煤炭清洁高效转化和利用是未来煤炭产业的发展方向，将成为煤炭产业升级、创新发展的重要基础。我国煤炭清洁高效转化与利用发展取得积极进展，先进燃煤发电、现代煤化工等取得重要突破；以页岩油气为代表的非常规油气产业正在快速发展，与海洋深水、陆地深层油气领域一同成为全球未来油气储量、产量增长的主要动力，我国非常规油气进入规模化勘探和工业化开发阶段；核能属于一种成熟的低碳技术，将向着安全水平更高、电力输出功率更大、规模经济更好的趋势发展，我国已经迎来了第二轮规模发展核电的时期；加快发展以风能、太阳能和生物质能为代表的可再生能源产业已成为世界各国推动能源转型发展、治理环境污染和应对全球气候变化的主要抓手。我国光伏、风力发电技术及产业获得了长足进步，产业规模保持世界第一，可以同步参与国际竞争；生物质能开发利用、太阳能热发电、氢能和燃料电池技术、地热能利用也获得了较快发展；电力作为可再生能源的最有效利用方式受到越来越广泛的重视，世界各国都投入了大量资源，积极探索清洁可再生能源主导下的电力生产、传输、分配与消费新模式，以智能电网为代表的电力科技进入发展快车道，世界电力技术的发展趋势可以概括为安全可靠、清洁环保、经济高效、智能开放。我国智能电网和储能产业在核心技术、装备和示范应用方面取得了重要进展。智能电网与冷、热、天然气等多种能源形式以及交通运输系统的融合愈发紧密，加速向智慧能源互联网的高级形态演化。能源新技术战略性新兴产业已成为推动我国能源发展、培育经济增长新动能的重要力量。

二、总体要求

全面落实能源领域国家"十三五"规划的各项决策部署，坚持"节约、清洁、安全"的战略方针，加快构建低碳、清洁、高效、智能的现代综合能源体系，通过着力推动化石能源和非化石能源新技术发展，加快实现能源资源清洁、高效、可持续开发利用，将能源新技术及关联产业打造成新的经济增长点，全面提高我国能源产业核心竞争力，打造中国能源升级版，为实现中华民族伟大复兴的中国梦提供安全可靠的能源保障。

三、发展目标

《"十三五"国家战略性新兴产业发展规划》提出：到2020年，核电、风电、太阳能、生物质能等占能源消费总量比重达到8%以上，产业产值规模超过1.5万亿元，打造世界领先的新能源产业。到2020年，核电装机规模达到5800万kW，在建规模达到3000万kW，形成国际先进的集技术开发、设计、装备制造、运营服务于一体的核电全产业链发展能力。到2020年，风电装机规模达到2.1亿kW以上，实现风电与煤电上网电价基本相当，风电装备技术创新能力达到国际先进水平。到2020年，太阳能发电装机规模达到1.1亿kW以上，力争实现用户侧平价上网。其中，分布式光伏发电、光伏电站、光热发电装机规模分别达到6000万kW、4500万kW、500万kW。在实现《"十三五"国家战略性新兴产业发展规划》总体目标的基础上，本书提出能源新技术战略性新兴产业到2020年和2025年的发展目标，具体如下。

（一）煤炭清洁高效转化与利用产业

到2020年，煤炭清洁高效转化方面，煤制油产能为1300万t/a、煤制烯烃产能为1000万t/a、煤制天然气产能为170亿m^3/a、低阶煤分质利用产能为1500万t/a（煤炭加工量）、煤制乙二醇产能为400万t/a，力争建成100万t/a煤制芳烃工业化示范项目；煤炭清洁高效利用方面，"十三五"期间，预计全国将实施燃煤电厂超低排放改造 4.2 亿 kW，30 万 kW 级以上具备条件的燃煤机组全部实现超低排放，改造完成后主要污染物排放量下降一半以上，燃煤发电机组平均供电煤耗低于 310g 标准煤/kWh，CO_2 排放强度下降到 865g/kWh 左右；完成 3～5 座 IGCC 电站，1～3 座百千瓦级整体煤气化燃料电池（integrated gasification fuel cell，IGFC）电站，达到近零排放，具有经济竞争力；形成 700℃关键热部件生产制造能力，完成电站总体设计。

到 2025 年，煤制油产能为 1800 万 t/a、煤制烯烃产能为 1300 万 t/a、煤制天然气产能为 250 亿 m^3/a、低阶煤分质利用产能为 1700 万 t/a（煤炭加工量）、煤制乙二醇产能为 500 万 t/a，煤制芳烃产能为 200 万 t/a。预计到 2025 年，我国燃煤机组全部实现超低排放；建成 900MW 等级 IGCC 清洁电站，供电效率大于 50%；实现百兆瓦级 IGFC 电站工程示范，发电效率大于 60%；实现 CO_2 近零排放，CO_2 捕集率大于 90%；700℃超超临界机组可以达到推广应用阶段。

（二）非常规油气开发利用产业

在政策支持到位和市场开拓顺利的情况下，2020 年页岩气产量力争达到 300 亿 m^3，3500m 以下深页岩气勘探开发技术、常压低成本页岩气开发技术取得突破；地面煤层气（煤矿瓦斯）产量达 100 亿 m^3，利用率达 90%以上，煤层气形成新的商业开发阵地。

到 2025 年，页岩气产业快速发展，页岩气产量达到 500 亿～600 亿 m^3；地面煤层气产量达到 150 亿 m^3。

（三）智能电网与储能产业

面向绿色能源体系建设、综合能效提升、智慧城市发展、用户优质服务等多方面重大需求，建设以清洁能源为主导的新型智能电网，构建智能化的电力生产、输配和消费互动新体系。

预计到 2020 年，基本实现全面可控的智能柔性电力输配和清洁可再生能源发电的 100%消纳，供电可靠性达到 99.999%。

预计到 2025 年，初步实现"互联网＋智能电网"智慧能源服务，为用户提供定制化的电力服务。

（四）核能与可再生能源产业

1. 2020年发展目标

《"十三五"国家战略性新兴产业发展规划》确立了新能源高比例发展的重大行动计划，提出到2020年，核电、风电、太阳能、生物质能等占能源消费总量比重达到8%以上，产业产值规模超过1.5万亿元。2017年1月，国家能源局发布的《能源发展"十三五"规划》提出，到2020年"能源消费总量控制在50亿吨标准煤以内"，与《中华人民共和国国民经济和社会发展第十三个五年规划纲要》保持一致。非化石能源消费比重提高到15%以上，天然气消费比重力争达到10%，煤炭消费比重降低到58%以下。按照规划相关指标推算，非化石能源和天然气消费增量是煤炭增量的3倍多，占能源消费总量增量的68%以上。清洁低碳能源将是"十三五"期间能源供应增量的主体。

（1）在"十三五"期间通过示范工程建设验证自主三代核电技术，通过技术反馈和优化实现三代核电技术规模化发展，到2020年，核电装机规模达到5800万kW，在建规模达到3000万kW，形成国际先进的集技术开发、设计、装备制造、运营服务于一体的核电全产业链发展能力，产值将达到5000亿元。

（2）《风电发展"十三五"规划》和《可再生能源发展"十三五"规划》分别对风电发展的总量目标、消纳利用目标、产业发展目标和经济性目标提出了明确要求。通过规划内容的实施，到2020年，风电新增装机容量达到8000万kW以上，累计并网装机容量确保达到2.1亿kW以上，其中海上风电新增装机容量400万kW以上，累计并网装机容量达到500万kW以上，据此装机规模估算，"十三五"期间风电建设总投资预计将达到7000亿元以上。同时，到2020年，风电年发电量确保达到4200亿kWh，约占全国总发电量的6%，为实现非化石能源占一次能源消费比重达到15%的目标提供重要支撑，根据2020年风电发电量测算，这相当于每年节约1.5亿t标准煤。到"十三五"末期，有效解决风电弃风问题，东北、华北和西北地区（以下简称"三北"地区）全面达到最低保障性收购利用小时数的要求。风电设备制造水平和研发能力不断提高，3~5家设备制造企业全面达到国际先进水平，市场份额明显提升。到2020年，风电项目电价可与当地燃煤发电电价同平台竞争。"十三五"期间，风电将带动相关上下游产业显著发展，不断增加就业规模，新增就业人数将达 30 万人左右。

（3）到 2020 年年底，太阳能发电装机达到 1.1 亿 kW 以上，其中，光伏发电装机达到 1.05 亿 kW 以上，太阳能热发电装机达到 500 万 kW，太阳能热发电全行业总产值约为 1200 亿元。太阳能热利用集热面积达到 8 亿 m^2[1]。到 2020 年，太阳能年利用量达到 1.4 亿 t 标准煤以上，发电量达到 1500 亿 kWh，约占全国总发电量的 2%，占非化石能源消费比重的 18%以上。"十三五"期间新增太阳能年利用总规模折合 7500 万 t 标准煤以上，占新增非化石能源消费比重的 30%以上。太阳能发电产业对我国经济产值的贡献将达到 6000 亿元，平均每年拉动经济需求 1200 亿元以上，同步带动电子工业、新材料、高端制造、互联网等产业，太阳能热利用产业对经济产值贡献将达到 5000 亿元。太阳能光伏产业继续扩大太阳能利用规模，不断提高太阳能在能源结构中的比重，提升太阳能技术水平，降低太阳能利用成本。完善太阳能利用的技术创新和多元化应用体系，为产业健康发展提供良好的市场环境。到 2020 年，光伏发电电价水平在 2015 年基础上下降 50%以上，在用电侧实现平价上网目标；太阳能热发电成本低于 0.8 元/kWh；太阳能供暖、工业供热具有市场竞争力。先进晶体硅光伏电池产业化转换效率达到 23%以上，薄膜光伏电池产业化转换效率显著提高，若干新型光伏电池初步产业化。光伏发电系统效率显著提升，实现智能运维。太阳能热发电效率实现较大提高，形成全产业链集成能力。

（4）生物质能产业。根据《生物质能发展"十三五"规划》[2]，到 2020 年，生物质能基本实现商业化和规模化利用，生物质能年利用量约 5800 万 t 标准煤，生物质能产业年销售收入约 1200 亿元。生物质发电总装机容量达到 1500 万 kW，年发电量 900 亿 kWh，其中农林生物质直燃发电 700 万 kW，城镇生活垃圾焚烧发电 750 万 kW，沼气发电 50 万 kW；生物天然气年利用量 80 亿 m^3；生物液体燃料年利用量 600 万 t，其中生物燃料乙醇 400 万 t，生物柴油 200 万 t；生物质成型燃料年利用量 3000 万 t。"十三五"期间，加大技术创新和集成创新的投入力度，重点突破能源植物优良品种选育、边际土地的能源植物规模化种植、城镇生物质资源收集与管控、纤维素燃料乙醇生产、生物柴油清洁炼制、生物质合成燃料制备和高附加值化学品炼制等关键技术，建设示范工程。显著增加生物质能在清洁能源和交通燃料供应中的比例，体现生物质能源在 CO_2 减排及提供清洁液体燃料方面的优势，生物质能源作为战略性新兴产业初步形成。

（5）地热能利用产业。地热能利用包括地热供暖、地热利用、地热发电、干热岩发电等多种方式，其中地热供暖（地源热泵+常规地热）可替代标准煤1280.8万t，地热利用可替代标准煤746.1万t，地热发电相当于节煤35万t，加上干热岩试验发电节煤0.3万t，总计年替代标准煤2062.2万t，年产值约258亿元。

2. 2025年发展目标

到2025年完成以自主快堆为代表的新一代核电技术攻关，推动快堆和高温堆示范工程，模块化小堆首堆示范工程开工，开展低温供热堆示范工程建设，实现核能多用途和高效利用；通过新一代核电及后处理示范工程的建设，建立核燃料闭式循环，为核能产业规模化、可持续发展奠定基础。助力实现到2025年压水堆技术耐事故燃料元件研发成功，并应用在在役和新建核电站中，提升固有安全性；到2030年达到核电发电量占比10%以上的规模化发展目标，实现大规模提供能源并实现减排；立足于核能可持续发展，突破铀资源及废物处置的制约，实现资源利用最大化和废物最小化。

到2025年，全国风电新增装机容量达2.55亿kW，累计装机容量达到3.94亿kW，其中风电新增并网容量2.63亿kW，约占全球新增并网容量的43%。陆上风电度电成本最低有望达到0.34元/kWh，完成其在能源结构中的蜕变，真正具备经济性上的竞争力。

2015年，国务院公布《中国制造2025》战略规划，预计到2020年，太阳能电力市场占比份额将达5.7%（5400万kWh），到2025年，该占比将进一步提高至12.5%，累计装机将超过20万kW。

到2025年我国太阳能热发电累计装机容量达到2000万kW，太阳能热利用集热面积达到30亿m^2。

到2025年生物质能产业发展较为成熟，生物质能年利用量达约8500万t标准煤，生物质能产业年销售收入约1800亿元。生物质发电总装机容量达到2000万kW，年发电量1000亿kWh，其中农林生物质直燃发电900万kW，城镇生活垃圾焚烧发电1000万kW，沼气发电100万kW；生物天然气年利用400亿m^3；生物液体燃料年利用量800万t，其中生物燃料乙醇500万t，生物柴油300万t；生物质成型燃料年利用量3500万t。

2025年，地热供暖（地源热泵+常规地热）可替代标准煤1919万t，地热利用可替代标准煤1092万t，地热发电相当于节煤70万t，加上干热岩试验发电节煤 26 万 t，总计年替代标准煤 3107 万 t，年产值约 388 亿元。

四、重大行动

（一）煤炭清洁高效转化与利用产业

1. 大力发展高效燃煤发电与污染物超低排放控制装备

1）燃煤电厂超低排放和管理减排

全面实施燃煤电厂超低排放，是推进煤炭清洁化利用、改善大气环境质量的重要举措，是煤电持续发展的关键因素。开发基于湿式电除尘的深度进化和协同控制技术，加强一体化协同控制的研发，如臭氧氧化技术、电催化氧化技术等，逐步推进单独的一体化联合脱除技术示范应用是多污染物控制技术的发展方向。"十三五"期间，技术方面集中攻关污染物一体化脱除技术，包括研发具有同时吸附多污染物作用的新型高效吸附剂及高效、低成本氧化剂、氧化工艺与设备，以及高效催化剂等，研发多污染物一体化联合脱除技术工艺关键装置设计与制造技术，研究工艺流程优化技术等。对 30 万 kW 级以上具备条件的燃煤机组全部实现超低排放改造，改造完成后主要污染物排放量下降超过一半。

2）IGCC 发电系统和 IGFC 发电系统产业升级示范

"十三五"期间，为进一步提升 IGCC 效率和经济性，需要结合我国在天津 IGCC 电站设计、建造与运营过程中积累的经验，开发新一代的 IGCC 及多联产、大型 IGFC 技术，重点开发大容量的煤气化技术，开发适用于 IGCC 的 F 级以及 H 级燃气轮机技术、低能耗制氧技术、煤气显热回收利用技术，进行高效、低成本 IGCC 工业示范，掌握和改进 IGCC 系统集成技术，降低造价，不断积累 IGCC 电站的实际运行、检修和管理经验。进行基于 F 级燃机的 400～600MW IGCC 技术的示范，供电效率达到 45%以上；示范基于褐煤气化的 400～600MW IGCC 技术，供电效率达到 43%以上；示范基于 H 级燃机的 600MW 级 IGCC 发电技术，供电效率达到 48%以上。电站排放技术指标达到 PM＜1mg/Nm^3、SO$_2$＜1mg/Nm^3、NO$_x$＜30mg/Nm^3、Hg＜0.003mg/Nm^3。

IGFC 是以气化煤气为燃料的高温燃料电池［包括固体氧化物燃料电池（solid

oxide fuel cell，SOFC）和熔融碳酸盐燃料电池（molten carbonate fuel cell，MCFC）]发电系统，除具备 IGCC 技术的优点外，其效率可达 60%以上，CO_2 容易富集，可达到近零排放。在国家的大力支持下，预计我国在 2022 年前可实现百千瓦级 IGFC 发电系统的自主设计、制造，建立示范运行系统；在新材料、新工艺、新器件等基础技术研究方面取得一批重大成果；在 2030 年前建立一批重点示范工程，并投入运行，收到实效；最终掌握百兆瓦级 IGFC 发电技术，实现煤炭高效发电、近零排放。

3）700℃超超临界高效发电持续验证试验

在国家能源局、科学技术部的大力支持下，"十三五"期间，集中攻关并全面掌握 700℃等级高温材料制造和加工技术，完成电站总体设计。包括研发 700℃镍基合金高温材料生产和加工技术，耐热材料大型铸件、锻件的加工制造技术，高温部件焊接材料、焊接工艺及高温材料的检验技术等；研究 700℃机组主辅机关键部件加工制造技术，包括水冷壁、过热器、再热器、集箱及管件、汽轮机主轴及高/中/低压缸等；研发 700℃超超临界发电机组锅炉、汽轮机及关键辅机和阀门国产化制造技术。此外，还需重点研究 700℃机组系统设计优化，包括电站总体设计、锅炉和汽轮机总体设计、系统优化等方面，从而实现超超临界等发电技术的商业化大规模应用。

2. 积极推进 CO_2 捕集、利用与封存产业的发展

未来重点研发新一代高效低能耗的 CO_2 吸收剂和捕集材料，开展百万吨级全流程碳捕集、利用与封存（carbon capture, utilization and storage，CCUS）项目示范，使 CO_2 捕集成本小于 25 美元/t，达到国际领先水平。研发燃烧前捕集、燃烧后捕集、富氧燃烧捕集，CO_2 驱油及驱气，固体氧化物电解池等前沿新技术。加强电厂捕集与应用封存端深度整合、高参数大通量设备研制、地质封存长期监测等应用技术研究。

3. 加快粉煤灰"一步酸溶法"提取氧化铝工业化示范线建设

与传统的基于石灰石烧结碱法提取氧化铝技术相比，"一步酸溶法"提取氧化铝具有酸可循环利用、无废渣排放、流程短、成本低、技术条件宽泛、易于工业化和环保等优势。"十三五"期间，应加快"一步酸溶法"提取氧化铝工业化示范

线建设，建设 2×50 万 t/a 生产冶金级氧化铝工业化示范厂。

4. 推动现代煤化工产业升级示范

1）煤制油升级示范重点

煤直接液化方面，2020 年以前主要是在总结中国神华煤制油化工有限公司鄂尔多斯煤制油分公司 108 万 t/a 煤直接液化装置运行经验的基础上，进一步优化和完善煤直接液化工艺技术，实施能量梯级利用，继续开发和试验特种油品，进行智能化改造，对油渣萃取工艺进行示范。适时启动煤直接液化第二、三条生产线的建设。到 2025 年，在二、三线建成投产形成规模效益的同时，继续调整产品结构，特种油品实现商业化；同时进行配套工艺技术及设备的研发及示范应用、智能化控制应用，对油渣进行高效利用（如生产碳纤维等），进一步提高项目的经济效益和竞争力。

煤间接液化方面，2020 年以前主要是推动兖州煤业榆林能化有限公司（以下简称兖矿榆林）百万吨级和神华宁夏煤业集团有限责任公司（简称"神华宁煤"）400 万 t/a 煤间接液化示范项目实现安全、稳定运行的同时，进一步延伸产业链，开发和适时建设高温费托装置，产品由单一油品向油化并重或以化学品为主的方向转变。到 2025 年，采用更新的工艺和催化剂，建成并运行高温费托工艺，同时对产品结构进行适当调整，润滑油、液蜡、烯烃等实现商业推广，过程控制实现信息化、智能化。

煤油共炼技术，2020 年以前主要是对现有项目进行示范运行、总结、优化；到 2025 年，根据外部原料供应条件，适时推广应用。

2）煤制化学品升级示范重点

煤制烯烃：2020 年以前，一是对现有装置进行优化，开发选择性更高的新一代 MTO 催化剂，同时实现 MTP 催化剂国产化，进一步降低能耗、水耗和生产成本；二是研究开发新一代甲醇制烯烃技术，进一步提升催化剂、反应器等关键技术；三是进行信息化、数字化和智能化改造；四是研究开发高端产品。2021～2025 年，进行新一代煤制烯烃工艺技术、设备及催化剂的工业化示范，实现产品高端化、差异化发展。

煤制乙二醇：2020 年以前，主要是对现有工艺进行优化（包括装置匹配性）、改造和完善，提升连续稳定运行能力；另外需要继续提高产品的品质，认真研究微量杂质的组成及对下游应用的影响，继续探索在长丝方面的应用（全部采用煤制乙二醇的可行性）。开发新型煤制乙二醇技术，提高产品质量和运行稳定性，研究非贵金属催化剂和更大规模反应器。2021~2025 年，建成新一代技术项目，在产品结构方面进行调整，进一步延伸产业链，适应市场。

煤制芳烃：2020 年以前，加强实验室研发，完善甲醇制芳烃技术、设备和催化剂，适时建设百万吨级工业化示范装置。2021~2025 年，根据技术成熟度和市场需求，推广煤制芳烃技术，同时开发示范效率更高、选择性更高的新一代技术。

煤制其他化学品方面：2020 年以前，开发合成气制高碳伯醇等技术，研究高性能催化剂，提高目标产品选择性，开展相应的中间试验。加强合成气一步法制烯烃、乙醇等技术基础理论研究，攻克工程技术难题，推动工程放大和试验示范。2021~2025 年，视技术发展情况和市场需求，择机建设和推广相关技术。

3）煤制天然气升级示范重点

2020 年以前，对已建成的煤制天然气示范项目进行系统、设备优化及完善，提高在高负荷条件下连续、稳定和清洁生产的能力。加大具有自主知识产权的甲烷化成套工艺技术、设备及催化剂的开发力度，在新建煤制天然气项目中开展 10 亿 m^3/a 及以上规模的工业化示范及成熟后的推广应用。优化现有移动床气化技术，在新建项目上进行移动床和气流床组合气化技术的应用。研发先进高效的酚氨回收等污水处理技术及示范应用。2021~2025 年，推广和建设一批效率更高的新项目，解决智能控制、水处理、天然气市场等问题，建设多联产项目。

4）低阶煤分质分级利用与水处理技术研发及示范重点

2020 年以前，以工业示范为主，尽管低阶煤的热解技术已经开发数十年，我国也采用多种技术进行了中试和工业示范，但仍需进一步总结经验教训，对现有工艺和设备进行优化和完善。解决存在的气固液分离难、焦油品质不高、半焦合理高效利用、焦油加工延伸产业链等问题。建成并运行年处理煤量在千万吨级以上项目。另外，也需要开发新的高效、竞争力强的热解技术并进行工业化示范。2021~2025 年，对相关技术继续进行研发示范，对工艺切实可行的技术进行推广应用，实现"安、稳、长、满、优"运行，择机建成大型多联产项目。

5）现代煤化工共性技术研发示范重点

2020 年以前主要是对现有技术进行总结、研发，对大型空分、气化等进行继续研发及工业示范；针对现代煤化工"三废"特点研发先进的节水、环保治理技术和资源化技术，如移动床气化废水处理及资源化、低成本浓盐水处理及分盐技术等，体现循环经济理念。通过水平衡、蒸汽平衡和采用节水设备实施，进一步降低单位产品水耗。同时借鉴石油化工经验，加快信息化、智能化、数字化技术设备创新及应用。2021~2025 年，继续优化和开发新一代公用技术，进一步降低能效、水耗和污染物排放。

（二）非常规油气开发利用产业

1. 页岩气

"十三五"期间依靠政策支持、技术进步、体制创新，加大页岩气勘探开发力度，攻克页岩气勘探开发核心技术，尽快落实资源，形成规模产量，推动页岩气产业有序快速发展。坚持"科技创新、体制机制创新、常规与非常规结合、自营与对外合作并举、开发与生态保护并重"的五项发展原则。

1）统筹规划，分清层次，协调发展

第一层次：以四川盆地志留系为重点，在川渝地区形成页岩气商业开发阵地。重点在涪陵、长宁、威远、昭通、富顺—永川已经实现商业开发的地区，进一步扩大新建产能规模。力争在荣昌—永川、威远—荣县、宣汉—巫溪、荆门、丁山、武隆、南川等地加大页岩气勘探力度，实现突破，形成新的产能建设阵地。

第二层次：以四川盆地寒武系，四川盆地周缘湘、黔、鄂地区海相页岩，鄂尔多斯盆地、四川盆地陆相页岩为重点，实现新层系、新地区商业化突破，形成"十四五"页岩气产业接替阵地。

第三层次：进一步落实我国其他地区页岩，形成页岩气远景目标。

2）加快页岩气示范区建设，推动我国页岩气产业的快速、健康发展

一是通过"示范区"建设，在川渝地区形成一批页岩气商业开发阵地，实现页岩气产量快速上升。

二是通过"示范区"建设，开展页岩气地球物理评价及"甜点"预测、水平井钻完井、水平井压裂改造和页岩气开发优化等技术试验示范，形成适合我国地质条件的页岩气勘探开发关键技术及装备，形成我国页岩油气产业的勘探开发技术的标准、规范。

三是通过"示范区"建设，形成低成本、市场化运作的综合利用模式，形成

页岩气环境保护等可持续发展模式。

四是通过示范区建设，开展示范区体制机制试验。以合资合作开发为重点，完善和推广页岩气多元投资模式，降低页岩气投资压力，加快优质区块矿权动用，改善地企关系等外部环境。

2. 煤层气

"十三五"期间，坚持创新、协调、绿色、开发、共享发展五项原则，依托国家各类科技计划（专项、基金等），突破煤层气（煤矿瓦斯）开发利用技术装备瓶颈，形成产、学、研、用相结合的科技创新平台；形成煤炭远景区先采气后采煤、煤炭生产规划区先抽后采和采煤采气一体化格局，促进形成资源勘查与开发、地面开发与井下抽采协调发展格局。推动地面开发基地化、井下抽采规模化，实现"安全—资源—环保"绿色发展。加强国际交流与合作，积极引进煤层气勘探开发先进技术和管理经验。建立煤层气、煤炭企业信息资源共享机制。加强煤层气（煤矿瓦斯）技术装备及创新成果的互用互通，实现共享发展。

1）继续推进沁水盆地、鄂尔多斯盆地东缘两个煤层气产业化基地建设

以沁水盆地、鄂尔多斯盆地东缘实现规模化商业开发的地区为重点，进一步开展示范工程建设，加强潘庄、樊庄、郑庄、柿庄南、柿庄北、保德、韩城、延川南等项目生产建设，实现已有产区稳产增产；在马必、古交、三交、保德南、韩城南等新建产区增加储量，扩大产能，配套完善基础设施，实现产量快速增长。

2）加快贵州织金—安顺构造煤、鄂尔多斯盆地低阶煤等新区、新层系开发试验，形成新的煤层气产业化基地

对贵州织金—安顺、贵州毕水兴、新疆准噶尔盆地南缘已经实现单井突破的地区，进一步开展开发试验攻关，探索不同井型、不同完井方式下单井提高产能攻关试验、面积排采试验，实现新的突破，形成新的煤层气产业化基地。在内蒙古东胜、海拉尔、二连及四川川南等地区建设低煤阶、厚煤层、深部煤层气开发利用示范工程，形成若干个煤层气开发试验区。

3）加大煤层气勘探，形成新的资源阵地

一是以沁水盆地、鄂尔多斯盆地东缘为重点，继续实施山西延川南、古交和陕西韩城等勘探项目，扩大储量探明区域；加快山西沁源、临兴、石楼等区块勘

探，增加探明地质储量，推进已有产业化基地增储。

二是加快贵州、新疆、内蒙古、四川、云南等地区煤层气资源调查和潜力评价，实施一批煤层气勘查项目，在西北低煤阶地区和西南高应力地区实现新区储量的突破。

（三）智能电网与储能产业

1. 先进电力电子装备

先进电力电子装备是智能电网建设的重要组成部分。先进电力电子装备的实现需要融合先进的智能制造技术、电力半导体技术、实时控制技术、通信技术等。发展电力电子装备需面向电力电子的应用，实现电力电子核心器件的技术突破，在发输电、配电和分布式发电、用电和电能替代三大领域进行重点创新。

（1）大力发展大功率规模化新能源发电和新型高压直流输电装备。

（2）积极推进配电网柔性化及装备电力电子化。

（3）积极拓展电力电子在智能用电和电能替代领域的应用。

（4）大力发展和扶持自主电力电子半导体工业，突破技术壁垒。

电力电子装备的发展建设需瞄准智能电网的发展需求和现代半导体技术的发展趋势，构建以市场为导向、产学研用相结合的技术创新体制，提升自主设计制造和系统集成能力，加快推进科技成果转化。有必要通过开展以下任务来推动我国先进电力电子装备技术与产业的发展：①持续加大扶持力度，积极促进关键核心技术突破；②加强统筹，在智能电网长期规划中融合电力电子技术发展需求；③建立电力电子装备专项研究项目、推进电力电子装备的试点示范建设；④完善市场机制、建立优势产业集群，促进电力电子装备产业国际化。

2. 智能电力装备与系统

智能电力系统的实现需要融合先进的设备、采集、通信、决策和控制技术。如果把智能电力系统比作完整的人，智能调度与运行系统则相当于"智慧的大脑"与"敏捷的中枢神经"，遍布全网的智能芯片相当于"灵敏的感官"，无处不在的集成通信网络相当于"通畅的神经"，当然还需要"强健的机体"，也就是先进、灵活的智能终端、智能装备、智能主站技术。为此，发展智能电力装备与系统产业，需在智能芯片、智能装备、智能调度与运行系统三个领域展开重点突破：①推动智能芯片在电力系统的应用与推广；②发展智能装备制造及应用技术；③开展智能调度与运行技术的研发与应用。

有必要通过开展以下任务来推动我国智能电力装备与系统技术及产业的发展：①加强产业链顶层设计和统筹规划；②建立智能电力装备、系统专项与创新发展模式；③持续推进智能电力装备与系统的试点示范建设；④扎实推进智能电力装备与系统标准化；⑤注重智能电力装备与系统领域新技术的融合与应用。

3. 规模化电能存储

储能包含多种形式，其技术发展需保持多元化格局。目前，大多数储能技术还处于技术完善、技术验证、技术示范阶段，但安全性好、循环寿命长、成本低、能效高一直是未来储能技术的发展方向与面临的共同挑战。针对不同的应用，各种技术面临的挑战也不尽相同，它们将不断地在研究试验中得到解决、在示范应用中得到验证，各类技术将发挥各自优势，并逐步走向成熟：①压缩空气储能；②飞轮储能；③铅蓄电池；④锂离子电池；⑤全钒液流电池；⑥超级电容；⑦超导储能。

针对储能在系统调频辅助服务、分布式发电及微网、可再生能源并网、延缓输配电设备投资等领域的应用需求，有必要通过开展以下任务来推动我国储能技术与产业的发展：①整体把握储能技术与产业发展方向，预先规划并拓展产业发展思路；②综合考虑储能与电力系统规划，高效发挥储能在电网中的最大价值；③充分发挥电力企业主导作用，积极推动储能在电力系统各环节中的应用；④加快关键技术的研发应用，促进储能技术的改进与创新；⑤加快关键装备制造，鼓励储能产业示范试点项目应用；⑥开展储能技术标准化工作，规范行业健康发展环境；⑦上、中、下游企业协同发展，共同加快储能产业发展速度。

（四）核能与可再生能源产业

1. 核能

（1）自主先进压水堆技术实现规模化发展。大力支持核电三代技术自主品牌研发，把"华龙一号"等自主技术堆型作为国家当前及未来一段时间国内核电建设和核电"走出去"战略重点品牌，持续改进优化设计，提高安全性、经济性与成熟性，增强国际市场竞争力，实现从"中国制造"到"中国创造"的跨越。我国推出了以"华龙一号"和CAP1400为代表的自主先进压水堆系列机型，实现了"从设计上实际消除大规模放射性释放"，是核电规模化建设的主力机型，在"十三五"期间，做好示范工程建设，具备条件后尽快启动批量化建设；加强标准化建设，必须既能支持核电产品的形成，又能为出口对象国甚至国际业界所认同，即具有广泛适用性、成熟性和权威性。根据确定的进度，在2020年前后，形成自主三代核电技术的型谱化开发，拓展国际和国内市场，开展批量化建设，带动核电装备行业的技术提升和发展。

（2）模块化小堆示范工程核能多用途利用探索。面向城市区域供热、海水淡化、工业工艺供热等多用途利用，核能必须具有高安全性，场外应急简化甚至取消，才可能使核能靠近用户，按需生产。为实现压水堆的高安全性，与传统分散布置环路型压水堆不同，革新型中小型压水堆大多选择一体化反应堆技术路线，取消主管道，从而消除了反应堆冷却剂大破口失水事故。一体化反应堆具有高自然循环能力，事故下可依靠自然循环导出堆芯余热。采用固有安全加非能动安全的设计理念，从而使得压水堆的安全性进一步大幅提高，来满足核能多用途利用对高安全性的要求。为提高中小型堆的经济性，国际上大多采用模块化设计、建造，以期大幅缩短建造工期，降低财务成本，拉长反应堆换料周期，提高可利用率，减少大修次数，从而降低维修费用及人员的辐射剂量。

（3）低温供热堆示范工程发挥核能供热的优势。低温供热堆供/回水温度为90℃/60℃，与全国现有城市热网及用户终端设备是能够匹配的，可以直接接入城市供热系统。以低温供热堆替代热电厂和区域锅炉房热源承担城市基本热负荷，以燃气锅炉等其他清洁能源作为调峰热源，是缓解化石能源环境污染理想的供热方案。单堆功率选择在400MW左右，与大中城市热电联产热网规模是匹配的；单堆功率选择在200MW，与小城市区域锅炉房热网规模是匹配的。

（4）建立核燃料闭式循环实现核能可持续发展。为解决制约中国核电发展的铀资源利用最优化和放射性废物最小化两大问题，中国已明确了"坚持核燃料闭式循环"的政策，通过后处理提取热堆乏燃料中的铀、钚，返回快堆复用，则可使铀资源的利用率提高60倍。同时，通过后处理分离出的长寿命、高放射毒性的次锕系元素和裂变产物，在快堆中以焚烧和嬗变等方式消耗，可使最终地质处置核废物最小化，不仅能够有效降低乏燃料对环境的影响，监管时间也能大幅缩短，降低经济和社会成本。为实现第二步战略以保证中国核电可持续发展，中国统筹考虑压水堆和快堆及乏燃料后处理工程的匹配发展，开展部署快堆及后处理工程的科研和示范工程建设，以实现裂变核能资源的高效利用。目前，中国在试验快堆设计、建造和试运行经验的基础上，已进入了第二阶段——设计、建造中国自主示范快堆工程。中国正在自主建设核燃料循环科技示范项目，建成后将初步形成工业规模后处理能力。为了形成与核电发展相适应的可持续发展的后处理产业，中国正在积极实施大型后处理厂相关的先进工艺、关键设备、设计和安全等技术攻关；同时，积极推动国际合作，建设大型商业后处理厂。鉴于中国核能发展和后处理能力建设情况，积极完善乏燃料离堆储存技术体系，开展干法储存技术研究，形成一定规模的乏燃料离堆储存能力，确保核电站可持续安全稳定运行。在完成混合氧化物（mixed oxide，MOX）燃料元件生产试验线研发的基础上，继续开展工业规模快堆 MOX 燃料元件生产线工艺及检测研发设计工作，建立与示范快堆匹配的 MOX 燃料生产线，实现核燃料的闭式循环，最终实现核能绿色低碳、可持续发展。

（5）核燃料产业园区。在沿海地区建设高度聚集的核燃料产业园区，是深化国有企业改革，实现核燃料加工产业转型升级的重要举措。核燃料产业园区以转变经济发展方式、优化资源配置、提高产业发展质量和效益、实现产业转型升级为目标，集中建设铀纯化转化、铀浓缩、核燃料元件制造等核燃料循环前段加工设施，打造国际一流的核燃料加工产业集群，形成自我配套的沿海一体化核燃料供应保障链和出口核燃料加工基地，实现在高起点上规模化、集群化、国际化发展，全面提升核燃料加工产业的国际竞争力，为国内外客户提供"一站式"核燃料加工服务，逐步成为具有标志性的亚洲核燃料加工中心。统筹考虑国内核电发展需求和核燃料产业国际化经营战略，采取"一次规划、分步实施"的方式，逐步配套建设铀转化、铀浓缩、核燃料元件制造、贫铀处理等设施。

2. 风能

（1）积极推动风电技术自主创新和产业体系建设。①促进风电技术自主创新。

深入开展陆上和海上典型风资源特性与风能吸收方法研究及资源评估；突破10MW级及以上海上风电机组及关键部件设计制造关键技术，包括风电机组、塔筒、基础一体化设计技术并开展应用示范；开发超大型风电机组先进测试技术与测试平台；研究基于物联网、云计算和大数据分析综合应用的风电场智能化运维技术，掌握风电场多机组、风电场群协同控制技术；突破近海和远海风电场设计建设成套关键技术；研究风电设备无害化回收处理技术。②推动产业服务体系建设。优化风电技术咨询服务，提高咨询服务质量；积极发展风电产业运行维护、技术改造、电力电量交易等专业化服务；建立全国风电技术培训及人才培养基地，开展校企研联合人才培养，健全风电产业服务体系。

（2）提升中东部和南方地区风电开发利用水平。①完善风电开发发展规划和政策环境。根据《风电发展"十三五"规划》，到2020年，中东部和南方地区陆上风电新增并网装机容量达到4200万kW以上，累计并网装机容量达到7000万kW以上。中东部和南方地区已然成为我国"十三五"期间风电持续规模化开发的重要增量市场。中东部和南方地区进行风电开发利用时，应充分发挥风能资源分布广泛和应用灵活的特点，因地制宜地推动分散式风电开发建设；按照"就近接入、本地消纳"原则编制风电发展规划和落实风电在电网中的接入比例，提高风电开发利用效率；建立健全风电项目投资准入政策，保障风电开发建设秩序。②提高低风速风电开发技术水平。由于中东部和南方地区地形复杂、风资源状况差异巨大，首先应加强风资源的勘测和评估，提高微观选址技术水平；针对不同的资源条件，研究采用不同机型、塔筒高度以及控制策略的综合设计方案；探索对同一风电场不同机位点进行定制化机型开发的建设方案；推动长叶片技术在低风速风电开发建设中的应用。

（3）有效解决风电大规模并网和消纳难题。①合理规划电网结构，补强电网薄弱环节。大规模标准化开发的陆上风电主要集中在远离负荷中心和处于现有电网末端的"三北"地区，为实现到2020年"三北"地区基本解决弃风限电问题，应重点加强风电项目集中地区配套电网规划和建设，对重要送出断面、风电汇集站、枢纽变电站进行补强和增容扩建，完善和加强配电网和主网架结构；加快推动配套外送风电的跨省跨区特高压输电通道建设；统筹优化风电配置方案，有效扩大"三北"地区风电开发规模和消纳市场。②优化调度运行管理，充分发挥系统接纳风电潜力。完善电力调度技术规范和输电规划建设；科学安排电网运行方式，实施灵活调度运行策略；提高风功率预测精度，推动风电参与更大区域的电力电量平衡；制定电力市场运行机制和激励政策，调动整合系统资源，实现电力系统最大限度消纳大规模风电。

（4）加强风电产业技术质量监管。①完善风电产业标准检测认证体系建设。进一步完善风电标准体系建设；制定和修订风电机组、风电场、辅助运维设备的测试与评价标准；完善风电机组关键零部件、施工装备、工程技术和风电场运行、维护、安全等标准；加强检测认证能力建设，开展风电机组项目认证，推动检测认证结果与信用体系衔接。②强化质量监督。建立健全覆盖设计、制造、运行全过程的质量监督管理机制；完善风电机组运行质量监测评价体系；落实风电场重大事故分析评价及共性故障预警制度；充分发挥市场调节作用，有效进行风电产业资源整合，提高市场集中度。

（5）完善风电产业管理体系。①完善海上风电产业政策。开展海上典型风能资源勘测，开发自主知识产权的风资源评估系统；加快海上风电项目建设进度，开展超大型海上风电机组示范项目建设和大型海上智能风电机组推广应用；完善海上风电价格政策；加强标准规程制定、设备检测认证、信息监测，形成覆盖全产业链的成熟设备制造和建设施工技术标准体系。②全面实现风电产业信息化管理。完善对风电建设期和运行期的实时监管，加强对风电工程、设备质量和运行情况的监管；应用大数据、"互联网+"、云计算等技术建立健全风电全寿命周期信息监测体系，全面实现风电产业信息化管理。

（6）加强国际合作。①稳步开拓国际风电市场。紧密结合"一带一路"倡议及国际多边、双边合作机制，把握全球风电产业发展趋势和国际市场深度合作的窗口期，充分发挥我国风电设备和开发企业的竞争优势，稳步开拓国际风电市场，形成多家具有国际竞争力和市场开拓力的风电设备骨干企业。②积极参与国际技术合作和国际标准体系建设。通过开展国家级风电公共实验室国际合作、建立大型公共风电数据库共享、联合国外机构开展基础科学研究等方式，深化国际技术合作；积极参与国际风电技术标准制定和修订工作，增强技术标准交流合作与互认，推动我国风电认证的国际采信。

3. 太阳能发电产业

（1）推进分布式光伏和"光伏+"应用。①大力推进屋顶分布式光伏发电。

继续开展分布式光伏发电应用示范区建设，到 2020 年建成 100 个分布式光伏应用示范区，园区内 80%的新建建筑屋顶、50%的已有建筑屋顶安装光伏发电。②拓展"光伏+"综合利用工程。鼓励结合荒山荒地和沿海滩涂综合利用、采煤沉陷区等废弃土地治理、设施农业、渔业养殖等方式，因地制宜开展各类"光伏+"应用工程，促进光伏发电与其他产业有机融合，通过光伏发电为土地增值利用开拓新途径。③创新分布式光伏应用模式。结合电力体制改革开展分布式光伏发电市场化交易，鼓励光伏发电项目靠近电力负荷建设，接入中低压配电网实现电力就近消纳。

（2）优化光伏电站布局并创新建设方式。①合理布局光伏电站。综合考虑太阳能资源、电网接入、消纳市场和土地利用条件及成本等，以全国光伏产业发展目标为导向，安排各省（自治区、直辖市）光伏发电年度建设规模，合理布局集中式光伏电站。②结合电力外送通道建设太阳能发电基地。在"三北"地区利用现有和规划建设的特高压电力外送通道，按照优先存量、优化增量的原则，有序建设太阳能发电基地，提高电力外送通道中可再生能源比重，有效扩大"三北"地区太阳能发电消纳范围。③实施光伏"领跑者"计划。设立达到先进技术水平的"领跑者"光伏产品和系统效率标准，建设采用"领跑者"光伏产品的领跑技术基地，为先进技术及产品提供市场支持，引领光伏技术进步和产业升级。

（3）开展多种方式光伏扶贫。①创新光伏扶贫模式。以主要解决无劳动能力的建档立卡贫困户为目标，因地制宜、分期分批推动多种形式的光伏扶贫工程建设。②大力推进分布式光伏扶贫。在中东部土地资源匮乏地区，优先采用村级电站（含户用系统）的光伏扶贫模式，做好农村电网改造升级与分布式光伏扶贫工程的衔接，确保光伏扶贫项目所发电量就近接入、全部消纳。③鼓励建设光伏农业工程。鼓励各地区结合现代农业、特色农业产业发展光伏扶贫。

（4）推进太阳能热发电产业化。①组织太阳能热发电示范项目建设。按照"统筹规划、分步实施、技术引领、产业协同"的发展思路，逐步推进太阳能热发电产业进程。②发挥太阳能热发电调峰作用。逐步推进太阳能热发电产业商业化进程，发挥其蓄热储能、出力可控可调等优势，实现网源友好发展，提高电网接纳可再生能源的能力。③建立完善太阳能热发电产业服务体系。建立和完善相关产业服务支撑体系。加快建设产业政策管理体系，研究制定太阳能热发电项目管理办法，保障太阳能热发电产业健康有序发展。研发完成超临界 CO_2 太阳能热发电原理样机，建成可连续 24h 发电、单台装机容量不低于 50MW 的高参数太阳能热发电站。具备太阳能热发电站全系统自主开发能力，形成产业链；突破太阳能跨季储热技术，实现 20 万 m^2 以上建筑供暖，开辟太阳能热利用新领域，使我国太阳能低温热利用产业继续保持世界第一，同时大力推进太阳能中温系统在工农业中的应用。⑤以建筑供热及工农业热利用为应用背景，重点解决太阳能区域供热、中温工农业热利用以及太阳能海水淡化系统中涉及的关键技术问题。重点攻克大容量太阳能跨季储热技术，研究降低热损机理、大容量水体或复合型储热空间中的对流抑制和土壤传热与水体传热之间的耦合机制。在此基础上，研究带有跨季储热系统的太阳能热力站设计方法、系统集成及效能评价技术。为适应太阳能工业供热需求，重点开发户用型太阳能夏季制冷冬季采暖一体化装置、低成本适合工业建筑屋面型150℃中温集热器、太阳能中温工业蒸汽热力系统关键部件与装置。⑥研发太阳能热法海水淡化高效集热器、储能器、蒸发器及淡化系统防垢、除垢方式和工艺，并开发基于传热优化的太阳能热驱动海水淡化装备。针对太阳能海水淡化，以提高单位集热面积产水率、降低耗电量为目标，研发一批适用于未来工业化推广的集热、储热及蒸发器核心产品，以及高效系统控制技术。

（5）加快技术创新和产业升级。①建立国家级光伏技术创新平台。依托国家重点实验室、国家工程中心等机构，推动建立光伏发电的公共技术创新、产品测试、实证研究三大国家级光伏技术创新平台，形成国际领先、面向全行业的综合性创新支撑平台。②实施太阳能产业升级计划。以推动我国太阳能产业化技术及装备升级为目标，推进全产业链的原辅材料、产品制造技术、生产工艺及生产装备国产化水平提升。③开展前沿技术创新应用示范工程。结合下游应用需求，国家组织太阳能领域新技术示范应用工程。

（6）提升行业管理和产业服务水平。①加强行业管理和质量监督。科学、公正、规范地开展太阳能项目主体工程及相关设备质量、安全运行等综合评价，建立透明公开的质量监督管理秩序，提高设备产品可靠性和运行安全性，确保工程建设质量。②提升行业信息监测和服务水平。通过信息化手段，为行业数据查询和补助资金申请提供便利，规范电价附加补助资金管理，提高可再生能源电价附件补贴资金发放效率，提升行业公共服务水平。③加强行业能力建设。鼓励国内科研院所、中介机构、行业组织等的产学研合作，提高整个行业的健康发展水平。

（7）深化太阳能国际产业合作。①拓展太阳能国际市场和产能合作。构建全产业链战略联盟，持续提升太阳能产业国际市场竞争力，实现太阳能产能"优进优出"。②太阳能先进技术研发和装备制造合作。推动我国太阳能设备制造"走出去"发展，鼓励企业在境外设立技术研发机构，实现技术和智力资源跨国流动和优化整合。③加强太阳能产品标准和检测国际互认。逐步完善国内太阳能标准体系，积极参与太阳能行业国际标准制定，加大自主知识产权标准体系海外推广，推动检测认证国际互认。

4. 生物质能

（1）大力推动生物天然气规模化发展。构建以生物天然气为核心的农业循环经济体系和城市有机垃圾综合利用处理体系，建设一批村镇级集中供气、兆瓦级热电联产及分布式能源系统、百辆级纯化车用、万方级纯化入网、兆瓦级生物燃气燃料电池、千方级混氢天然气利用、年产万吨级沼渣沼液高端利用、年产千吨级生物燃气化工产品等生物燃气示范工程，通过分布式能源系统、管道车用天然气替代、混氢天然气利用、生物燃气平台化工等技术体系，实现生物质天然气的高值、高效综合利用；研究沼液沼渣制备复合有机肥、有机培养基、植物营养液等技术，实现沼渣沼液的安全高值综合利用。在粮食主产省（自治区、直辖市）以及畜禽养殖集中区等种植养殖大县，按照能源、农业、环保"三位一体"格局，整县推进，建设生物天然气循环经济示范区。推动全国生物天然气示范县建设。到 2020 年，初步形成一定规模的绿色低碳生物天然气产业，年产量达到 80 亿 m^3，建设 160 个生物天然气示范县和循环农业示范县。

（2）加快生物质成型燃料工业化进程。健全原料供应体系，建立生物质资源理化特性数据库，开展成型燃料工业化生产关键技术的研发与应用，研发成型燃料规模化替代化石能源的关键技术并推进其示范工程建设，加快推动生物质成型燃料在商业设施、公共设施与居民生活中的应用，建成一批以生物质成型燃料供热为主的工业园区；制定出台生物质供热工程设计、成型燃料产品、成型设备、生物质锅炉等标准，加快制定生物质供热锅炉专用污染物排放标准，加强检测认证体系建设，强化对工程与产品的质量监督。在具备资源和市场条件的地区，特别是在大气污染形势严峻、淘汰燃煤锅炉任务较重的京津冀鲁、长三角、珠三角、东北等区域，以及散煤消费较多的农村地区，加快推广生物质成型燃料锅炉供热，为村镇、工业园区及公共和商业设施提供可再生清洁热力。积极推动生物质成型燃料在商业设施与居民采暖中的应用，以供热水、供蒸汽、冷热联供等方式，积极推动在城镇商业设施及公共设施中的应用。

（3）加快生物液体燃料示范与推广。以生物液体燃料为核心产品，根据原料特点，综合多元化利用技术，建成生物质原料全成分制取高品位液体燃料的技术示范；加强木质纤维素、微藻等原料生产生物液体燃料技术研发，大力发展纤维素燃料乙醇，促进大规模、低成本、高效率示范应用；根据资源条件，因地制宜开发建设以木薯为原料，以及利用荒地、盐碱地种植甜高粱等能源作物，建设燃料乙醇项目，加快非粮原料多联产生物液体燃料技术创新，建设万吨级综合利用示范工程；控制总量发展粮食燃料乙醇，在玉米、水稻等主产区，结合陈次和重金属污染粮消纳，稳步扩大燃料乙醇生产和消费。建立健全生物柴油产品标准体系，加快生物柴油在交通领域的应用，提升生物柴油项目质量，满足交通燃料品质需要，开展市场封闭推广示范。推进生物质转化合成高品位燃油和生物航空燃料产业化示范应用。

（4）稳步发展生物质发电。在农林资源丰富区域，统筹原料收集及负荷，推进生物质直燃发电全面转向热电联产；在经济较为发达的地区合理布局生活垃圾焚烧发电项目，加快西部地区垃圾焚烧发电发展；在秸秆、畜禽养殖废弃物资源比较丰富的乡镇，因地制宜推进沼气发电项目建设。积极发展分布式农林生物质热电联产。农林生物质发电全面转向分布式热电联产，推进新建热电联产项目，对原有纯发电项目进行热电联产改造，为县城、大乡镇供暖及为工业园区供热。加快推进糠醛渣、甘蔗渣等热电联产及产业升级。加强项目运行监管，杜绝掺烧煤炭、骗取补贴的行为。加强对发电规模的调控，对于国家支持政策以外的生物质发电方式，由地方出台支持措施。稳步发展城镇生活垃圾焚烧发电。在做好环保、选址及社会稳定风险评估的前提下，在人口密集、具备条件的大中城市稳步推进生活垃圾焚烧发电项目建设。鼓励建设垃圾焚烧热电联产项目。加快应用现代垃圾焚烧处理及污染防治技术，提高垃圾焚烧发电环保水平。加强宣传和舆论引导，避免和减少邻避效应。因地制宜发展沼气发电。结合城镇垃圾填埋场布局，建设垃圾填埋气发电项目；积极推动酿酒、皮革等工业有机废水和城市生活污水处理沼气设施热电联产；结合农村规模化沼气工程建设，新建或改造沼气发电项目。积极推动沼气发电无障碍接入城乡配电网和并网运行。

5. 地热

加强干热岩资源勘查和示范工程建设。我国干热岩地热资源勘查开发应该遵循先东部技术研发，后西部推广使用的模式。应率先在东南沿海地区开展增强型地热系统建设，随后在藏南地区开展工程型地热系统研发，通过建立干热岩野外示范基地，逐步实现干热岩开发商业化。针对不同类型的干热岩资源靶区，我国干热岩地热资源勘查应遵循以下原则：①重点勘查东南沿海地区干热岩；②大力开发西南藏滇地区干热岩；③尝试开发沉积盆地型干热岩；④探索开发近代火山型干热岩。

结合干热岩示范工程的各个阶段具体工作和任务，应该制定合理持续的政府投入模式。在干热岩示范工程上，应该发挥我国宏观调控的优势作用，持续支持建立干热岩野外示范基地，推动干热岩资源开发。

为了满足国家对干热岩地热资源规模化开发利用的需求，迫切需要开展全国性的干热岩地热资源调查评价开发试验工作。以示范基地为基础开展现场试验，逐步实现关键技术的突破，结合干热岩示范工程的各个阶段具体工作和任务，应该制定合理持续的政府投入模式。持续支持建立干热岩野外示范基地，推动干热岩资源开发。

推进干热岩/增强型地热系统关键技术研发。充分利用已有的技术方法，促使其在干热岩资源开发上更新发展，最终形成我国自有的干热岩开发相关关键技术。充分应用已有的这些技术是建立干热岩发电工程的关键。重点发展干热岩/增强型地热系统钻探技术、干热岩/增强型地热系统储层建造技术、干热岩/增强型地热系统储层循环技术、干热岩/增强型地热系统发电技术。

（五）所需建设的重点示范区或重大工程

按照技术推广应用—新产业培育—产业发展成熟的路线，重点建设西部煤炭绿色转化利用重大工程、非常规天然气规模化开发重大工程、面向新型城镇化的绿色低碳能源智慧利用重大工程。

在核能和可再生能源领域，重点攻关下列工程科技项目：①10MW级及以上大容量海上风电机组示范工程；②太阳电池技术和实证技术公共研究平台；③太阳能热发电与热利用技术；④玉米整株燃料乙醇生物炼制工程和大型沼气工程；⑤干热岩发电示范工程。

集中高起点、高水平建设泛雄安地区和粤西地区 2 个国家级新能源高比例发展与集成创新示范区，重点在于发展基于智能电网的可再生能源并网集成、可再生能源多能互补系统等内容。

1. 西部煤炭绿色转化利用重大工程

西部地区是我国煤炭最大的主产区和煤炭净调出区，晋、陕、蒙、宁、甘、新等省区煤炭储量占我国煤炭总储量的 70%以上。但西部地区水资源极度短缺，水资源量仅占全国的 1.6%，生态环境十分脆弱，是制约煤炭就地利用的最重要因素。为推动西部地区煤炭利用方式转型升级，实现煤炭资源的大规模集中高效利用，促进区域经济发展，结合"十三五"煤炭清洁高效利用产业重点任务，重点推进 IGCC 电站示范工程和现代煤化工升级示范工程。

IGCC 发电效率高、污染排放低，而且能大大降低用水量，较常规燃煤机组耗水量减少 1/2～2/3，适合于在我国西部水资源短缺地区建设，将突破我国西部水资源对电站建设的限制，促进西部煤炭产业的发展。

西部地区是我国现代煤化工示范项目主要布局地区，"十二五"期间已建成煤制油、煤制天然气、煤制化工品等现代煤化工示范项目。"十三五"期间，在总结前期经验教训的基础上，继续推动低阶煤分级分质利用、煤制油、煤制天然气、煤制烯烃等技术示范，进一步提高现代煤化工示范项目技术水平和转化效率，实现项目"安、稳、长、满、优"运行。

1）400～600MW 等级 IGCC 清洁电站示范工程

集中攻克新一代 IGCC 的重大关键技术，进一步提升煤炭发电效率，全面提升煤气化发电清洁高效利用领域的工艺、系统、装备、材料、平台的自主研发能力，取得基础理论研究的重大原创性成果，实现工业应用示范，为实现煤气化发电多联产产业化提供技术支撑。

2）煤炭清洁高效转化升级示范工程

（1）开展百万吨级低阶煤分质利用工业化示范，攻克粉煤热解、气液固分离工程难题。研发煤焦油轻质组分制芳烃、中质组分制高品质航空煤油和柴油、重质组分制特种油品的分质转化技术，开展百万吨级工业化示范。

（2）在总结中国神华煤制油化工有限公司鄂尔多斯煤制油分公司 108 万 t/a 煤直接液化装置（即第一条生产线）运行实践的基础上，启动建设第二、三条生产线，建成煤基综合能源化工示范项目。推动兖矿榆林和神华宁煤两个百万吨级煤间接液化示范项目实现"安、稳、长、满、优"运行。

（3）推动已建成的煤制天然气示范工程系统优化完善，在高负荷条件下实现连续、稳定和清洁生产。

（4）开发新一代甲醇制烯烃技术，进一步提升催化剂、反应器等关键技术，单系列甲醇制烯烃装置年生产能力在 50 万 t 及以上，适时启动百万吨级示范工程。

2. 非常规油气规模化开发重大工程

以页岩气为主的非常规天然气对国际天然气市场及世界能源格局产生重大影响，非常规天然气将在未来能源供给中占有十分重要的地位。党中央、国务院高度重视页岩气资源开发利用工作，国家能源战略已将页岩气、煤层气等非常规天然气开发摆到十分重要的位置，实施非常规天然气规模化开发对实现石油工业的技术突破与升级、为经济社会提供绿色清洁能源、保护生态环境具有重要意义。目前川渝地区的涪陵、长宁、威远等地龙马溪组页岩气已经实现了商业开发，2016年页岩气产量达到 78 亿 m^3；煤层气已经在我国北方沁水、鄂尔多斯盆地形成煤层气规模开发基地，煤层气产量不断增长。在我国南方贵州织金、毕节、川南等地区，煤层气已经取得单井的商业化突破，具备了实施非常规天然气规模化开发的物质基础和有利条件。目前在川渝地区龙马溪组页岩气资源主要分布于 3500m 以深地区，但深层页岩气在水平井分段压裂技术方面尚未成熟；煤层气 1000～1500m 以深在鄂尔多斯盆地东缘乡宁地区取得了积极进展，展现了深层煤层气开发的积极前景，此外在滇东—黔西地区等南方地区，煤层气取得了新突破，为煤层气新区拓展奠定良好条件。为实现非常规天然气规模开发，设立以下攻关示范工程，突破技术瓶颈，推动页岩气、煤层气快速发展。

川渝地区深层页岩气攻关示范工程：以川渝地区威远、永川、东溪等地区为重点攻关区，到 2020 年，实现深层页岩气水平井分段压裂技术的突破，力争实现商业开发，为实现"十三五"页岩气规划目标，并为"十四五"页岩气快速发展打下基础，实现深层关键装备-工具自主化生产。同时重点在深层页岩气藏地质综合评价技术、深层页岩气藏产能评价及有效开发技术、深层页岩气水平井钻完井及增产改造技术以及关键装备与工具研制四个方面开展技术攻关。

煤层气新区勘探开发重点工程：建成乡宁等深层煤层气、织金等滇黔桂地区煤层气勘探开发工程示范基地，建立中国南方构造煤、深层煤层气开发的技术标准与规范，实现新区煤层气开发的示范作用和工业化推广。该工程重点攻关两项主要技术：①深层煤层气开发技术；②复杂储层煤层气高效增产技术。

3. 面向新型城镇的绿色低碳能源智慧利用重大工程

提高能源利用效率、发掘新能源、实现可再生能源的规模化开发，是解决人类社会发展过程中日益凸显的能源需求增长与能源紧缺、能源利用与环境保护之间矛盾的必然选择。而打破原有各供能系统单独规划、单独设计和独立运行的既有模式，进行社会供能系统的一体化规划设计和运行优化，并最终构建统一的社会智慧能源系统，则成为适应人类社会能源领域变革，确保人类社会用能安全和长治久安的必由之路。在新型城镇依托大数据、物联网、云计算等高新技术，构建以智能电网为核心的新型智慧能源系统，并以此为依托向全国推广，对实现我国能源可持续发展的战略具有重要意义。

（1）构建智慧能源系统，有助于可再生能源的规模化开发利用，有助于传统一次能源利用效率的提高。

（2）构建智慧能源系统，有利于提高供能系统的安全性和自愈能力，有利于增强人类社会抵御自然灾害的能力。

（3）构建智慧能源系统，有利于提高社会供能系统基础设施利用率，有利于提高社会资金利用率，有利于构建"节约型社会"。

（4）开展智慧能源系统技术发展，符合我国重大战略需求。

项目建设内容：①面向新型城镇的智慧能源系统规划理论体系研究与工程示范；②面向新型城镇的智慧能源系统安全性分析、运行优化技术与工程示范；③面向新型城镇的智慧能源系统效益评估、运营机制研究与工程示范。

示范工程建成后，将实现风、光、冷、热、电、气等多种能源形式的联合高效应用，可再生能源100%消纳，供电可靠性达到99.999%。以新型城镇发展为契机，开展智慧能源系统的规划、运行与商业模式研究，对我国的能源战略发展具有重要意义。

4. 泛雄安地区新能源高比例发展与集成创新示范区

泛雄安地区，以雄安新区（雄县、容城、安新）为中心，包括周边部分区域，地处北京、天津、保定腹地，囊括保定、沧州等地区。雄安新区现有开发程度较低，发展空间充裕，具备高起点、高标准开发建设的基本条件。雄安新区的建设，将需要庞大的能源来支撑。泛雄安地区具有丰富的太阳能和风能资源。将地热资源的开发利用融入未来城市规划中，可在更大程度上发挥本区的资源优势，也可以为节能减排贡献更大的力量。

该示范区建成以后，有望实现 60%～80%的能源由可再生能源供给，实现可再生能源全部并网消纳。其中风电新增装机容量 1120 万 kW，太阳能光伏新增装机 1000 万 kW。到 2020 年，新增生物质发电量 50 亿 kWh，燃料乙醇年产 56 万 t，沼气年产 15.4 亿 m^3，建成玉米燃料乙醇生物炼制工程。

坚持以地热田为基本单元，因地制宜进行勘查开发。按照雄安新区不同区域地热资源储量和分布特征，以现有的牛驼镇地热田与容城地热田为基本单元，进行统筹规划，合理布局地热勘查与开发工程；因地制宜确定开发利用地热资源类型与开发方式，对地热资源进行有序、有度的开发，促进地热资源的高效利用与可持续利用。

主要工程任务：

（1）完成新建核电厂的供热总体规划方案及泳池式低温供热堆。

（2）加快推进风电开发与配套电网建设协调发展。

（3）加速推动太阳能利用产业的协调发展。

（4）稳步发展生物质发电，建设玉米燃料乙醇和沼气生物炼制工程。

（5）重点突破规模化分布式可再生能源并网技术与装备。

（6）地热资源以浅层地热供暖（制冷）为主、浅层低温能发电为辅的发展战略。

（7）加大勘查力度，重点开展雄安新区多层水热型热储综合利用。

5. 粤西地区新能源高比例发展与集成创新示范区

粤西地区为广东省西南沿海区域，包括湛江、茂名和阳江，为 21 世纪海上丝绸之路的必经之地，其中湛江被列为国家"一带一路"海上合作战略支点城市，更成为首批国家海洋经济创新发展示范城市和联合国 SUC[①]可持续发展先锋城市[3]。粤西地区毗邻广西和海南，将其作为推进新能源高比例发展重大工程示范区，可

---

① SUC：Sustainable Urban Development and Livable Garden Community，可持续城市与社区项目。

辐射带动广西和海南沿海城市及港口的能源供给模式变革，营造良好的投资环境，促进面向东盟区域国际通道的快速构建，形成西南、中南地区开放发展新的战略支点，对建设"一带一路"尤其是21世纪海上丝绸之路沿海港口的低碳经济发展圈具有重要的示范效益和推动作用，同时为我国南海海域岛礁的能源供给模式提供借鉴，助力我国南海海域资源开发。丰富的水、风、光照、地热、油气、生物质和滩涂资源，使得粤西地区非常适合作为示范区建设核能、风能、太阳能、地热能和生物质能等新能源高比例发展工程。

到2020年示范区建成后，将实现粤西地区80%~90%能源来自新能源和可再生能源，其中核电装机新增容量250万kW，风电装机新增容量260万kW，光伏发电装机新增容量65万kW，新增非粮燃料乙醇15万t，建成年产1万t纤维素燃料乙醇示范工程，沼气年产量8.4亿m^3，生物质能发电量新增1亿kWh，完成地热资源勘探及开发潜力分析，建成地热利用示范工程。

主要工程任务：

（1）完成现有核电机组建设，同时选址新建核电项目。

（2）积极有序推进陆/海上风电开发建设，促进风电就地就近消纳利用。

（3）光伏产业与其他产业互为补充，多种形式发展太阳能发电。

（4）稳步发展生物质能发电，开发燃料乙醇生物炼制工程和沼气炼制工程。

（5）勘探地热资源及分布特点，建成地热利用示范工程。

（6）重点突破规模化分布式可再生能源并网技术与装备。

第一章 全球能源新技术新兴产业发展动态与未来趋势

一、全球能源新技术战略性新兴产业发展现状

战略性新兴产业代表新一轮科技革命和产业变革的方向，是培育经济社会发展新动能、获取未来竞争新优势的关键领域。新一轮的能源革命已初露端倪，世界能源生产与消费格局正在向绿色低碳型转变，更高效率、更低成本的能源新技术被不断推广应用，能源电气化、智能化已渐成能源发展主流，能源清洁高效开发、大规模可再生能源利用、智能电网等技术进步将催生能源转化、传输与利用方式的重大变革。

（一）煤炭清洁高效转化与利用产业

煤炭是全球重要能源，2016年全球煤炭消费量为37.3亿t油当量，在全球一次能源消费中的占比为28.1%。2016年全球煤炭消费量降低1.7%，连续两年下降，主要是由于美国（-8.8%）和中国（-1.6%）消费量降低。全球煤炭产量降低6.2%，其中美国（-19%）和中国（-7.9%）大幅减产。中国占世界煤炭总消费量的50.6%；印度占比11.0%，为全球第二大煤炭消费国[4]。2035年，中国仍将是全球最大的煤炭市场，占全球煤炭消费量的近一半；印度等发展中国家煤炭消费量将迅速增长[5]。随着全球CO_2排放限制以及对区域生态环境控制的严格要求，煤炭在全球能源消费中的比例将持续下降，但在新兴发展中国家，煤炭主体能源地位不会发生改变。绿色、清洁、高效和低碳是未来煤炭产业的发展方向，将贯穿于煤炭开采、加工、利用、转化、综合循环等整个产业链。煤

炭清洁和高效的转化及利用是未来煤炭产业的发展方向，将成为煤炭产业升级、创新发展的重要基础。

1. 燃煤发电及CO_2和粉煤灰综合利用

美国、欧洲、日本、澳大利亚等发达国家和地区均高度重视清洁煤发电技术的开发。美国国家环境保护局于2015年8月3日颁布了《清洁电力计划》以及针对新建、改建和重建电厂的《碳排放标准》，并提出了一项帮助各州实施《清洁电力计划》的模式规则和联邦计划，确保燃烧化石能源的电厂变得更清洁、更高效，并加大零排放和低排放能源的使用；美国能源部成立固态能源转化联盟（Solid State Energy Conversion Alliance，SECA），旨在开发百兆瓦级IGFC发电技术。英国于2008年颁布《气候变化法案》，提出到2020年和2050年温室气体在1990年的基础上分别减排20%和80%，并于翌年宣布除非应用碳捕集与封存（carbon capture and storage，CCS），捕集25%以上，且到2025年达到100%。日本制定"21世纪煤炭技术战略"积极发展煤炭清洁高效利用技术，并规定了各个阶段的具体目标，2015年制定了IGFC发展规划，目标是到2025年IGFC发电效率达到55%。澳大利亚于2008年实施了《国家清洁煤计划》，重点开展煤炭利用低排放技术及CCS技术的研究、示范和应用，支持地方政府和企业开展CCS示范项目。当前，煤炭发电效率仍有待提升、煤炭超低排放技术已经成熟应用，但是发电产生的CO_2利用问题还没有得到有效解决。发电效率提升和CO_2及污染物近零排放是燃煤发电产业未来发展的热点和难点。

粉煤灰和CO_2是燃煤发电产生的主要废弃物。粉煤灰是燃煤电厂产生的固体废物，2015年中国粉煤灰产生量约6.2亿t，居世界第一。世界上常规处理措施包括将其作为建筑材料（粉煤灰水泥、粉煤灰砖）、掺入混凝土、填埋等，如何实现粉煤灰综合利用成为世界难题。从粉煤灰中提取有用的金属或非金属元素，如铝、硅、镁、锂、铁、磷、碳、镓、锗等有价元素，避免粉煤灰残渣形成二次污染，是粉煤灰高附加值利用的重要途径，中国目前走在世界前列。

CO_2减排是煤炭未来发展的主要瓶颈，也是煤炭利用和转化技术发展的热点和难点。2016年4月22日，全球性气候新协议《巴黎协定》提出将全球气温升高幅度控制在2℃之内，这也使得煤炭转化和利用中的CO_2减排面临前所未有的挑战，世界各主要国家正积极努力推进 CCUS 技术的发展。美国国家环境保护局制订了《清洁电力计划》，推动美国 27 个州开展 CCUS 技术研究和应用。美国能源部继续强有力地研究和发展碳计划以及其区域性的封存伙伴关系，已经开始在大规模试验项目中发展 CCUS 技术。2015 年，加拿大联邦政府正式通过燃煤发电厂 CO_2 性能标准，并且宣布了一项碳"最低限价"，需要所有省和领地在 2018 年前出台一些形式的碳定价。欧洲的跨国政策发展一直是建立在 2015 年欧洲委员会启动计划的基础之上。欧洲联盟（European Union，EU）（以下简称欧盟）《巴黎协定》的批准以及根据战略能源技术（strategic energy technologies，SET）计划进程对欧盟碳排放交易系统（European Union emission trading system，EU-ETS）和计划进行的革新，为制定更进一步的 CCUS 部署提供了一个平台。挪威 CO_2 封存财政安全和财政机制指导方针的发展完善了其国家许可模式，对政府新的技术部署承诺进行补充，包括按照挪威的气候计划（挪威研究、发展和示范 CCUS 的国家计划）继续运行蒙斯塔德技术中心和投资活动。亚太地区各国政府继续采用多种方式来发展 CCUS 政策、法律和监管。澳大利亚政府（联邦和州政府）通过投资和必要的立法发展已经支持了许多项目。在 2016 年，澳大利亚政府宣布向很多从事 CCUS 研究和发展的组织和项目投资约 2400 万澳元。日本和中国依然走在推动 CCUS 技术示范和部署的前沿。日本正在开发一项 CCUS 试验和示范项目组合。中国和美国共同发出联合声明，承诺采取缓解气候变化举措，包括做出 CCUS 新承诺。世界各主要国家不断推进 CCUS 的相关工作，已建成年捕集百万吨级的示范装置，正在积极研发和推动相关技术的商业化。目前在 CO_2 捕集、CO_2 驱油、CO_2 封存等方面取得了一些进展，但在产业化方面还存在困难。随着技术的进步及成本的降低和碳减排压力的增大，CCUS 技术的发展前景光明。

2. 煤炭清洁高效转化

国外现代煤化工主要以技术装备研发和转让、中试为主，化工转化主要以天然气、石油为原料，煤化工产业规模较小。世界范围内开展现代煤化工技术研发和产业示范的国家主要有中国、美国、日本、南非、德国、英国等。全球现代煤化工产业发展主要集中在南非、美国和中国，已建成的最大煤化工产业项目为南非 Sasol 公司的煤制油厂。目前 Sasol 公司三个煤制油工厂年处理煤炭总计 4600 万 t，总产能 760 万 t/a，其中液体燃料占 60%左右，提供南非石油产品需求的 40%。根据 Sasol 公司发布的 2015 年度财务报告，Secunda 合成燃料工厂产量增长 2%，尽管受到油价下跌 33%的影响，其毛利仅下降 19%；化学品业务利润占总利润的 49.2%，比 2014 财年提高 8.6 个百分点。美国一直十分重视现代煤化工技术开发，但没有进行大规模产业投资，目前仅有伊斯曼（Eastman）公司和大平原气化厂等两家大型煤化工企业。伊斯曼公司以煤为原料生产乙酸、乙酸酐，1983 年投入正式运营，产能 51 万 t/a。大平原气化厂以煤为原料生产合成天然气，1984 年正式投入商业运行，生产能力 16 亿 m^3/d，至今仍在稳定运行[6, 7]。

（二）非常规油气开发利用产业

在新技术的推动下，全球油气资源持续增加，石油天然气产量稳定增长，供需基本平衡。截至 2015 年年底，全球原油探明（剩余可采）储量为 2394 亿 t，可满足 53 年的全球原油生产需求，天然气 186.9 万亿 m^3，可满足 52.8 年的生产需求[8]。受美国页岩油气快速增长的影响，全球油气供需格局发生改变，导致 2014 年下半年国际油价快速下跌。在低油价的情况下，美国页岩油气产业受到冲击，产量增速放缓。2015 年美国原油产量达到 5.67 亿 t，较 2014 年增长 8.5%，仍是全球原油产量增长较快的国家之一，美国天然气产量 7673 亿 m^3[8]，依然位居世界首位。以页岩油气为代表的非常规油气的快速发展，与海洋深水、陆地深层油气领域一同成为全球未来油气储量、产量增长的主要动力。

1. 页岩油气

2000 年以后，随着水平井钻井技术及多级分段压裂、同步压裂、重复压裂等技术快速发展及大规模应用，特别是福特沃斯盆地 Barnett 页岩气的成功开发，美国页岩气快速发展。页岩气年产量由 1999 年的 22 亿 m^3 快速增加到 2009 年的 560 亿 m^3，20 年间增长了近 25 倍。2016 年美国页岩气产量达到 4462 亿 m^3[9]。在低油价的条件下，技术进步和作业流程的完善带来的成本降低，以及单井最终产量的提高，使美国页岩气产量总体处在上升通道，并没有因油气价格低迷而下降。当前美国页岩气产量增长主要来自马塞勒斯、伊格尔福特（Eagle Ford）、海因斯维尔、巴奈特（Barnett）、奈厄布拉勒（Niobrara）、二叠盆地、尤提卡等区带，其中阿巴拉契亚盆地马塞勒斯是目前页岩气产量最多的区带，2016年12月产量达到平均日产182.5亿 ft³[①]。

美国页岩油开发始于19世纪50年代的威利斯顿盆地。自2010年以来，由于页岩气大量开发，天然气价格过低，北美非常规能源从"气"向"油"转变，借助页岩气成功开发经验以及水平井-分段压裂技术，美国页岩油产量迅速增加，导致美国原油进口下降，改变了全球原油的供需格局。2014年下半年全球油价断崖式下跌并一直持续低迷。在低油价时期，美国从事页岩气和页岩油作业的公司调整了策略，在压缩勘探开发投资的同时把有限投资集中到核心区，通过提高单井产量，采用低成本技术，钻井根据油价动态延迟完井作业的策略，使美国页岩油产量并未如人们预期出现大幅下降的局面。2015年3月美国页岩油产量平均日产468万桶，2015年4月进入缓慢下降的通道，2016年年底美国致密油产量为413万桶/d。当前页岩油主要产自威利斯顿盆地巴肯（Bakken）区带、墨西哥湾盆地西部伊格尔福特区带、二叠盆地伯恩斯普林（Bone Spring）和沃夫坎普（Wolfcamp）等区带、丹佛盆地奈厄布拉勒区带、阿巴拉契亚盆地马塞勒斯区带以及沃斯堡盆地巴奈特区带。

北美页岩气勘探开发的巨大成功，也引起了世界各国政府和能源公司的高度重视，在世界范围内掀起了页岩气研究、勘探的高潮。加拿大是继美国之后世界上第二个对页岩气进行勘探开发的国家，其勘探开发的地区主要集中在不列颠哥伦比亚省东北部中泥盆统Horn River盆地与三叠纪Montney页岩，近年来逐渐扩展到了萨斯喀彻温省、安大略省、魁北克省、新布伦斯威克省及新斯克舍省，2016年加拿大页岩气产量达到510亿 m³。2013年中国首个页岩气田——涪陵页岩气田投入商业开发，中国成为世界上第三个实现页岩气商业开发的国家，页岩气产量由2013年2亿 m³快速增长至2016年的78亿 m³。阿根廷、澳大利亚、墨西哥先后实现了页岩气的单井突破。英国、法国、德国、南非、印度等十余个国家正在积极开展页岩油气的相关研究工作。

2. 煤层气

目前，全球煤层气已经投入商业化开发的国家主要有美国、澳大利亚、加拿

[①] ft³为立方英尺，1ft³≈0.0283m³。

大、中国四个国家。博茨瓦纳、智利、法国、印度尼西亚、意大利、波兰、乌克兰、俄罗斯、越南等国家煤层气产量较小，处于试验研究阶段[10]。

美国是世界上率先形成煤层气商业化开发的国家，也是迄今煤层气产量最高的国家。美国主要的煤层气生产基地有黑勇士、圣胡安、粉河盆地，三个盆地煤层气产量占全国煤层气产量的 90%。新技术的发展是美国煤层气工业化的基础，地震技术、水平井钻井技术、水力压裂技术和盆地模拟技术的发展，降低了勘探评价和商业开发的风险，促进了煤层气产业的发展。1989 年美国煤层气产量为 26 亿 m^3，1999 年达到 355 亿 m^3，2007 年达到 496 亿 m^3。近期美国煤层气产业受页岩气快速发展的影响，煤层气产量开始下滑，2012 年煤层气产量为 470 亿 m^3，2013 年煤层气产量已经下降至 450 亿 m^3。

加拿大煤层气起步较晚，但发展速度较快，该国 17 个盆地和含煤区煤层气资源量为 17.9 万亿～85 万亿 m^3。阿尔伯塔省是煤层气的主要赋存地区。1978~2001 年，由于简单套用美国的煤层气勘探开发技术，煤层气产业未得到快速发展。之后针对本国低变质煤、低含水量、多煤层气的特点，开展技术攻关，成功开发了多水平分支井、连续油管压裂等技术并推广应用，带动了煤层气产业的腾飞。2004 年煤层气产量达到 15 亿 m^3，2005 年达到 30 亿 m^3，2007 年达到 86 亿 m^3，2010 年突破 100 亿 m^3，2012 年煤层气产量达到 90 亿 m^3。其煤层气主要分布于阿尔伯塔盆地。

澳大利亚是煤层气勘探开发较为成功的国家之一。结合本国低渗煤储层特点，澳大利亚发展了地应力评价理论，特别是在沿煤层钻水平井技术、水平井高压水射流改造技术方面取得了突破性进展，使得单井日产气量由 $1000m^3$ 提高到 $2800m^3$。高资源丰度、低开发成本、高科技含量推动了澳大利亚煤层气产业快速发展。2004 年煤层气产量占天然气总产量的 25%，约为 10 亿 m^3，2008 年煤层气产量达到 40 亿 m^3，2012 年煤层气产量达到 50 亿 m^3。

（三）智能电网与储能产业

21 世纪以来，社会经济发展对能源的需求不断增加，以传统化石能源为基础的发展方式难以为继，世界能源结构逐渐步入调整与变革时期，电力作为可再生能源的最有效利用方式受到越来越广泛的重视，世界各国都投入了大量资源积极探索清洁可再生能源主导下的电力生产、传输、分配与消费新模式，以智能电网为代表的电力科技进入发展快车道。总体来看,近十年来世界电力技术的发展趋势可以概括为安全可靠、清洁环保、经济高效、智能开放。整体科技产业的信息化、数字化、智能化发展趋势影响了电力系统发、输、变、配、用等各个环节,同时智能电网与冷、热、天然气等多种能源形式以及交通运输系统的融合愈发紧密,加速向智慧能源互联网的高级形态演化。

美国是全球最早开始发展智能电网的国家之一,相关产业一直处于国际领先地位。2014 年,奥巴马政府对美国能源发展战略做出进一步调整,提出《经济可持续发展路线的全方位能源战略》(The All-of-the-Above Energy Strategy as a Path to Sustainable Economic Growth),一方面加强对现有电力生产阶段的碳排放限制,另一方面利用税收优惠和政策激励引导社会投资流向清洁能源和低碳技术产业。随着经济手段和政策手段多管齐下,以智能电网为核心的美国电力生产与消费产业变革不断深入,极大地带动了国内生产总值(gross domestic product,GDP)的增长,对美国能源转型和国内经济复苏做出了重要贡献。在电源侧,以光伏和风力发电产业发展为核心,在新能源开发利用战略定位、商业模式和工程实践等方面取得巨大进展,已经在局部地区初步建立了透明化、市场化和竞争化的太阳能供销市场。在电网侧,美国智能电网更加强调提高电力系统的弹性和极端天气下的应对能力,能够保障电力可靠传输与供应的电力恢复设施系统、电网气象灾害预测系统、弹性微电网及其相关产业都被作为重点发展方向。此外,随着网络威胁的频繁出现,加强和完善电网对网络攻击的抵抗能力也成为美国智能电网发展的另一关注点。在用户侧,美国一直着力深化推进用户与电网的智能互动化,重视信息化和通信技术向电网的延伸,如智能电表安装和量测信息的集成、智能家居和智能家电等,有力地带动了信息服务、制造和零售等关联产业的发展。同样在用户侧,通过成本补贴、税费减免等政策优惠,美国电动汽车的销售数量逐年提高,以特斯拉为代表的美国电动汽车企业在行业标准、超级充电技术、电动汽车续航技术以及充电站建设方面均取得了显著成效,成为智能电网产业体系中一支不可忽视的力量。

欧洲智能电网产业的发展一直以来围绕多类型新能源消纳与利用这一核心问题,通过智能电网实现跨国电力系统运行数据信息标准化和透明化、间歇式电源预测与优化调度、高度自动化的全系统远程控制、高度信息化的电力市场建设等目标。从电源侧来看,风能和太阳能一直是欧洲可再生能源产业发展的主力，而海洋能等新型能源则成为在特定场景下的有力补充。预计到2030年，欧洲可再生能源发电量将占总用电量的40%～60%，而如此巨大的可再生能源接入量对电网的稳定运行提出了巨大挑战。因此，欧洲智能电网以通过长距离、大容量输电线路形成的广泛互联电网为首要发展方向，利用不同区域可再生能源发电的互补特性来提升电网对可再生能源的消纳能力，保证电网的安全稳定运行。同时，利用互联电网形成的电力双向传输与支撑能力，如丹麦等可再生资源储量丰富而国内负荷较低的国家能够充分发挥国内清洁电能的生产能力，如北欧（风力资源）和南欧（太阳能资源）等具有区域优势的能源生产基地能够相互支援，从而通过智能电网实现欧洲范围内的能源资源优化配置。在用户侧，欧洲智能电网注重对用户的更优质服务和用户资源的灵活调动与利用，高级需求侧响应、虚拟电厂、虚拟储能等用户侧聚合与互动技术快速发展，并有更多的资金投向了智能家居和智能用电技术示范阶段。据测算，到2020年欧洲有望部署约2亿块智能电表，覆盖约72%的欧盟消费者，相关产业总投资额高达350亿欧元。

日本的智能电网建设在亚洲起步较早，其间引入了大量的可再生能源、能源管理、高性能储能等技术，在分布式光伏发电、风能发电的大规模并网、分布式电源储能、微电网、电动汽车等方面开展了大量的实践工作。据统计，截至2015年12月底，不包含抽水蓄能、压缩空气储能和熔融盐储热的全球储能市场累计装机容量达到1GW，年均增长率为12%。抽水蓄能是比较成熟的大规模储能技术，截至2015年，全球抽水蓄能装机容量为142.1GW，占储能装机总量的98%，但其建设需要有合适的地理环境，这限制了其推广应用。在电源侧，日本光伏发电产业发展迅速，已经形成一定规模。同时近年来风力发电快速增长，有望作为新的绿色能源支柱产业。此外，日本借助其良好的科技创新环境以及先进材料研发、精密仪器制造等优势产业，因地制宜地开展了一系列智能电网相关技术创新研究，包括将太阳能发电与城市下水道用电相结合、探索创新型综合能源优化利用体系、开发新型高效率光伏装置、研发岛屿独立供电相关技术等，取得了显著成效。在电网侧，日本更加强调通过提高电网运行控制技术的灵活性来增强电网的经济运行能力对可再生能源的消纳能力，如东京电力是以扩大东日本地区的可再生能源发电并网为目标开发的基于气象状况的可再生能源的预测系统、包括风力发电设备在内的输出变动的控制系统、基于储能等技术的供需管理系统等，体现出了一定的实用价值。在用户侧，日本除了通过财政补贴来推动电动汽车普及和充电设施建设外，还特别针对电动汽车电池的耐热技术、储能技术、控制技术和互动技术开展了大量研究，在相关领域处于领先地位。

此外，拉丁美洲、东南亚、北非地区的新兴经济体也开始陆续部署和开展智能电网建设工作。例如，墨西哥较为重视太阳能和风能等新能源的开发与利用，并制订了以太阳能和风能为核心的智能电网远期发展规划；巴西为了满足经济快速发展对电力的需求，通过建设智能电网来扭转电力基础设施紧张的局面，其工作重点在于智能表计的普及部署；印度针对国内电力短缺和电网覆盖不足的实际情况，致力于改善电力网络基础设施的建设，同时注重可再生能源的开发利用；非洲电力系统长期缺少足够装机和输配电基础设施，电网覆盖范围严重不足，但同时拥有丰富的水力、石油、天然气、煤以及地热资源，许多非洲国家正大力发展可再生能源利用技术和智能电网技术，并加大对电力基础设施的直接投资力度，未来非洲电力基建市场将非常庞大。

（四）核能产业

核能属于一种成熟的低碳技术，将向着安全水平更高、电力输出功率更大、规模经济更好的趋势发展，同时，模块化小堆将在分布式能源和供热等多用途利用方面发挥更大的作用。福岛第一核电站事故发生后，各国纷纷提升核电站安全标准，这同时也增加了原材料成本、核电站设计的复杂程度以及对供应链质量的要求，因此估计未来的核电成本相较于 2010 年会上升。以上原因再加上太阳能光伏和风电的预期成本的下降，都对核能的竞争力造成了威胁。2017 年 8 月 7 日，国际原子能机构（International Atomic Energy Agency，IAEA）发布名为《2017 年核电国际现状与前景》的报告。报告分析了可能影响核电前景的各项因素，如筹资融资、电力市场及公众接受度等。报告指出，如果核电作为低碳能源的潜力能得到认可，且先进核电设计能够进一步加强安全性以及核废物管理，那么到 2050 年核电装机容量将翻番。

截至 2016 年 12 月 31 日，全世界共有 448 座在运核动力反应堆，总容量达到 391.12GW。这与 2015 年数据相比有所增加，总容量增长约 8.22GW。在运反应堆中，约 81.9%属轻水堆，10.9%重水堆，3.35%属石墨堆，3.13%属气冷堆，有 3

座属于液态金属冷却快堆。截至 2016 年 12 月 31 日，共有 61 座反应堆在建，其中有 51 座是压水堆。

自 2005 年以来并网的 55 座新反应堆中也有 39 座在亚洲，预计近期及长期增长仍集中在亚洲，截至 2016 年 12 月开工和并网核动力堆情况如图 1-1 所示。在 448 座在运核动力堆中，有 270 座已经服役 30 年或 30 年以上。截至 2016 年 12 月，在运核动力堆按堆龄的分布情况如图 1-2 所示。

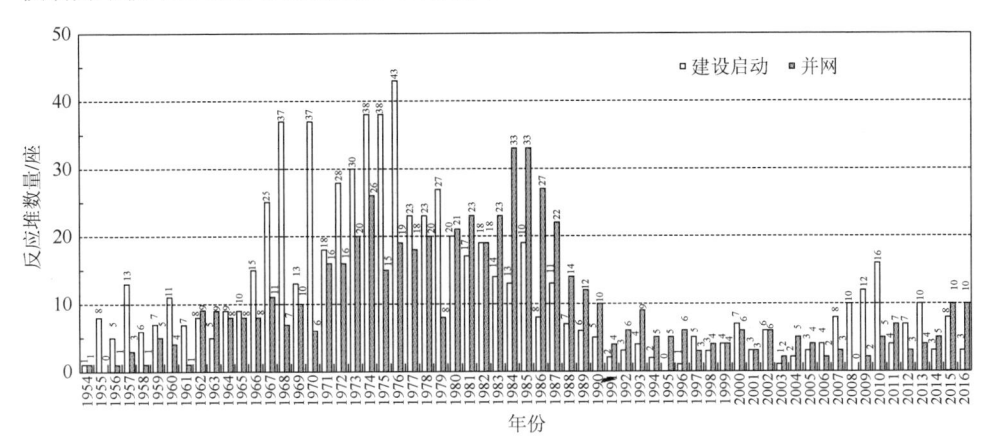

图 1-1 截至 2016 年 12 月开工和并网核动力堆情况

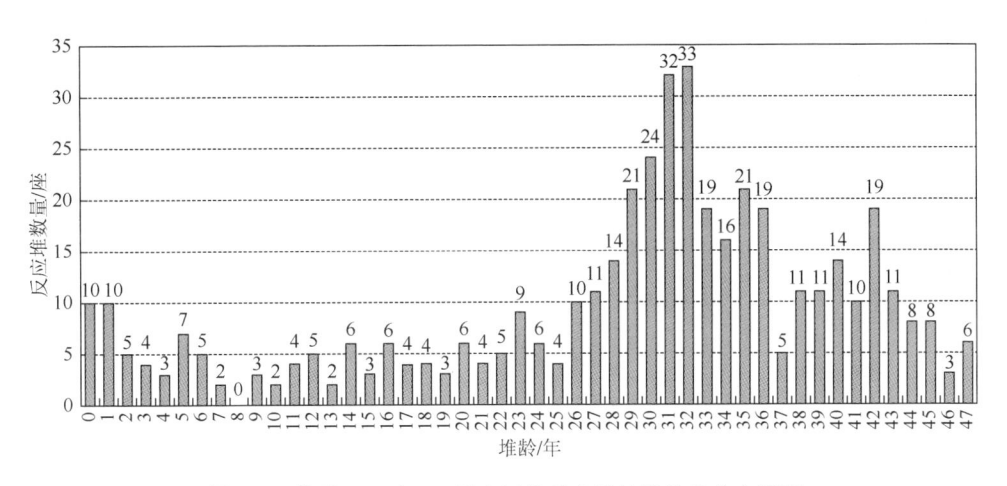

图 1-2 截至 2016 年 12 月在运核动力堆按堆龄的分布情况

1. 核能应用技术重点方向

反应堆技术主要朝着轻水堆的方向发展。目前近半在建的反应堆为轻水堆，相对于第二代反应堆而言，其安全性能比较高（如配备有缓解严重事故风险的各种系统），燃料的经济性也相对较好。未来核电机组发展产生重大影响的技术趋势包括：通过管理现有核电机组以实现安全经济的长期运营；持续发展第三代水冷技术，重点放在简化、标准化和降低成本上；加大在小型模块反应堆、第四代核反应堆以及核能非电力应用等反应堆技术方面的创新力度，以解决在低碳热处理工艺、锕系元素管理、集中供暖或海水淡化方面的需求。在未来的几十年中，核聚变方面的研发依然不会停止。

2. 核能发展的区域性展望

（1）美国是世界上核电机组数量最多的国家。核电占19%的发电量（822TWh），拥有100座反应堆（105GW）；5台机组在建；均为成熟的核电机组，大多数反应堆的许可运行年限为60年；拥有开放的电力市场和受监管的电力市场。沃格特勒（Vogtle）和萨默尔（VC Summer）的两个项目（每个项目都拥有两台第三代AP1000机组）是美国30多年来的首批新建项目。美国所有的新建项目都在监管框架下的电力市场中进行，因为这种市场更有利于为诸如核电站这样的资本密集型项目提供长期稳定的政策框架。

（2）欧洲经济合作与发展组织（Organisation for Economic Co-operation and Development，OECD）国家。核电占25%的发电量（833TWh），共132座反应堆（122GW）；4台机组在建；各国的核能发展政策各不相同。德国、比利时和瑞士正逐步停止使用核能（分别于2022年、2025年和2035年停止）；而芬兰、匈牙利和捷克则计划提高其核电装机容量；英国已经制订了一个重大的新建项目规划（到21世纪20年代末核电装机容量将达到15GW左右），新建核电站用于取代即将退役的核电站；波兰和土耳其等新兴核电国家的第一座核反应堆预计将于21世纪20年代早期投入运行；法国现有发电量的75%来自核电，但是计划在保持现有核电装机容量水平的情况下于2025年将核电份额降低到50%；核能发展大国立陶宛正计划于21世纪20年代早期建一座新的核电站。

（3）俄罗斯目前成了继美国和法国之后，世界第三大核电生产国。其在役的核反应堆有33座，总装机容量达到了25GW。迄今共有18座总装机容量为10GW的核反应堆获得了15~20年的延寿。俄罗斯的反应堆中有一半是压水堆，这些反应堆或许也可以通过升级增加7%~10%的装机容量。俄罗斯未来核能发展的主要驱动因素包括更换老化的、待退役的核反应堆，增加新反应堆装机能力，到2030年实现将核电的份额从目前的17%提高到25%～30%。增加核能发电将有助于节省本国的天然气以用于出口。俄罗斯目前在建的核反应堆有10座，总装机容量为9.2GW（其中的Rostov 3号机组实际上已经于2014年12月29日并网）。计划到2030年还要再建24座（大约为29GW），其中包括先进的第三代压水堆、钠冷快中子增殖反应堆以及1座于2014年6月达到临界点的BN-800型反应堆。俄罗斯在核能技术方面的研发投入巨大，拥有先进的快中子增殖反应堆以及小型浮动式反应堆技术，小型浮动式反应堆可以为偏远地区提供核电。不同地区核电发展特征总结如表1-1所示。新建反应堆技术示例如表1-2所示。

表1-1 不同地区核电发展特征总结

国家	核电技术路线	燃料循环路线	主要挑战
美国	热堆主要有压水堆和沸水堆两种主要机型	核不扩散原则下暂时执行集中储存政策	在自由化的市场进行融资；在与页岩气竞争的条件下进行长期运营的经济性
法国	热堆主要有压水堆和沸水堆两种主要机型：压水堆约占64%；沸水堆约占23%	核燃料闭式循环	在自由化的市场进行融资；制定与技术无关的低碳投资政策；扭曲的市场（由可再生能源补贴致）以及日益降低的电力批发价格；公众接受度
俄罗斯	以压水堆、石墨慢化沸水冷却反应堆为主	核燃料闭式循环	逐渐使用第三代水慢化水冷动力反应堆取代石墨慢化沸水冷却反应堆（占当前发电量的近一半）的工作管理
日本和韩国	沸水堆和压水堆为主，1台原型快堆	核燃料闭式循环	公众接受度；重启日本的核电机组
英国	镁诺克斯石墨气冷堆、先进气冷堆、快堆和高温堆	核燃料闭式循环	公众接受度；融资；外国承建商进入市场

表1-2 新建反应堆技术示例

型号名称	供应商	数量	项目	潜在市场
AP1000	美国西屋公司	在建8台	中国三门1、2号机组，海阳1、2号机组；美国萨默尔2、3号机组，沃格特勒3、4号机组	中国、美国
EPR	法国阿海珐集团	在建4台	芬兰奥尔基洛托3号机组，法国弗拉芒维尔3号机组，中国台山1、2号机组	英国、美国
AES91/92或VVER V-428/V412	俄罗斯国家原子能公司	运行3台，在建3台	运行：中国田湾1、2号机组，印度古丹库兰1号机组；在建：中国田湾3、4号机组，印度古丹库兰2号机组	印度、孟加拉国、乌克兰

续表

型号名称	供应商	数量	项目	潜在市场
AES2006 或 VVER-1200（V-392M/V-491）	俄罗斯国家原子能公司	在建 6 台	俄罗斯新沃罗涅日斯基二期 1、2 号机组，列宁格勒二期 1、2 号机组，波罗的海 1 号机组；白俄罗斯 1 号机组	俄罗斯、土耳其、越南、芬兰、约旦
APR1400	韩国电力公司	在建 6 台	韩国新古里 3、4 号机组，新蔚珍 1、2 号机组；阿联酋布拉卡 1、2 号机组	
APWR	日本三菱重工-美国西屋电气			日本、美国
Atmea-1	法国阿海珐-日本三菱重工			土耳其

（五）可再生能源产业

1. 风能

风电作为应用最广泛和发展最快的新能源发电技术，已在全球范围内实现大规模开发应用。到 2016 年年底，全球风电累计装机容量约 4.87 亿 kW，遍布 100 多个国家和地区。"十二五"期间，全球风电新增装机容量约 2.37 亿 kW，累计装机容量年均增长率达 17%，成为装机容量增幅最大的新能源发电技术。

风能利用历史由来已久，但现代风电技术的研究却始于 20 世纪 70 年代，并在 20 世纪 90 年代之后得到快速发展。从 1996 年开始，全球风电新增装机容量逐年攀升，并呈现出高速扩张态势，如图 1-3 和图 1-4 所示。在 2001～2010 年的十年间，全球风电新增装机容量年均增长率超过 20%。2009～2012 年，受国际金融危机、风电行业深度调整以及风电市场逐渐紧缩等因素影响，全球风电新增装机容量呈现出平缓发展态势。2013 年美国"风电税额抵免政策"中断，导致全球风电新增装机市场出现了 18 年来的首次下滑。随后，全球风电行业逐渐企稳复苏。2015 年全球风电新增装机容量在中国风电新增装机市场的大幅助推下创出历史新高。2016 年受中国新增装机容量下降、电力需求降低以及电网消纳风电能力不足等因素影响，全球风电新增市场出现小幅回调。截至 2016 年年底，全球风电累计装机容量约 4.87 亿 kW，同比增长 12.51%；较 1997 年的 760 万 kW，增长了 63 倍。2016 年全球风电新增装机容量 5464.2 万 kW，同比下降 14.13%[11]。

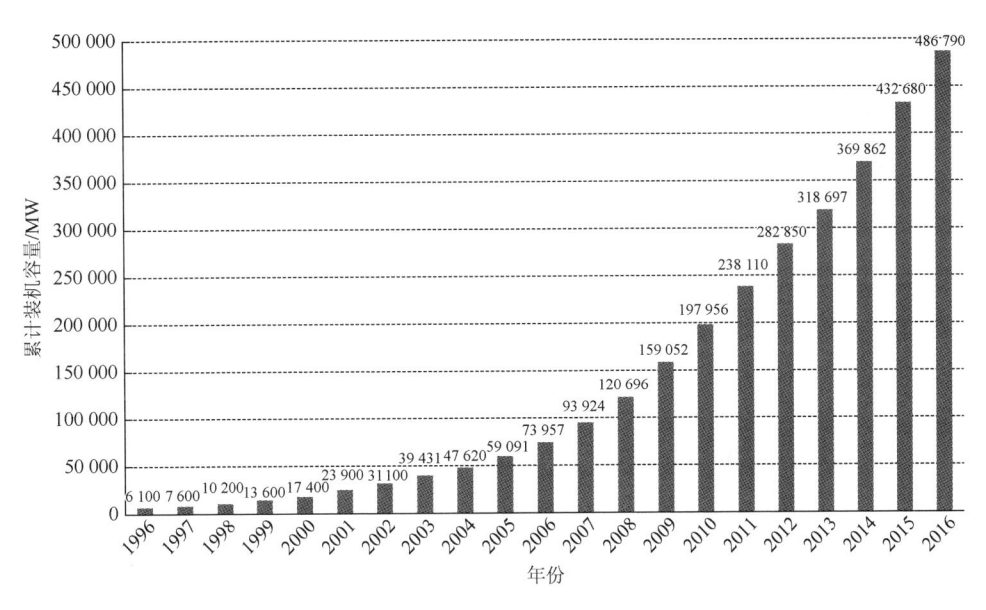

图 1-3　全球风电累计装机容量统计

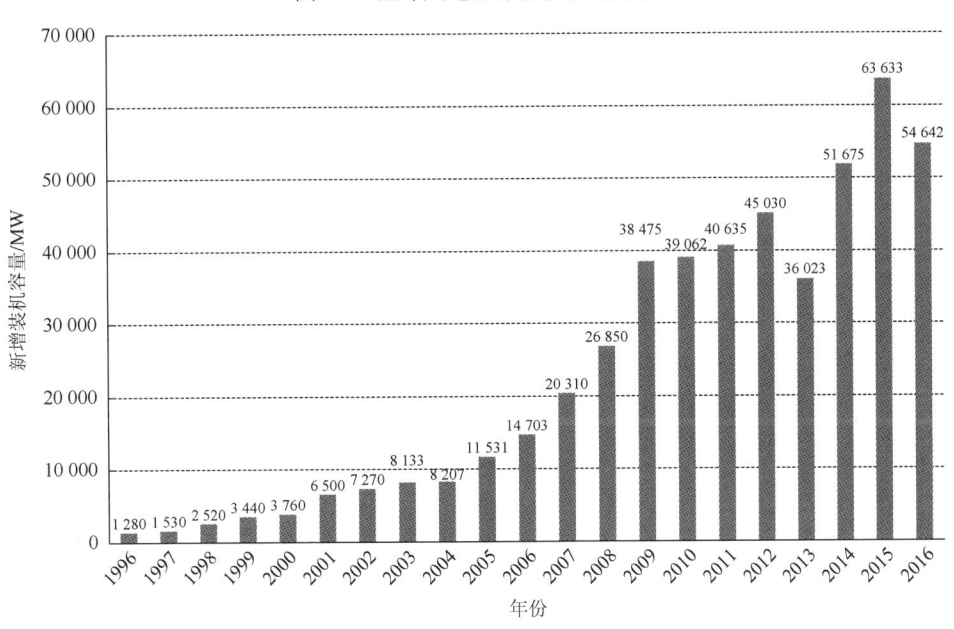

图 1-4　全球风电年新增装机容量统计

与图 1-3 相比，统计数据略有出入，装机数量依据是否并网上报，可能汇入本年度，也可能汇入下一年度，所以数据有偏差。图 1-3 和图 1-4 主要表现发展趋势

2007~2016 年全球六大区域风电发展情况如图 1-5 所示。亚洲、欧洲、北美仍然是全球风电新增装机容量最多的三个区域，但亚洲和北美 2016 年新增装机容

量较 2015 年均出现了不同程度的下降。非洲和中东、拉丁美洲、大洋洲风电发展仍然较为缓慢。

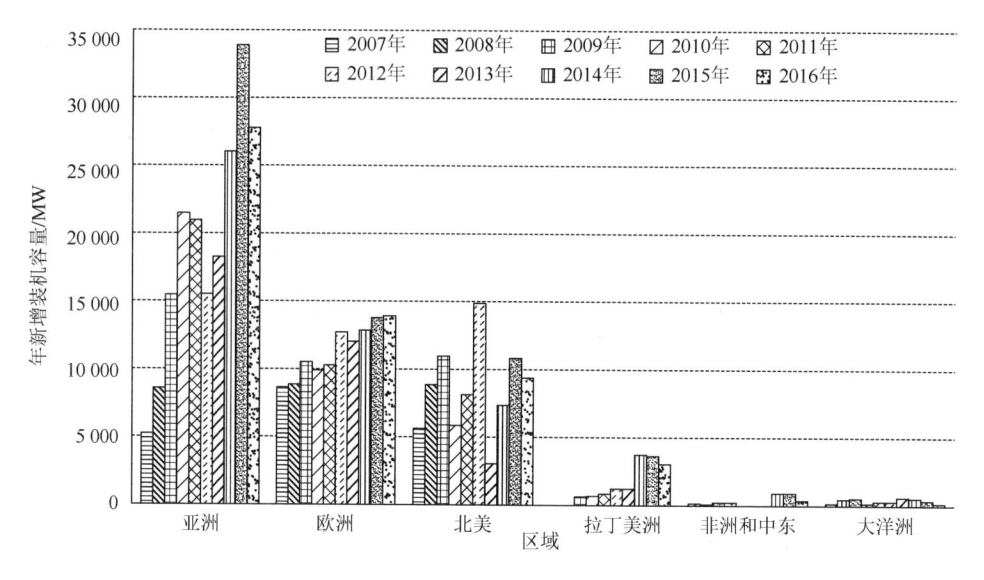

图 1-5 全球不同区域风电年新增装机容量统计

（1）亚洲地区：2016 年亚洲风电新增装机容量占全球新增装机容量的一半以上，继续保持累计装机容量最多的全球领先地位。2016 年中国风电新增装机容量 2337 万 kW，约占全球风电新增市场份额的 42.8%；中国风电累计装机容量约 **1.69 亿 kW，约占全球风电总市场份额的 34.7%；中国风电以绝对优势领跑全球风电市场**。印度以创纪录的 361.2 万 kW 新增装机容量，使其累计装机容量达到 2870 万 kW，成为 2016 年全球新增装机容量和累计装机容量均排名第四的国家，预计未来几年印度风电市场仍将有新一轮的快速增长。2016 年韩国风电累计装机容量也突破了 100 万 kW。

（2）欧洲地区：欧洲风电市场仍延续了前几年的强劲增长势头。2016 年欧洲风电新增装机容量 1392.6 万 kW，其中欧盟 28 国新增装机容量达到 1249.1 万 kW。德国以 544.3 万 kW 的新增装机容量使其累计装机容量突破 5000 万 kW，成为欧洲第一、全球第三的风电大国。法国风电也表现出了迅猛发展势头，2016 年新增装机容量达 156.1 万 kW。土耳其风电新增装机容量 138.7 万 kW，累计装机容量突破 600 万 kW。荷兰风电新增装机容量首次进入全球新增装机容量榜单的前十名，其新增装机容量 88.7 万 kW，大部分来自海上风电装机。

（3）北美地区：美国风电继续保持着几乎和2015年相同的强劲增长势头，并以820.3万kW的新增装机容量位居全球第二，其累计装机容量约8219万kW；同时美国还有1800万kW在建容量，这预示着2017年美国风电仍将持续强劲增长。此外，加拿大和墨西哥分别以70.2万kW和45.4万kW的风电新增装机容量实现平稳增长。

（4）拉丁美洲地区：巴西再次引领拉丁美洲风电的发展，尽管巴西国内政治经济动荡造成其2016年新增装机容量仅为201.4万kW，但这一装机容量仍使得巴西风电累计装机容量突破1000万kW，成为全球风电累计装机容量排名第九的国家。智利风电新增装机容量达到了创纪录的51.3万kW，累计装机容量达到142.4万kW。乌拉圭风电新增装机容量36.5万kW，累计装机容量达到121万kW。此外，秘鲁、多米尼加共和国和哥斯达黎加等风电装机容量都有显著的增加。尽管阿根廷在2016年并没有新增装机，但其在建项目容量高达140万kW，这些项目将在之后两年内陆续建成。

（5）非洲和中东地区：2016年非洲和中东地区仅有南非风电新增装机容量41.8万kW，成为该地区唯一累计装机容量超过100万kW的国家，南非的"（国家）可再生能源项目"由于国内原因而处于搁浅状态。其他地区中，摩洛哥有超过80万kW风电项目将在未来几年建成，肯尼亚图尔卡纳湖风电项目也已接近尾声，埃及由于可再生能源发展计划受阻，前景尚不明朗。

（6）大洋洲地区：大洋洲风电发展相对较为沉寂，仅澳大利亚新增装机容量14万kW，但有迹象表明，澳大利亚风电市场有望在未来几年强劲复苏。

截至2016年年底，全球风电累计装机容量排名前五的国家依次为中国、美国、德国、印度和西班牙，其合计所占市场份额达到全球风电总装机容量的72.5%，产业集中度非常高，如图1-6所示。2016年，全球新增装机容量排名前五的国家依次为中国、美国、德国、印度和巴西，其合计新增装机容量占全球风电市场份额的78.0%，如图1-7所示。

同时，风电在部分国家电力供应需求中所占比例（渗透率）不断提高[12]。2016年，丹麦风力发电量占总发电量的比例达到40%，风电在乌拉圭、葡萄牙和爱尔兰用电量中的占比也都超过了20%，在西班牙和塞浦路斯用电量中的占比达到20%，在德国用电量中的占比达到16%。在诸如中国、美国和加拿大等大型电力市场，风电渗透率分别达到4%、5.5%和6%。风电已成为部分国家实现可再生

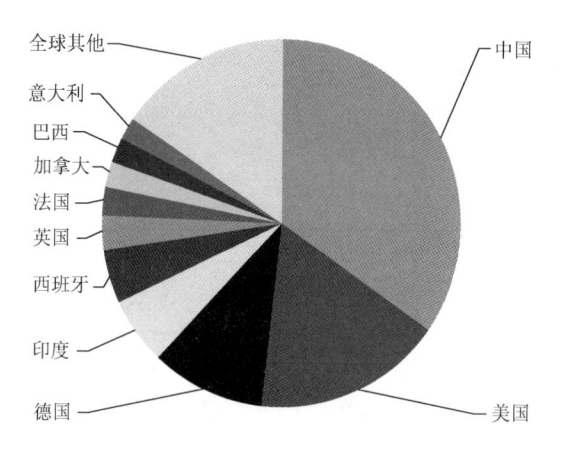

[饼图：2016年全球风电累计装机容量分布，标注国家包括全球其他、意大利、巴西、加拿大、法国、英国、西班牙、印度、德国、美国、中国]

国家	累计装机容量/MW	市场份额/%
中国	168 732	34.7
美国	82 184	16.9
德国	50 018	10.3
印度	28 700	5.9
西班牙	23 074	4.7
英国	14 543	3.0
法国	12 066	2.5
加拿大	11 900	2.4
巴西	10 740	2.2
意大利	9 257	1.9
全球其他	75 576	15.5
全球前十	411 214	84.5
全球总计	486 790	100.0

图1-6 2016年全球风电累计装机容量排名统计

能源高比例发展目标的核心措施，风电在未来能源电力系统中将发挥更加重要的作用。

此外，随着全球范围内风电开发利用技术不断进步以及应用规模持续扩大，风电开发利用的经济性得到显著提升。风电开发利用成本在2011～2015年下降了约30%，巴西、南非、埃及等国家的风电招标电价已低于当地传统化石能源上网电价，美国风电长期协议价格已下降到与化石能源电价同等水平，2015年，风电设备的成本价格约为1571Ecu/kW。同时，风电产业的高速发展也吸引了更多市场资本的进入。2015年，全球风电产业吸引了1100亿美元的投资，其中670亿美元的投资来自发展中国家。

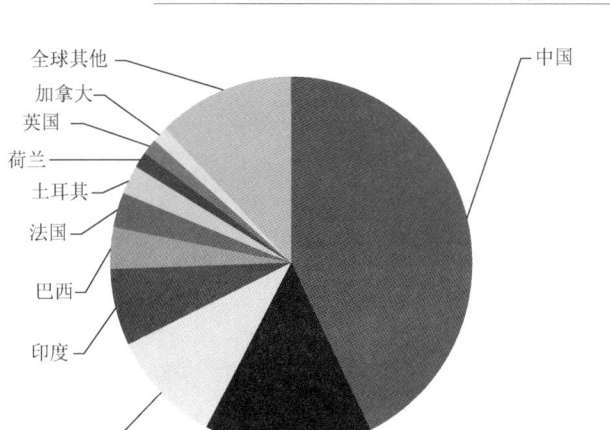

国家	新增装机容量/MW	市场份额/%
中国	23 370	42.8
美国	8 203	15.0
德国	5 443	10.0
印度	3 612	6.6
巴西	2 014	3.7
法国	1 561	2.9
土耳其	1 387	2.5
荷兰	887	1.6
英国	736	1.3
加拿大	702	1.3
全球其他	6 727	12.3
全球前十	47 915	87.7
全球总计	54 642	100.0

图 1-7 2016 年全球风电新增装机容量排名统计

2. 太阳能光伏发电

"十二五"期间，世界范围内太阳能得到更加广泛的应用。光伏发电全面进入规模化发展阶段，中国、欧洲、美国、日本等传统光伏发电市场继续保持快速增长，东南亚、拉丁美洲、中东和非洲等地区光伏发电新兴市场也快速启动。太阳能热发电产业发展开始加速，一大批商业化太阳能热发电工程已建成或正在建设，太阳能热发电已具备作为可调节电源的潜在优势。太阳能热利用继续扩大应用领域，在生活热水、供暖制冷和工农业生产中逐步普及。

太阳能发电规模快速增长。截至 2015 年年底，全球太阳能发电装机容量累计达到 2.3 亿 kW，当年新增装机容量超过 5300 万 kW，占全球新增发电装机容量的 20%。2006～2015 年光伏发电年均增长率超过 40%，成为全球增长速度最快的能源品种；太阳能热发电在 2011～2015 年新增装机容量 400 万 kW，进入初步产业化发展阶段[13]。2016 年全球光伏新增装机容量 7000 万 kW，比 2015 年增长约 30%。2016 年全球新增装机可发电 900 亿 kWh，可满足 2500 万户居民（年均耗电 3500kWh）的需求。其中，最大的增长动力来自中国，新增 3400 万 kW；美国排名第二，新增 1400 万 kW；日本为 1050 万 kW，排在第三位；印度为 420 万 kW，排名第四。

中美两国主导着太阳能领域的发展规模。2016 年，全球太阳能光伏增长迅速，新增装机为 75.4GW，与 2015 年的 50GW 相比，增长率达到 50.8%。根据欧洲太阳能交易机构的数据，中美两国 2016 年的新增装机容量均比 2015 年增长了近 1 倍。到 2016 年年底，全球太阳能光伏发电总装机容量已达 3.05 亿 kW，而 2010 年的这一数字仅为 5000 万 kW。

太阳能市场竞争力迅速提高。随着光伏产业技术进步和规模扩大，光伏发电成本快速降低，在欧洲、日本、澳大利亚等多个国家和地区的商业和居民用电领域已实现平价上网。太阳能热发电进入初步产业化发展阶段后，发电成本显著降低。太阳能热利用市场竞争力进一步提高，太阳能热水器已是成本较低的热水供应方式，太阳能供暖在欧洲、美洲等地区具备了经济可行性。

太阳能产业对经济带动作用显著。2015 年全球光伏市场规模达到 5000 多亿元，创造就业岗位约 300 万个，在促进全球经济发展方面表现突出。很多国家都把光伏产业作为重点培育的战略性新兴产业和新的经济增长点，纷纷提出相关产业发展计划，在光伏技术研发和产业化方面不断加大支持力度，全球光伏产业保持强劲的增长势头。

3. 太阳能热发电

1) 全球太阳能热发电产业稳步发展

太阳能热发电技术商业化发展有 30 多年的历史，自 2007 年以来，全球太阳能热发电装机容量增长速度逐渐加快，西班牙、美国、阿尔及利亚、澳大利亚、埃及、法国、德国、印度、以色列、意大利、摩洛哥、南非、泰国、中国、智利、土耳其、阿联酋、沙特阿拉伯等超过 20 个国家建有或在建商业化运行的太阳能热发电站，截至 2016 年年底，全球太阳能热发电的装机容量已经超过 500 万 kW。图 1-8 为近年来全球太阳能热发电累计装机容量的增长情况。

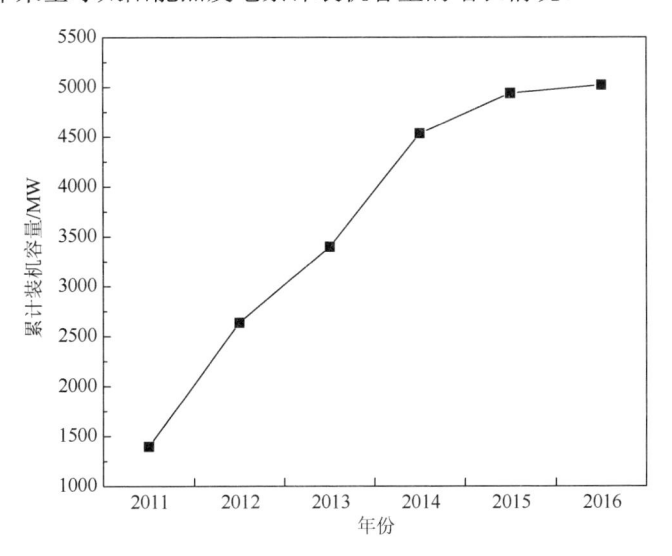

图 1-8 近年来全球太阳能热发电累计装机容量的变化情况

2）槽式太阳能热发电处于主流地位，塔式热发电增长迅速

自 2011 年以来新增并网发电的商业化太阳能热发电站装机总量约为 360 万 kW，其中槽式太阳能热发电仍然是主流技术，约占总装机容量的 80%，塔式太阳能热发电约占 16%，线性菲涅尔式电站约占 4%，碟式电站未有超过 1 万 kW 级电站并网发电的报道。从热传输流体看，主流商业化槽式技术仍然采用导热油作为热传输流体，发电温度 390℃，近 10 年以来技术变化不大。以水/蒸汽、硅油和熔融盐为热传输流体的槽式电站处于技术起步阶段，仅有示范项目。塔式太阳能热发电技术发展迅速，发电温度从低于 400℃增加到 510℃以上，热传输流体从水/蒸汽发展到熔融盐，2013 年 Gemasolar 熔融盐塔式电站实现连续 168h 不间断发电。

4. 生物质能

生物质能消费量占世界一次能源的 14%，是排在主要化石能源石油、煤炭、天然气之后的第四位能源[14]。生物质是地球上唯一可直接转化为气、液、固三种形态能源的可再生清洁碳源，其储量丰富，据估计地球上每年植物光合作用固碳量达 2×10^{11}t，相当于全世界年耗能量的 10 倍，我国生物质能资源理论上达 50 亿 t 标准煤以上[15]。生物质含硫量低、含灰分低，转化为能源后可实现 CO_2 固定与释放的动态平衡，因此发展生物质能产业将在应对全球气候变化、能源供需矛盾、保护生态环境等方面发挥重要作用，为综合解决资源、能源、环境和经济问题提供了一条可行的方案，符合国家发展战略性新兴产业的重大需求，具有举足轻重的地位。

21 世纪可再生能源政策网络（Renewable Energy Policy Network for the 21st Century，REN21）发布的《2017 可再生能源全球状态报告》(*Renewables 2017 global status report*) 显示[16]，2016 年可再生能源在全球终端能源消费中所占的比例与 2015 年相似，2015 年可再生能源占全球终端能源消费的 19.3%，其中 9.1%为传统生物质能源（直接燃烧用于烹饪和取暖），10.2%为现代可再生能源，生物质能在现代可再生能源中也占据一定的比例，可见，生物质能在可再生能源中的地位举足轻重。全球生物质能产业的发展目前主要集中在供热、发电和运输燃料方面。

在供热方面[16]，生物质以固态、液态和气态形式被用于供热。固态形式的生物质利用包括传统生物质如薪材、木炭、农作物秸秆等的直接燃烧和现代生物质如生物质成型颗粒的燃烧。2016 年传统生物质的能源利用量达到 33EJ，现代生物质的能源利用量为 13.9EJ。亚洲、南美洲和非洲为传统生物质供热的主要区域，其中亚洲和南美洲为生物质工业供热的主要区域，北美洲的生物质工业供热紧随其后。波罗的海和东欧地区的一些国家近年来在用木料直燃供热方面呈现增长趋势，美国和加拿大的生物质直燃主要用于居民生活取暖。现代生物质能供热（颗粒成型燃料、生物燃气等）主要用于工业、居住和商业。美国依然是现代生物质能用于建筑供热的最大消费国，德国、法国、瑞典、意大利、芬兰和波兰仍然是生物质能供热的最大生产国和消费国。此外，欧洲国家在生物燃气的建筑和工业供热方面呈现逐年上升趋势。亚洲在小型生物沼气池供热方面处于世界主导地位。

在发电方面[16]，全球生物质发电装机容量在 2016 年达 112GW，相比于 2015 年增加了 6%，发电量达到 504TWh。美国生物质发电量居于世界首位（68TWh），其后依次为中国（54TWh）、德国（52TWh）、巴西（51TWh）、日本（38TWh）、印度（30TWh）和英国（30TWh）。美国 2016 年生物质发电量相比于 2015 年虽然下降了 2%，但是其在运行的生物质发电装机容量增加了 0.5%，达到 16.8GW。欧洲国家的生物质发电原料主要来自生物质固体燃料和生物燃气。德国是欧洲生物质发电量最大的国家，2016 年生物质发电装机容量增加了 2%，达到 7.6GW。由于生物燃气的规模化生产及其在发电方面的持续应用，英国的生物质发电装机容量增加了 6%，达到 5.6GW。中国的生物质发电装机容量在 2016 年增加了 13%，达到 12GW，其发电量主要来自垃圾和农业废弃物的燃料。日本的生物质发电量也出现显著上升，其用于发电的原料主要为生物质颗粒成型燃料、木片和棕榈壳等，2016年生物质发电装机容量达到4GW，比2015年增加了5%。印度的生物质发电并网装机容量在2016年达到8.3GW，离网装机容量达到330MW。巴西是拉丁美洲最大的电力消费国，其生物质发电装机容量在2016年达到13.9GW，80%以上的生物质发电量来自蔗渣。

在运输燃料方面[16]，主要有生物液体燃料和生物沼气。2016年全球生物液体燃料产量达到1350亿L，其中燃料乙醇占73%，生物柴油占23%，氢化植物油占4%（图1-9）。美国和巴西依然为生物液体燃料的主要生产国，其产量占全球的70%，其后依次为德国、阿根廷、中国和印度尼西亚。2016年，美国的燃料乙醇产量达到580亿L，仍居于首位，其后依次为巴西（270亿L）、中国（32亿L）、加拿大（17亿L）和泰国（12亿L），其中美国和巴西的燃料乙醇产量占全球的86%。此外，相比于2015年，欧洲燃料乙醇在2016年整体产量下降6%，为48亿L，主要原因是燃料乙醇最大生产国法国在农业生产方面歉收。全球生物柴油2016年产量比2015年增加了7.5%，达到308亿L，美国的生物柴油产量位居第一（18%），其后依次为巴西（12%）、印度尼西亚（10%）、德国（10%）和阿根廷（10%），中国的生物柴油产量由2015年的3.5亿L下降到2016年的3亿L。全球氢化植物油产量由2015年的49亿L增加到2016年的59亿L，主产区为荷兰、美国、新加坡和芬兰。另外，生物沼气用作运输燃料呈现上升趋势，美国、瑞典和德国为生物沼气作为运输燃料的主要消费国。

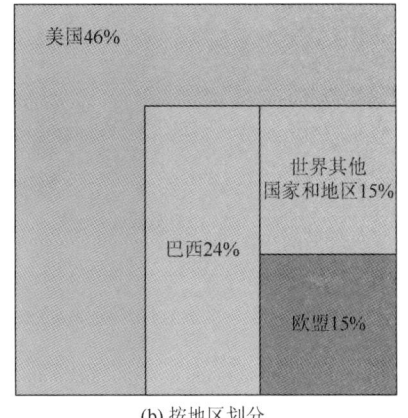

(a) 按类型划分　　(b) 按地区划分

图1-9　按类型、地区划分的全球生物运输燃料2016年生产情况

资源来源：REN21

5. 地热能

地球内部是一个巨大的能源库，蕴藏着巨大的热能。地表以下平均每下降100m，温度大约升高3℃，在地热异常区，温度随深度增加得更快。世界上已知地热资源比较集中地分布在三个地带：一是环太平洋沿岸的地热带，它是世界最大的太平洋板块与美洲、欧亚、印度板块的碰撞边界；二是从大西洋中脊向东横跨地中海、中东到我国藏滇；三是非洲大裂谷和红海大裂谷的地热带。

美国的地热资源主要分布在西海岸加利福尼亚、内华达（图 1-10）。加利福尼亚盖瑟尔斯地热田是目前世界上最大的地热田，也是世界上为数不多的正在开发的蒸气地热田之一。美国地质调查局评价了已探明的 241 个中高温地热区所在的美国西部 13 个州的地热潜力。图 1-10 为美国西部 13 个州的地热资源分布图。

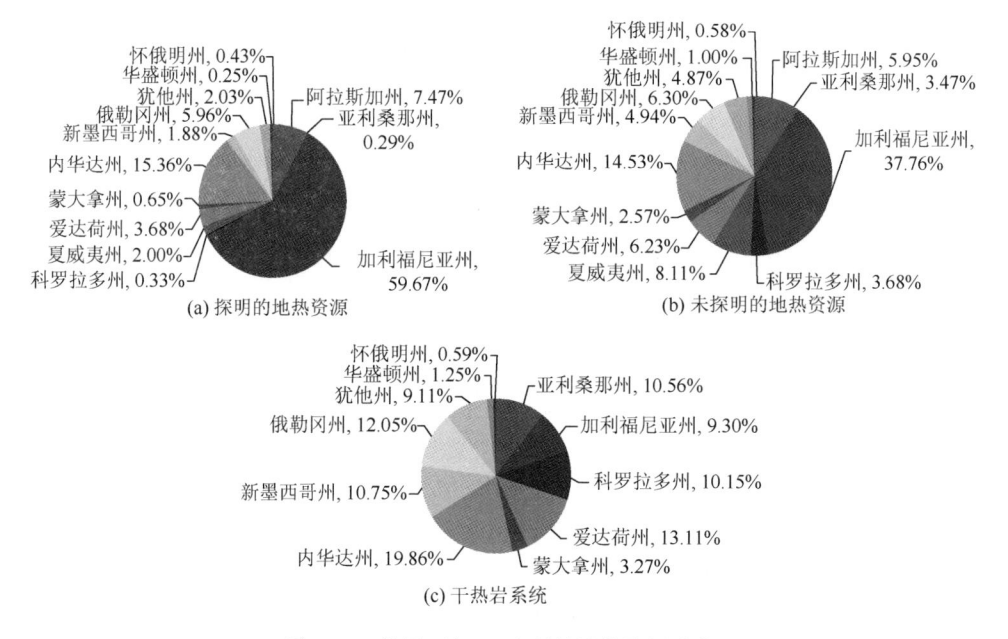

(a) 探明的地热资源

(b) 未探明的地热资源

(c) 干热岩系统

图 1-10　美国西部 13 个州的地热资源分布

墨西哥同美国一样位于环太平洋高温地热带，目前是世界第四大地热发电国家，仅次于美国、菲律宾和印度尼西亚，普列托峰是世界第二大热气田。墨西哥地热资源主要用于地热发电，发展潜力较大。目前已发现的地热显示区有 310 处，集中分布在中央火山带。墨西哥的地热资源大约为 81.5EJ,相当于 $2.14\times10^{15}\text{m}^3$ 的天然气或 1.9×10^9 桶石油或 3.77 亿 t 标准煤。

冰岛地处欧亚板块与美洲板块交界处,活跃的地壳活动、复杂的地貌使冰岛成为地热资源最为丰富的国家之一,全国共有 250 个地热区,属于大西洋中脊高温地热带。岛内有火山 200 多座,其中活火山 30 余座,地热田的分布与火山位置密切相关。在自西南向东北斜穿全岛的火山带上,分布着 26 个温度达 250℃ 的高温蒸气田,约 250 个温度不超过 150℃ 的中低温地热田,天然温泉 800 余处,地壳厚度 0~10km 范围内的地热资源量为 3×10^8TWh;0~3km 范围内的资源量为 3×10^7TWh,技术上可利用资源量为 1×10^6TWh。

菲律宾位于环太平洋火山带,火山遍布全国,拥有丰富的地热资源,到 20 世纪 90 年代中期,通过对 25 个地热资源区进行勘探,估计总的潜在地热资源量为 3388MW$_t$,是世界第二大地热资源开发大国。目前,菲律宾已形成了 5 个地热开发区——蒂维区、马克邦区、唐古纳区、巴林彬那区及巴卡曼区,开采中的地热井总数达到 490 口。

意大利是世界上第一个利用地热发电的国家,地热资源主要分布在罗马西北托斯卡纳地区,区内分布有大量热泉、喷气孔、蚀变带等地表地热显示。世界上第一座地热发电站位于意大利的拉德瑞罗地热田,是世界上著名的干蒸气田之一,也是世界开发最早的地热田,1904 年首次利用地热蒸气成功发电,1913 年建成世界首座商业地热电站,迄今已逾百年。

日本是环绕太平洋火山带的火山国之一,具有丰富的地热资源,处于太平洋火山带,拥有火山 245 处,活火山 65 处,温泉 2200 处,热水井 22 000 处。日本地热资源储量排在印度尼西亚、美国之后居世界第 3 位,换算成发电能力超过 2×10^4MW。

二、引发全球能源产业变革的颠覆性技术前瞻

颠覆性技术是指该项技术的出现会彻底改变该行业的产业生态,并将在很大的市场比例上取代原有技术,造成"颠覆式"效果的技术。一项技术只有在功能实现、工作效率和经济性等方面都全面优于原有技术才能形成颠覆。对颠覆性技术的预先判断,有利于相关企业提前研发,抢占市场地位,也有利于政策引导优势技术,改善产业环境。

（一）煤炭清洁高效转化与利用技术

1. 先进燃煤发电技术及CO_2减排和粉煤灰综合利用技术

在燃煤发电技术领域，具有颠覆性的技术为新一代 IGCC 与 IGFC 发电及多联产技术，其供电效率有望突破 50% 甚至达到 60% 以上，大大降低供电煤耗，节约煤炭资源，同时，可实现燃煤发电的近零排放。因此，该技术一旦取得突破，将突破常规煤电发电效率提升难、污染物近零排放难、CO_2 减排难的三大瓶颈，具有革命性意义。

新一代 IGCC 与 IGFC 发电及多联产技术是实现煤炭高效、近零排放迫切需要培育和发展的战略性产业方向，主要包括 IGCC 和 IGFC 两大技术。我国首座 250MW 级 IGCC 示范电站已投运，粉尘和 SO_2 排放浓度低于 $1mg/Nm^3$、NO_x 排放浓度低于 $25mg/Nm^3$，真正达到了天然气排放水平，发电效率比同容量常规发电技术高 4～6 个百分点。IGFC 是将 IGCC 与高温燃料电池（包括 SOFC 和 MCFC）相结合的发电系统，实现了电化学发电与热力循环发电相结合的复合发电，除具备 IGCC 技术的优点外，IGFC 可实现更高的发电效率，可达 60% 以上，而且在燃料电池内部可实现 CO_2 富集，降低 CO_2 捕集成本，可实现 CO_2 及污染物的近零排放。

在 CO_2 减排方面（CCUS），具有颠覆性的技术为固体氧化物电解池（solid oxide electrolysis cell，SOEC）技术。SOEC 技术是一种先进的电化学能量转化装置，在高温（600～1000℃）下，能够利用太阳能、风能等可再生能源或者核能制取的电能和热能，将 CO_2 与 H_2O 电解获得合成气燃料，再进一步通过费托合成来制备液体或者其他燃料，是实现 CO_2 资源化利用的重要途径。SOEC 技术不仅能够解决当前弃风、弃光和弃水的难题，而且能够实现 CO_2 的资源化循环利用，在 CCUS 技术发展中具有颠覆性意义。

在粉煤灰高附加值利用方面，通过化学或物理方法提取粉煤灰中硅、铝及稀有元素钛、镓、锗或者盐类属于精细利用，是粉煤灰资源化综合利用的发展方向。目前国内外粉煤灰精细利用研究热点包括粉煤灰提取氧化铝，粉煤灰提取镓、锗、锂，粉煤灰合成分子筛，粉煤灰制备白炭黑。盐酸提取粉煤灰氧化铝工艺技术由加拿大 Orbite 技术公司、神华集团有限责任公司（简称神华集团）相继研发成功，可应用于低品位铝土矿，具有很好的推广价值。粉煤灰制备白炭黑技术是先对粉煤灰预处理后碱溶，得到硅酸盐溶液，然后通过控制溶液 pH，制备硅胶液，经陈化、过滤、烘干后制得白炭黑，该技术近年来受到众多研究者的重视。

2. 先进现代煤化工技术

1）清洁高效、煤种适应性强的煤气化技术

世界煤气化技术不断向大型化、高适应性、低污染、易净化方向发展；不断提高煤气化效率，优化气化能量利用，节约用水；不断提高单台气化炉生产能力；研究开发具有更好的煤种适应性和产品匹配性的气化技术和设备。催化气化、加氢气化技术有望实现与目标产品的合理匹配，是重要的发展方面。以煤制天然气为例，催化气化、加氢气化有望将煤制天然气生产效率从目前的 60% 左右提高到 70% 以上，是未来的发展方向。美国巨点能源公司（Great Point Energy）开发了"一步法"制天然气技术（又称"蓝气技术"），正积极推进商业化进程，计划到 2022 年天然气装置能力达到 10 亿 ft^3/d。

2）低阶煤分级分质利用技术

充分考虑低阶煤的结构和组成特征，发展清洁高效的低阶煤分级分质技术，利用低阶煤中挥发性烃类化合物可在温和条件下直接转化为油气/化学品的特点，提高煤炭利用效率，减少 CO_2 排放。

3）高效、高选择性的合成技术

煤制烯烃技术方面，一是开发新的高效多功能催化剂，进一步大幅度提高反应过程的低碳烯烃的选择性；二是开发新的工艺流程，进一步降低甲醇单耗，提高工艺流程的灵活性和可靠性；三是围绕上述方向开展反应工程基础研究，开发高效优化反应器。

煤间接液化技术方面，一是开发更高效的费托合成催化剂，即高产油能力、低气态烃选择性（高 C_{5+} 烃选择性）和高合成气转化能力；二是进一步提高油品加工技术，形成有别于现有石油加工技术的、高目标产物选择性的产品加工催化剂和工艺技术；三是进行系统的工艺优化集成研究，重点在于大型、核心设备（反应器、分离、换热网络）的优化开发，物料、能量、公用工程的优化集成。

煤直接液化技术方面，在总结神华集团示范装置项目工业化运行经验的基础上，进一步提高液化油收率；研究液化气态产物的分级利用，实现油品质量升级；

实现液化油渣的综合利用；主要设备阀门国产化研究；提高全系统大型化的整合和可靠性。

煤制天然气技术方面，一是针对现有催化剂进行改进，改进催化剂的耐硫性、抗积炭性及高温耐热能力，从而提高整个系统能效；二是突破传统思路，研究开发酸性甲烷化技术，即采用耐硫催化剂，无须进行水气变换和酸性气体脱除，直接进行酸性甲烷化反应，然后进入酸性气体脱除装置，预计处理气量将比现有甲烷化降低约50%。

煤制乙二醇技术方面，主要研究提高催化剂目标产物的选择性和稳定性，优化主要反应器和精馏工艺，提高产品质量和质量稳定性，提高后续应用适应性，提高全系统的可靠性。

（二）非常规油气开发利用产业

以致密储层改造为核心的一批关键技术的突破，推动了北美以页岩油气为代表的非常规油气高速发展，并已经形成地质综合评价、地球物理"甜点"预测、水平井钻井及多级压裂、微地震监测、页岩气开发等一批关键核心技术。

1. 地质综合评价技术

页岩气地质综合评价技术是指采用常规地质调查、地球物理勘探、参数井钻探和实验室分析测试等手段，开展页岩气关键特征参数的研究，进而对页岩气富集区、核心区、甜点区进行评价。该技术形成了以英国石油（British Petroleum，BP）公司、新田公司为代表的综合风险分析法；以埃克森美孚为代表的基于贝叶斯数学概率统计理论的边界网络节点法（boundary network node，BNN）；以雪佛龙、美国阿美拉达赫斯公司（Amerada Hess Corp.）为代表的地质参数图件综合分析法等。地质各项参数的定量化、半定量化的评价正在成为各能源公司地质综合评价技术的发展方向。

2. 地球物理"甜点"预测技术

地球物理"甜点"预测技术主要发展方向有以下方面：①利用伽马数、密度等地球物理参数，预测高有机碳含量的页岩的分布范围；②利用地震不连续检测技术、地震曲率分析技术、振幅随偏移距的变化（amplitude variation with offset，AVO）技术、振幅随方位角变化（amplitude variations with azimuth，AVAz）技术和方位弹性阻抗反演（elastic impedance，EI）反演技术，预测页岩的微裂缝表征；

③基于叠前 AVO 同步反演或 EI 反演的弹性参数，预测页岩脆性和岩石力学的特征；④基于地震属性分析和叠后、叠前的反演结果，结合测井评价的结果，分析地层压力和地应力的空间展布特征；⑤利用三维地震技术，设计水平井井眼轨迹。

3. 水平井钻井及多级压裂技术

在水平井钻井方面，通过旋转导向、随钻测量（measurement while drilling，MWD）、随钻测井（logging while drilling，LWD）等关键设备的研发，实现了在页岩等易垮塌岩石中的优快钻进。并已经形成大位移水平井、丛式水平井、欠平衡水平井等多类型水平井钻井技术。围绕非常规油气水平井裸眼、筛管、套管等各种完井方式研制形成了较为成熟的水平井分段压裂配套技术与工具。当前国际水平井分段压裂技术正在向着高效、低成本、环境友好的方向发展，如现在正逐步推广的高通道压裂技术、无水压裂技术等。

无水、少水压裂技术是非常规油气资源开采最具远景的技术发展方向之一，尤其在国内外水资源匮乏和高度重视环保的国家和地区，更具有发展前景。当前无水型压裂技术主要包括液化石油气（liquefied petroleum gas，LPG）压裂、液态 CO_2 压裂、超临界 CO_2 压裂、液氮压裂技术等。少水型压裂技术主要包括高通道压裂、N_2 泡沫压裂、CO_2 泡沫压裂、网络纤维压裂、轻质柴油/凝析油压裂、增能压裂、混合压裂等技术。

4. 微地震监测技术

微地震监测技术主要指在压裂过程中，利用压裂导致岩石破裂所诱发的微地震现象，监测裂缝形成的地震技术，它可以提供压裂产生的裂缝高度、长度等空间展布信息，为优化压裂设计和开发井网提供依据。目前国际微地震技术已广泛应用于页岩气开发中。微地震检测技术可以分为井中和地面两种，掌握井中微地震技术的公司主要有法国地球物理公司（CGG）和斯伦贝谢等，地面微地震技术只有美国的 Microseismic Inc 和 Global Geophysical 公司能提供商业服务。目前微地震数据采集正向多分量、大范围埋置采集的方向发展，可通过无线/网络传输实现实时采集、实时处理、实时监测地下压裂情况。微地震数据综合解释技术日趋精细化。

5. 页岩气开发技术

采用井工厂模式来实现低成本、规模化开发，形成以经济效益为核心，按照投资与产量的经济效益最优的要求,来确定开发井网、水平井长度、压裂段数、规模等开发施工参数是页岩油气开发的发展趋势,它包括了页岩气试采评价、页岩气井工厂开发、页岩气开发经济评价、环境保护与水资源综合利用等一系列配套技术。

（三）智能电网与储能产业

智能电网是在传统电网的基础上,将电力技术与信息、通信、传感、计算机网络技术等高度融合,集数字化、自动化、智能化、信息化于一体,实现电网与用户间互动的新一代电网,代表电力技术的发展方向。构建智能电网、适应高比例可再生能源接入是世界范围内的整体发展趋势,成为各国在能源领域着重关注的前沿问题。由于风能、太阳能等可再生能源形式固有的间歇性和不确定性,其高比例接入电力系统将对现有的系统规划设计和运行管理方法带来很大挑战。除了集中式的大规模风电场、光伏电站在输电系统并网,高渗透率可再生电源分布式地接入中低压配电系统也将是智能电网的一个显著特点和技术发展重心。新型电力电子装备和储能设备的广泛应用,将促使系统的灵活性、经济性和安全稳定性进一步提高。电力市场,尤其是配电侧电力及辅助服务的交易,在智能电网环境下也将得到进一步发展。一系列颠覆性技术,如高电压大功率新型电力电子装置、规模化新型电能存储技术、规模化车网融合互动技术、高温超导电力装备及应用技术的突破将给智能电网产业的发展带来重大变革。

1. 高电压大功率新型电力电子装置

电力电子装置在电力传输、变换和控制等方面起到越来越重要的作用,对电力电子装置的电压和容量等级也提出了更高的要求。这使得高压大功率换流器的实现面临极大的挑战,包括超大电平数换流器的复杂性,现有绝缘栅双极型晶体管（insulated gate bipolar transistor,IGBT）等功率器件的电压电流水平相对不足,换流器面临更高的效率、成本、体积和各种故障穿越能力要求等。新型高压大功率 IGBT 器件技术、基于新一代半导体材料的新型开关器件技术、高电压大功率换流器的新型拓扑与控制技术、高压大功率电力电子装置等新型电力电子技术将给上述问题提供解决方案。

2. 规模化新型电能存储技术

发电与用电实时平衡的传统思路在电网运行工况日趋复杂的今天显现出明显不足，规模化新型电能存储技术为多样化电力负荷需求和大规模可再生能源的消纳提供了新的解决思路。储能技术在未来电力系统中的应用具有较强的多样性，包括电化学储能、飞轮储能、超级电容储能、压缩空气储能等技术分别具有不同的技术特征。随着大容量、低成本、高能量密度、高使用寿命的新型储能技术日趋成熟，其对智能电网高效可靠运行的支撑作用将愈发凸显，将给智能电网的运行控制与市场服务机制带来巨大变革。

3. 规模化车网融合互动技术

电动汽车大量接入电网将极大改变电力系统的负荷结构和特性，给电网的规划和运行带来巨大的挑战和机遇。规模化车网融合互动技术将车载动力电池作为有一定可控性的分布式储能单元，以机制设计促使电动汽车有序充电和反向馈电，综合考虑用户充电需求和电网运行状态，实现互利双赢。目前，美国和欧盟都已经把电动汽车V2G（vehicle to grid）技术作为智能电网运行的重要资源和可再生能源消纳的重要手段。

4. 高温超导电力装备及应用技术

超导材料可以应用于传统电力设备上提高其性能或创造出传统技术无法实现的新型电力装备，并将在智能电网建设中发挥重要作用。第二代高温超导材料的研究已取得实质性的科技成果，使超导电力设备的工业应用成为可能。以高温超导材料为核心的高压开关已进入示范阶段，同时超导电缆的发展也非常迅速。相对于传统电缆，超导电缆技术效率高、节省空间、输送功率更大并且几乎没有任何损失。超导电缆能减少城市电网中高压电缆的使用，简化了电网结构，并拆除了占用相当多资源和土地的变电站，将显著提高效率、精简电网、降低运营与维护成本。

（四）核能产业

1. 耐事故燃料元件在先进水冷堆技术中的应用

水冷堆自引入以来便一直在商用核工业中起着举足轻重的作用，达到了1.6万多个运行堆年，而且目前在世界所有在运民用动力堆中占 95%以上。65 座在建核反应堆中，有 63 座为轻水或重水堆。耐事故燃料元件目标是开发比现有燃料形式固有安全性更好、具有更好抵抗严重事故能力的新型燃料，可以为核电站应对地震、海啸等极端灾害提供更长应急时间，改变事故进程或缓解严重事故后果。

2. 快中子反应堆技术

自 1960 年以来，全世界一直在实施重要的快堆开发和部署计划，使快堆和相关燃料循环技术知识达到了高度成熟状态。因这些反应堆具有提供高效、安全、可持续和清洁能源的特有能力，增加了全球对开发这些反应堆的兴趣。钠冷快堆、铅冷和铅-铋冷却快堆以及气冷快堆目前都在国家和国际层面上按照更高的安全性、可持续性、经济性、实物保护和防扩散性标准进行开发。此外，还将熔盐快堆概念作为一种长期方案进行考虑。最成熟的快堆技术即钠冷快堆已有超过 400 堆年的经验，这些经验都是通过在包括中国、法国、德国、印度、日本、俄罗斯、英国和美国在内的许多国家在运试验、原型、示范，以及商用机组的设计、建造和运行获得的。

3. 中小型反应堆或模块堆技术

各国对中小型反应堆或模块堆及其应用的兴趣不断增加。过去 10 年，重点一直是先进模块堆。中小型反应堆或模块堆发展的关键驱动力是满足更广泛的用户和动力生产的需求，并取代老化的化石燃料机组、通过非能动安全设施增强安全性能和提供更好的经济承付能力。全球约有 50 种中小型反应堆或模块堆的设计和概念。它们大多处于不同的开发阶段，有一些据称可在近期部署。

4. 核动力的非电力应用

各国广泛关注利用核能开展非动力应用，特别是用于海水淡化、制氢、地区供热、重油三次回收和其他工业。在核能热电联产领域内，有丰富的地区供热和海水淡化经验，74 座核反应堆的总共累积经验超过 750 堆年。当前处于核能热电联产模式的核电厂能够实现 30%以上的总体热效率增长，电力生产成本降低达 20%之多，而且具有更好的电网灵活性。制氢是许多研究活动的焦点，特别是在美国和欧盟。目标是向运输部门开放这种核能应用,以及减少当前对相关价格波动、有限供给和有温室气体排放的化石燃料的依赖。

5. 核聚变技术

目前,最有可能实现核聚变的两种约束方法包括磁约束聚变和惯性约束。在磁约束聚变方面,经过多年的探索,托卡马克成为主要途径,相继建成并成功运行大型托卡马克装置,包括欧洲共同体(欧盟前身)的 JET、美国的 TFTR、日本的 JT-60U 等。由中国、美国、欧洲共同体、俄罗斯、日本、韩国共建的国际热核实验堆(international thermonuclear experimental reactor,ITER),磁约束聚变的科学可行性已在托卡马克类型装置上得到试验证实(17MW,$Q^{①} \approx 1$),聚变能的开发研究进入了一个新的阶段:实现长时间的聚变燃烧,正在向聚变实验堆 ITER(400MW,$Q = 10$)和最终建立原型聚变电站推进。

(五)可再生能源产业

1. 风电产业

狭义上的风电产业主要包括风电机组整机及其零部件的设计、制造、运输、安装、维护以及风电场的建设、并网运行等环节,广义上的风电产业还包括风能资源的测量及预测、风电与电网系统集成等方面。风电产业是一个涉及气象科学、机械工程、电气工程、材料科学、流体科学、先进制造技术、电力电子技术、智能控制技术、电网并网技术、土壤基础科学、环境科学等多门类工程技术的综合复杂系统。虽然风电产业已经发展到较为成熟的阶段,但针对当前风电系统整体及零部件存在的某些技术瓶颈,需进行革新与发展,颠覆和取代现有技术,从而带来全球风电产业重大技术革命。

1)分段式或组合式叶片技术

随着低风速区域风电开发进程不断加快和风电机组功率等级不断增大,叶片作为风能捕集的关键部件,其长度也在不断增加。目前 5MW 海上风电机组最长叶片已达 83.6m,未来 10MW 级大容量风电机组的叶片长度将达到 100m 及以上。这给叶片的制造、运输和吊装带来极大的技术难度,并造成投资成本的显著增加,

---

① 代表输出能量和维持等离子体稳定所花费的能量之比。

而采用分段式或组合式叶片则可以很好地解决上述难题。如果在超长叶片开发过程中再引入标准化、模块化设计方法，不仅能够降低叶片开发难度、缩短研发周期，还能提高叶片组合的灵活性，实现系列化生产。但分段式或组合式叶片对接口处的精度要求非常高，否则会改变叶片的曲面形状，导致风能获取效率大幅降低。目前虽然已有少量关于分段式或组合式叶片的相关专利，但该项技术仍面临着制造难度大、成本控制困难等难题。

2）混合式塔筒技术

随着风电机组单机容量不断增大、叶片长度不断增长，塔筒高度也将提高。对于低风速风电开发而言，增加叶片长度和增加塔筒高度是充分利用风能资源、提升发电量的两个重要途径。增加叶片长度虽然可以捕获更多的风能，但叶片直径的增加会导致风电机组承受更大的载荷，有其极限的限制。传统的钢结构塔筒在增加高度的同时又面临着塔筒厚度、运输高度以及重量、成本等方面的限制，使得传统塔筒技术通常难以突破百米以上高度。

将混凝土塔筒与钢结构塔筒相结合，在混凝土塔筒上面搭接钢结构塔筒，可将风电机组高度提高 50m 左右，从而直接提升发电量约 15%。混凝土塔筒以模块形式制作组装，制造和安装过程都相对简单；此外，混凝土和钢塔筒的高度比例可调，从而能够调节塔筒的固有频率和振动模态。目前混合式塔筒技术面临着未形成成熟的行业环境、行业标准和经过验证的施工管理，施工工期较长，制造、安装过程均会增加风电项目的投资成本，机身高度的提高带来吊装成本的增加等难题。未来混合式塔筒相关技术难题若能得以解决，使得投资建设成本迅速降低，混合式塔筒将在提升发电量方面具有广阔的开发应用前景。

3）智能化风电技术

智能化风电技术不仅包括风电机组设备的偏航变桨智能控制技术、最大功率曲线跟踪技术、结构振动抑制技术、系统智能诊断技术、动态智能寿命评估技术、故障自恢复免维护技术，还包括风电场综合智能化传感技术，适合接入配电网的风电场多机组、风电场群协同控制技术，基于物联网、云计算和大数据分析的风电场智能化运维技术，风电场群发电功率智能优化调度运行控制技术等。风电机组和风电场智能化技术的应用能够显著提高风能捕获效率、减小整机载荷、提高风电机组可靠性和提升风电场发电量，但智能化技术的提高需要依靠更精确的风参数测量、风功率预测、结构空气动力学模型、风电机组整机数学模型、风电大数据收集分析、远程网络化监控诊断等，目前智能化风电技术虽已有大量概念提出，但要真正地实现智能化风电机组和智慧风场还需进一步探索和发展。

2. 太阳能光伏发电

经过多年在概念、机理、材料、器件等方面的研究积累，新型高效太阳电池已经发展到从实验室走向中试示范的关键阶段。"十三五"科技计划中合理布局，并优先支持具有良好前景的发展方向，必能抢占未来国际新型电池高技术的制高点。纵观太阳电池发展的历史，各种电池之间存在优势互补，针对不同的应用场合，适用不同种类的电池。新型太阳电池具有低成本、可柔性化以及潜在效率高等突出优点，从培育国家未来新兴战略产业的角度考虑，建议从持续并有针对性地布局重点任务方面进行支持。

自从 20 世纪 90 年代前后各种新型电池涌现以来，已经历 20 余年发展。钙钛矿电池仅仅用了不到 5 年的时间，电池效率已获得突破性进展，目前主要的电池结构种类包括介孔型和平板型，未来均可能取得重大突破，电池材料、器件设计和工艺技术是钙钛矿电池走向实用化面临的关键问题。设计新型染料和电解质、提高电池效率和稳定性，是染料敏化太阳电池进一步走向实用化的主要任务，并有望在"十三五"期间获得重大进展。有机太阳电池在成本及柔性应用上呈现出良好的前景。量子点太阳电池在过去几年获得了显著发展，而且多激子效应已经在器件中得到验证。通过钙钛矿、有机、量子点、染料敏化和晶硅等光谱互补，制备的叠层电池也将呈现出结构多样化和效率急速提升的状况。低成本化合物薄膜电池的研究也在硒化锑等材料方面取得亮点，提升空间巨大。

国际上 GaInP/GaAs/InGaAs 电池聚光条件下的最高效率达 44.4%，组件效率大于 30%。聚光光伏的技术瓶颈问题主要有聚光电池在聚光后如果散热不好效率衰减会超过 20%、系统效率较低、成本较高。近几年的发展充分证明了开发新材料和器件结构设计对新型太阳电池的性能提升至关重要。

在发展上述新型太阳电池的同时，开发的空穴传输材料、量子点材料有望在有机发光二极管（organic light-emitting diode，OLED）和量子点发光二极管（quantum dot light emitting diode，QLED）等领域获得应用，相关领域的技术突破也有望在钙钛矿太阳电池、有机太阳电池等方面获得较大突破。

3. 太阳能热发电

1）太阳能热发电作为稳定输出的可再生能源，地位日益重要

太阳能热发电技术作为低碳、可再生和可承担基本电力负荷的可再生能源发电技术，在未来 40 年内，通过技术创新、规模化发展、电力系统以及其他能源技术的进步，将逐步成为全球主要可再生能源技术之一。根据国际能源署（International Energy Agency，IEA）预测，全球温度升高 2℃情景模式下，到 2050 年全球可再生能源装机比例将占全球总能源比例的 65%，其中波动性可再生能源占 29%，太阳能热发电作为非波动性可再生能源将满足全球电力总需求的 11.3%[17]。欧盟技术路线图显示，到 2050 年，欧盟太阳能热发电将满足总电力需求的 15%。按照全球累计装机总量 15 亿 kW、每千瓦一次投资 1.5 万元人民币计算，总一次投资规模 22.5 万亿元人民币。

2）高参数、大装机容量、长储热周期和多能互补是太阳能热发电的未来发展趋势

国际能源署技术路线图显示，在太阳能资源非常好的地区，太阳能热发电有望成为具有竞争力的大容量电源，到 2020 年承担调峰和中间电力负荷，2025～2030 年及以后承担基础负荷电力。发电成本可以直接反映太阳能热发电的技术进步和产业发展，太阳能热发电的发电成本呈现不断下降的趋势。成本降低依赖于太阳能热发电系统的光电转换效率提高和产业的健康有序发展。技术路线方面，光热发电技术路线将由槽式逐渐向塔式等高聚光比、高光热转换效率的技术转变。电站建设也将向规模化、集群化发展。光热发电输出电力稳定，电力具有可调节性，随着储热技术的成熟及成本下降，电站也将实现连续运行模式，满足尖峰、中间或基础负荷电力市场需求，甚至承担区域性电网的调峰功能。光热-天然气联合发电、光热-生物质联合发电、光热-风电联合发电、光热-燃煤电站的梯级利用以及诸多能源方式的整合、系统集成，将成为一种广泛应用的发电方式。

4. 生物质能

生物质能产业尚不能迅猛发展主要是因为占据生物质资源半数以上的木质纤维素类生物质能源技术开发尚存在瓶颈。木质纤维素原料主要由纤维素、半纤维素和木质素组成，结构复杂，其能源转化过程涉及生物、化工、化学、工程热物

理、计算机等多个学科领域,可制备的能源产品丰富,如乙醇、丁醇、生物柴油、航空燃料、沼气、合成气、固体成型燃料等[18]。从生物质原料到能源产品生产是一个庞杂的技术体系,单一技术的突破虽然不足以形成产业,但是会对生物质能源产业的发展起到重要的推动作用。根据生物质能产业发展的现状及其未来发展方向,以下技术的突破将会给生物质能产业带来颠覆性的发展。

1)新型能源植物育种与栽培技术

由于生物质资源受地域性和季节性的影响较大,生物质能产业的发展也呈现出地域性和季节性的特点,这严重影响生物质能源生产的连续性,采用现代生物技术选育生长快速、多产的能源植物品种能保证连续的原料供给。此外,根据生物质主要成分转化难易,有目的地培育某一组分丰富的植物品种,能有效降低能源生产成本,提高定向转化产品效率。然而种植能源植物势必会产生与粮争地的局面。据估计我国的盐碱地和滩涂面积为 1 亿 hm^2 左右[19],培育耐盐、耐碱且快速生产的植物品种,可使闲置/荒废的盐碱地和滩涂被充分利用起来,并建立起从原料供给到产品生产的生物质能源基地,形成以盐碱地和滩涂为特色的分布式能源生产。

2)低耗高效的预处理技术

生物质预处理技术发展至今,形成了生物法、物理法、化学法和物理化学综合法四大类技术。生物法耗时,物理法耗能,化学法耗水且会产生环境污染,物理化学综合法既耗能、耗水又会出现潜在的环境问题[20]。现有预处理技术存在的这些缺陷,阻碍了生物质能源产业尤其是生物液体燃料产业的工业化步伐。木质纤维素类生物质的预处理技术是将木质纤维素生化转化为燃料乙醇、丁醇、沼气、生物柴油等的共性技术,开发低耗高效的预处理技术,将会大大加速生物液体燃料和生物沼气的产业化进程,形成生物质能源开发的新格局。

3)高性能产酶/发酵菌株的选育技术

生物质通过生化转化途径生产能源产品离不开高效的酶和发酵菌株。酶的催化效率和生产成本直接影响能源产品的生产成本。菌株的发酵效率、对高浓度底物及产物的耐受性影响能源产品的生产效率。选育高性能产酶和发酵菌株不仅能降低生物质能源的生产成本,而且会促使生物质能源在能源市场的竞争中占据一席之地,扭转目前的不利局面。

4)高效催化剂制备技术

生物质通过热化学途径转化为热解油、合成气等能源产品,除了温度、压力等反应条件外,催化剂的作用至关重要,关系到原料转化率、目标产品产率及纯度。高效催化剂的获得会加快生物质热解油、合成气等能源产品的产业化步伐。

5)全组分高值化利用技术

木质纤维素类生物质三大组分可分别转化为不同的产品。纤维素和半纤维素转化为葡萄糖、木糖等单糖平台化合物后继而通过生物或化学途径转化为多种生化产品合成的前体化合物,如甲醇、乙醇、甘油等醇类化合物,丝氨酸、苏氨酸、赖氨酸等氨基酸,乳酸、丙二酸、琥珀酸等有机酸[21];木质素可用于制备合成气、芳烃类化合物、树脂以及胶黏剂等产品[22]。因此,将木质纤维素类生物质某一组分转化为能源产品的同时,兼顾其他组分的高值化转化,能形成技术和产品的有机集成,产生整体经济性和良好的环境效益。木质纤维素类生物质全组分高值化利用技术势必会成为生物质能源技术发展的趋势。

5. 地热能

干热岩资源发电是全球地热产业未来 5~10 年最重要的发展方向。增强型地热系统,是在干热岩资源的基础上提出的。通过人工压裂形成增强型地热系统,将储存于干热岩中的热量开采出来,这种地热发电与其他可再生能源发电相比,过程中不产生废水、废气等污染物。早期的干热岩地热资源通常是指赋存于高温(>200℃)干热岩中的可采地热资源,但随着干热岩开发技术的发展和成本不断下降,今后必然会过渡到广义的干热岩地热资源,即不再有温度的限制[23]。

干热岩的分布几乎遍及世界,是一种无处不在的资源。世界各大陆地下都有干热岩资源。不过,干热岩开发利用潜力最大的地方,还是那些新的火山活动区,或地壳已经变薄的地区,这些地区主要位于板块或构造地体的边缘。从宏观的大地构造考虑,在地热梯度和热流值较高的地方最有利于干热岩地热资源的开发利用。所以,应选择板块碰撞地带,包括海洋板块和大陆板块的碰撞带,如日本群岛和美洲的安第斯陆缘弧。在大陆内部,大陆和大陆板块之间的碰撞带也是干热岩发育良好的部位,如印度板块和欧亚板块在喜马拉雅山和我国云南等地的碰撞部位。判断某个地方是否有干热岩利用潜力,最明显的标志是看地热梯度是否有异常,或地下一定深处(2000~5000m)温度是否达 150℃以上。

德国、法国在 Soultz 进行的干热岩电站研究分析得到:$1km^3$、温度在 200℃

以上的花岗岩,只要温度下降20℃,就能提供150TWh的热量,相当于$127.5×10^4$t石油的能量或10MW以上功率的电力,使用周期约20年。

增强型地热系统目前在法国、澳大利亚、日本、德国、美国和瑞士都在进行开发和测试。世界上最大的增强型地热系统项目是澳大利亚的Cooper盆地,装机容量为25MW,Cooper盆地的潜在装机容量为5000~10 000MW。美国的增强型地热系统发展带动了世界干热岩研究的热潮,2012年德国莱茵盆地南部的兰道干热岩地热电站3MW机组成功发电,其利用循环出160℃地热流体双工质发电,年运行超过8200h,年利用率高达93%;同时,德国印希姆干热岩地热电站5MW机组也利用循环出160℃地热流体双工质系统成功发电。澳大利亚在Cooper盆地过去循环成功175℃,但因为爆炸停止,2012年新钻成4号井,2013年4月成功循环出190~210℃的高温两相流,带动1MW机组实现了试生产。

三、未来全球能源新技术战略性新兴产业发展趋势

能源转型是长期的历史进程,化石能源清洁高效甚至低碳利用技术与核能和可再生能源规模化技术的协同发展是混合能源时代的重要特征。尽管传统化石能源的主体地位短时期内不会改变,但是向绿色低碳转型的趋势不断加快;新材料、信息技术、能源新技术发展,能源从单纯燃料向材料以及多种能源协同互补共同发展;能源企业业务主体不断寻求向多元交叉方向转型,商业模式不断创新。全球能源技术创新具有多点突破、交叉融合、加速应用、影响深远等特点,被视为新一轮科技革命和产业革命的重要突破口。以具有颠覆性的能源新技术发展为主要标志,把人类社会推进到以高效化、清洁化、低碳化、智能化为主要特征的全新能源时代。

(一)全球煤炭清洁高效转化与利用产业

1. 燃煤发电向清洁、高效和近零排放方向发展

燃煤发电产业的未来发展方向是清洁、高效和近零排放。美国、欧洲、日本、澳大利亚等发达国家和地区均高度重视清洁煤发电技术的开发与示范,包括燃煤污染物超低排放技术、先进IGCC和IGFC高效发电技术、700℃先进超超临界发电技术等。

在燃煤污染物超低排放技术方面，未来发展目标是全面实施燃煤电厂超低排放改造，进一步提升高效清洁发展水平。在先进 IGCC 和 IGFC 高效发电技术方面，目标是开发高效煤气化发电及多联产技术，实现煤电高效及 CO_2 和污染物近零排放；使得 IGCC 电站供电效率达到 50% 以上、污染达到近零排放并具有经济竞争力；IGFC 电站实现百兆瓦级产业化，发电效率达 60% 以上。在 700℃先进超超临界发电技术方面，目标是掌握和应用 700℃ 等级超超临界发电技术，实现超超临界等发电技术的商业化大规模应用，供电效率 50%，污染物达到超低排放。

2. 粉煤灰精细化利用是粉煤灰高附加值利用的发展方向

粉煤灰的精细化利用，即提取粉煤灰中铝、硅及稀有元素钛、镓等，是未来粉煤灰资源化综合利用的发展趋势。其中，由于粉煤灰中铝含量占比相对较高，且铝金属应用广泛，从粉煤灰中提取氧化铝是最重要的发展方向。粉煤灰综合利用朝着煤—电—灰—铝集成方向发展，形成互补关系，加快发展与煤炭紧密相关的煤化工、煤电铝等产业，延长产业链，提高附加值，不断把煤的优势放大，形成煤—电—粉煤灰—氧化铝—铝及铝加工的循环经济产业链，实现能源与资源的有效组合。

3. 碳减排向高效、低能耗方向发展

CCUS 技术作为减缓温室气体排放和煤炭可持续利用的战略性技术选择之一，其技术成熟度和经济可承受性是该技术推广应用的重要前提。未来发展的目标是，开发高效、低成本的 CCUS 技术，推动该技术发展，实现大规模推广应用。重点研发方向是新一代高效、低能耗的 CO_2 吸收剂和捕集材料，开展百万吨级全流程 CCUS 项目示范，使 CO_2 捕集成本小于 25 美元/t。研发燃烧前捕集、燃烧后捕集、富氧燃烧捕集，CO_2 驱油及驱气，固体氧化物电解池等前沿新技术。加强电厂捕集与应用封存端深度整合、高参数大通量设备研制、地质封存长期监测等应用技术研究。

4. 中国将引领现代煤化工产业发展方向

中国现代煤化工产业经过 10 多年的发展，已形成一批具有自主知识产权的核心技术和装备，煤直接液化技术、煤制烯烃技术、煤制乙二醇技术等处于国际领先水平，技术创新、产业规模均居世界前列。未来随着中国现代煤化工工艺技术不断完善、系统集成技术不断进步和管理水平的不断提高，中国仍将引领现代煤化工技术发展方向。

从现代煤化工产业发展的市场推动力来看，对美国页岩气革命、国际油价长期低位徘徊、能源结构等因素进行综合分析，美国、欧盟、日本等发达国家和地区化工生产仍以油气为原料，现代煤化工产业新增产能主要位于中国。美国正在推进的页岩气革命对世界能源版图产生了深远影响，页岩气、页岩油等非常规油气产量的增长使美国在 2015 年成为世界上油气产量最大的国家，能源自给率从 2010 年的 49.2% 提高到 91%，且天然气价格不断降低，目前价格仅为中国天然气价格的 1/3 左右。随着特朗普政府推动美国制造业回归，低成本小分子烷烃生产烯烃产业日趋活跃，其相比煤制烯烃具有显著的成本优势，因此美国发展现代煤化工产业的市场推动力较弱。欧盟、日本受制于煤炭资源短缺、碳排放政策等因素，对现代煤化工产业投资的意愿也较弱。

5. 加工转化技术向清洁、高效方向发展

现代科技水平的整体提高和高新技术的发展，促使全球煤炭加工转化技术进入快速发展时期。世界煤气化技术朝着大型化、高适应性、低污染、易净化方向发展。煤制清洁燃料和化学品向一体化、大型化、煤化电热一体化方向发展。在环保和减排方面，除尘、脱硫、脱硝、废水处理向高效化、多元化、集成化方向发展。以煤制烯烃为例，目前的煤制烯烃技术受限于煤制合成气过程中消耗的大量水以及排放的大量 CO_2，未来发展趋势如下：一是进一步优化煤制烯烃工艺流程，减少系统能耗，并开发新的高效水处理技术，实现水资源的循环利用；二是发展新工艺，实现多种原料共进料，促进煤制烯烃技术的广泛应用；三是装置大型化，烯烃单套生产能力提高到 100 万 t/a。

（二）非常规油气开发利用产业

以页岩油气为代表的非常规油气资源的成功勘探与开发，是全球油气工业又一次理论和技术上的突破。它的意义在于突破了早期油气工业的常规储层下限和传统的圈闭成藏观念，增加了油气资源的勘探开发类型与资源量，实现了当前油气开采瓶颈技术的升级换代。可以预见，以页岩油气为代表的非常规油气资源在全球的能源结构中将占据越来越重要的地位，将成为未来油气勘探的战略性领域。发展页岩气对推动我国油气工业的科技进步、带动其他非常规油气资源的发展、改善能源结构和保障能源安全具有重要意义。

技术进步和管理流程的不断完善导致成本降低和单井产量提高对未来页岩气产量的增长具有重要影响。据 BP 预测，2015~2035 年美国页岩气是全球天然气供应增长的主要来源。美国能源信息管理局（Energy Information Administration，EIA）2017 年 1 月发布的《国际能源展望 2017》（*International energy outlook 2017*）对美国页岩油气在不同油价情况下的发展趋势进行了预测：页岩气在 2016~2040 年保持较快增长趋势，在天然气总产量中的占比不断加大，按基准情形预测，到 2040 年美国天然气产量近 2/3 来自页岩气。东部马塞勒斯和尤提卡页岩气区带的持续开发是页岩气产量的主要动力，也是美国天然气产量增长的主要来源[9]。与北美相比，我国海相页岩后期经历多期构造改造，盆地内页岩气保存条件好，但埋藏深，压裂难度大；在盆地边缘，埋藏浅，但保存条件差，多为常压页岩气，产量低，难以实现商业开发。实现我国页岩气产业的快速发展，关键在于技术的进步，如果我国深层页岩气压裂技术和常压页岩气低成本水平井分段压裂技术攻关获得突破，我国页岩气产业发展将进入快车道。

受油价复苏和成本降低的影响，页岩油产量将保持持续增长态势。未来 10 年，致密油产量将增长至 600 万桶/d 的水平，2016~2040 年美国致密油产量将占原油总产量的 60% 左右。未来，美国原油总产量将维持在 1000 万~1100 万桶/d 的水平。在新技术得以快速发展、单井可采储量不断提高、更低丰度页岩油资源得以开发的情况下，页岩油产量将呈快速增长态势，到 2035 年页岩油产量达到 1100 万桶/d 的水平，约占美国原油总产量的 66%。美国原油产量也会随之大幅增长，美国或成为原油净出口国。

（三）智能电网与储能产业

近年来，世界电力技术总体朝着安全可靠、清洁环保、经济高效、智能开放的方向发展。在生产领域，化石能源的清洁利用和可再生能源的开发得到广泛重视，以风能、光伏为代表的可再生能源发电比重迅速扩大，正在改变电力一次能源的格局。在输电领域，以高压大容量电力电子技术为基础的柔性交流和直流输电技术已取得突破，电力系统输送能力、效率和安全性不断提高。在配电方面，智能配电网、分布式发电、微电网等技术得到快速发展，正在持续改变配电系统的传统架构和运行模式。在用电消费领域，负荷需求响应、智慧楼宇、智能家电、电动汽车等技术的兴起，使得电力用户与电网之间的互动成为可能。整体而言，世界电力科技发展的基本趋势是：大力发展可再生能源发电技术以提升电能绿色和低碳化水平，推广应用柔性输电和协调控制技术以提高电网的稳定性与运行效率，积极推进主动配电网、分布式发电、微电网、需求响应等配用电技术集成应用以及综合能源的互联，大幅提高能源利用效率并最终变革能源消费模式。面向未来工程科技发展，推进可再生能源高比例接入与消纳，构建能源互联网，满足用户多元化、灵活互动的用电需求是电力领域的主要发展方向。

1. 可再生能源发电高比例并网消纳

可再生能源发电并网面临波动和调峰、安全稳定、经济高效输送等难题。亟须增强电力供需的多样化和灵活性，同时强化系统层次的协调，规模化储能系统的应用，解决波动和调峰问题。在输电侧，各种新能源的大量接入使输电网在发展中更加重视清洁能源电力的稳定传输与深度消纳；在配电侧，面向多种能源接入的交直流混合配电等先进配电技术将得到广泛应用。因此，将重点研发攻克大型可再生能源基地并网与消纳技术，规模化可再生能源分布式并网技术及装备，大容量长距离高压柔性输电技术，高比例可再生能源并网下的系统规划与运行控制技术，源—网—荷的统筹协调技术，以及不同功率、能量密度的新型电能存储技术等。

2. 电力物理信息系统

目前，广域传感和测量、高速信息通信网络、先进计算和柔性控制等技术已在智能电网中得到了大量应用，实现了发电、输电、变电、配电、用电和调度六大环节的信息化、自动化、互动化。越来越多的电力设备采用嵌入式系统结构，大量的电气设备、数据采集设备和计算设备通过电网、通信网两个实体网络互连，在一定程度上已经做到了计算、通信和物理装备的融合，具备了信息物理系统（cyber physical systems，CPS）的初步特征。随着电网自动化系统、大容量传输网、泛在传感网的建设，以及其与互联网、综合能源网等的融合，智能电网将逐渐演进形成广域协同、具有自主行为的复杂网络，成为电网信息物理融合系统，通过电网信息空间与物理空间的反馈循环，实现信息流、能源流、控制流、业务流的深度融合和实时交互，进而衍生出新的功能，为智能电网安全、可靠、高效运行创造条件。

3. 能源互联网

能源互联网是在现有电力网络和智能电网的基础上更具前瞻性、更综合和更高级的能源组织形态，其关键性核心技术包含了智能电网相关技术，如分布式发电、柔性输电和配电、高级量测系统、储能、微电网、通信与传感、控制与调度等。能源互联网是在综合能源系统的基础上发展起来的多能互补智能能源网络，是"互联网＋能源"的新型信息物理能源系统，互联网技术的应用将使其更加有助于多元主体的参与和能源运营模式的创新。在社会影响方面，能源互联网将推动能源供给体系的变革、推动能源技术革命、促进电力体制改革、支撑社会生产模式转型、创新商业模式、创造就业机会、促进产业升级、形成新增长点。在关键技术方面，能源互联网对现有能源技术提出了更高要求，并提供能源路由器、储能、分布式发电、柔性交/直流输电技术、电力电子技术等关键技术进一步发展的综合应用场景。重点开展信息基础设施（如数据中心、云计算平台）和能源基础设施（如储能、分布式发电、柔性交/直流电网、电力电子控制等）的一体化，包括能源互联网的核心设备——能源路由器，能源互联网的建模、仿真与分析技术，数据中心网络，新一代能量管理系统等。

（四）核能产业

1. 2030 年之前反应堆技术重点发展轻水堆

目前近一半在建的反应堆为轻水堆，相对于第二代反应堆而言，其安全性能比较高（如配备有缓解严重事故风险的各种系统），燃料的经济性也相对较好。由于印度持续发展本国的核计划，重水堆还有一定的发展空间，但是空间有限。其他国家也会使用重水堆，通过开发回收铀和钚铀混合氧化物燃料等先进的核燃料循环，从压水堆和沸水堆的乏核燃料中提取出额外的能量。中国和印度目前都在考虑使用重水堆设计来实现钍燃料循环。

快中子增殖反应堆或高温气冷堆等先进的反应堆将同样得到发展，虽然小型模块反应堆预计在2030年之前不会有大范围的部署，但是这种反应堆同样会得到开发，尤其是依赖于轻水堆技术的小型模块反应堆。

将对未来核电机组发展产生重大影响的技术趋势包括：通过管理现有核电机组以实现安全经济地长期运营；持续发展第三代水冷技术，重点放在简化、标准化和降低成本上；加大在小型模块反应堆、第四代核反应堆以及核能非电力应用等反应堆技术方面的创新力度，以解决在低碳热处理工艺、锕系元素管理、集中供暖或海水淡化方面的需求。在未来的几十年中，核聚变方面的研发依然不会停止，但是还有许多难题有待解决，在21世纪前半叶核聚变反应堆估计还无法投入商用。

2. 目前核反应堆运营商面临着安全升级和长期运营两大挑战

其中一个挑战是反应堆的安全升级。这些升级措施是在后福岛时代安全评估中被确定并推荐执行的（目前大部分运营商已经开始执行这项工作）。虽然通过检查得出的结论是这些反应堆依然安全并继续运行，但运营商们仍被建议采取一些措施并开展一些升级活动，以提升核电站应对重大地震灾害、洪涝灾害、多重外部事故影响多机组厂址以及严重事故的紧急应对能力。在核监管机构的监督下快速开展这些升级活动，并且宣传一些核电站安全性方面的正面信息，以减少公众对核能的担心。

另一个挑战是如何继续经济地运营这些核反应堆，特别是要考虑到核电机组平均使用寿命。这意味着运营商必须解决核反应堆长期运营方面的问题。在满足了所有安全要求的条件下，核电站需要通过长期运营来维持低碳发电容量，只有长期运营才能将生产低碳电力的成本降到最低。要达到这一目标，就必须加大核电站的老化管理、提升安全性。并且加大如何对运行时间超过60年的核电站进行更新的研究力度。长期的运营维护和安全升级可以使核电站的升级在性价比方面变得更加经济和划算。

3. 四代和小型反应堆的开发将开拓核能的未来

在未来的几十年中，预计大部分核电装机容量的增长将来自第三代"大型"反应堆（单机容量在 1000~1700MW）的部署，包括压水堆或沸水堆，也许还会有一些增长来自小型模块反应堆、重水反应堆或第四代反应堆。相较于第二代反应堆，第三代反应堆的安全性能更好、效率更高，并且燃料的经济性更好。

福岛第一核电站事故发生之后，针对导致该事故发生的事件类型，监管机构对现存反应堆的安全性开展评估活动，同时对其他超设计基准事故的发生条件及提升核电站紧急事故应对能力的安全升级措施也进行了评估。对于第三代反应堆的设计而言，只需做少许变更，因为第三代核电站在设计之初就已经考虑到了严重事故发生的情况。在一系列评估中，监管机构更加关注严重事故缓解系统的功能，并且在严重事故管理方面，尤其对余热导出功能、堆芯熔毁机制和氢气风险管理方面做了更多的研究。

小堆（中小型模块化反应堆）非常适合电网过小、不足以支撑大型核电站的地区或国家使用，或者诸如集中供暖或海水淡化等非电力应用。小型模块化反应堆类型多样，目前在建的有阿根廷（CAREM）、中国（HTR-PM）和俄罗斯（KLT-40S）；其他在近期有部署可能的有 mPower、NuScale 电力公司和西屋公司的小型模块化反应堆，美国设计的 Holtec 小型模块化反应堆和韩国的 SMART；其他一些具有远期部署前景的类型（液态金属冷却反应堆技术）包括专用焚烧炉概念设计，该设计适用于需要处置钚库存的国家。在罗蒙诺索夫号（Lomonosov）驳船上安装了 KLT-40S 型小型模块化反应堆（可用于发电、热处理以及可能的海水淡化），该反应堆适用于孤立的沿海区域或岛屿。

根据第四代核能系统国际论坛（Generation IX International Forum，GIF）2014 年版《第四代核能系统技术路线图》（更新），钠冷快堆、铅冷快堆、超临界水堆和超高温反应堆技术将很有可能成为首批被验证的第四代反应堆技术。快中子反应堆的优点是更好地利用核燃料（通过核燃料的多重回收利用，在铀含量相等的条件下，快中子反应堆产生的能量要比第三代轻水堆多 60 倍以上）和改善核废物管理，减少最终废物的长期放射性毒性。超临界水堆的主要优点在于与轻水堆相比更为经济，因为这种反应堆构造简单，工作效率更高。超高温反应堆的好处是具备高温反应堆的非能动安全特性，具备超高温热处理能力，可用于某些包括氢气大规模生产在内的热电联产应用之中。行波堆是快中子堆的一种特殊设计，利用高性能燃料和材料技术，通过长寿命和深燃耗使占天然铀中绝大部分的 ^{238}U 在堆内实现原位增殖和焚烧，降低对乏燃料后处理需求。

由于第四代反应堆能带来诸多潜在效益,需要开展一些研发活动和验证项目来推动其商业化应用,尤其是在核燃料及材料更加耐高温、较高中子通量或更耐腐蚀环境方面。

(五) 可再生能源产业

1. 风能产业

近几年,全球风电市场在技术提升、价格下降、碳减排需求、清洁空气质量要求、创造就业需要等综合因素的驱动下不断快速发展。目前,全球风电产业呈现出以下主要发展趋势。

1) 风电产业在全球范围内仍将保持高速发展

风能目前作为除水能之外最可能实现市场化运营的清洁能源,已经得到国际社会的广泛认可。在世界各国激励扶持政策以及清洁能源需求增长的持续推动下,未来风电产业在全球范围内将会有更大的发展空间。随着风电产业新兴市场在亚洲、非洲和美洲的快速崛起,以及传统市场上中国、美国、德国等国家的稳定增长,全球风电市场在未来一段时间内仍将保持高速增长。据国际能源署预测,到2020年,全球风电累计装机容量将以7%~12%的速度增长;到2030年,全球风电累计装机容量增长速度仍将继续维持在6%~7%。而据全球风能理事会(Global Wind Energy Council,GWEC)乐观预测,到2020年全球风电年新增装机容量将达到1亿kW,全球累计装机容量达到8.79亿kW;到2030年全球风电年新增装机容量达到1.45亿kW,全球累计装机容量达21.10亿kW;到2050年全球风电年新增装机容量达到2.08亿kW,全球累计装机容量达58.06亿kW[24]。

2) 风电产业主要市场向亚洲转移

欧洲和北美凭借着技术与政策导向优势,成为全球风电发展最早的地区。尤其是欧洲,自20世纪90年代起便开始大力发展风电产业。随着亚洲新兴市场国家风电的发展以及各国对清洁可再生能源的高度重视,近年来,全球风电发展中心已经从欧美逐渐向以中国、印度和日本为首的亚洲地区转移。其中,中国作为全球风电发展的主要力量,在近几年内更是实现了爆发式快速增长。

2016年,亚洲风电新增装机容量2772.1万kW,占全球风电新增装机容量的

50.7%；欧洲风电新增装机容量1392.6万kW，占全球风电新增装机容量的25.5%；北美风电新增装机容量935.9万kW，占全球风电新增装机容量的17.1%。亚洲风电已成为全球风电快速发展的领跑者。

3）海上风电强势崛起

相对于全球陆上风电发展速度的逐渐放缓，海上风电则表现出更加强劲的发展势头。2016年全球海上风电新增装机容量221.9万kW，累计装机容量1438.4万kW；全球海上风电总投资299亿美元，同比增长40%，再创历史新高。2016年欧洲海上风电新增并网容量156.7万kW，其中，德国以81.3万kW的新增装机容量位居全球首位；英国则以515.6万kW的累计装机容量仍占据全球海上风电领导者地位。2016年中国海上风电实现大幅度增长，海上风电新增装机容量59.2万kW，同比增长64%，海上风电累计装机容量162.7万kW，同比增长57%，并一举超过北欧风电强国丹麦，成为全球海上风电累计装机容量排名前三的国家。除上述国家外，韩国和日本海上风电在2016年也有所发展，并跻身全球海上风电国家前十行列；印度海上风电的未来发展前景被业内一致看好；美国海上风电则在2016年实现零的突破[25]。

如图1-11所示，截止到2016年年底，全球海上风电累计装机容量排名前十的国家依次为英国（515.6万kW）、德国（410.8万kW）、中国（162.7万kW）、丹麦（127.1万kW）、荷兰（111.8万kW）、比利时（71.2万kW）、瑞典（20.2万kW）、日本（6万kW）、韩国（3.5万kW）、芬兰（3.2万kW）。

4）产业并购重组加剧

2016年全球风电产业并购重组步伐加快，国际风电巨头为了抢占更大的市场

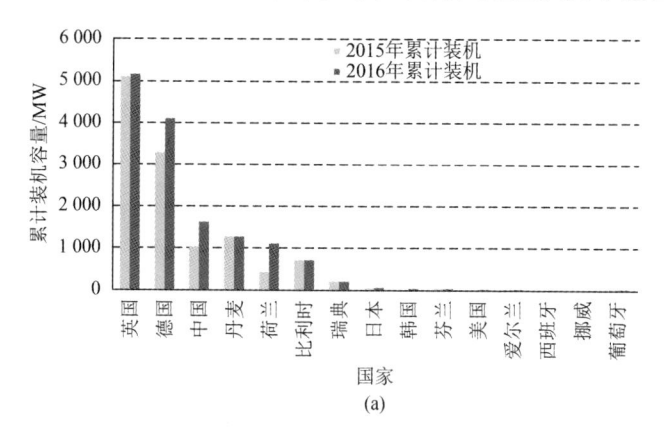

(a)

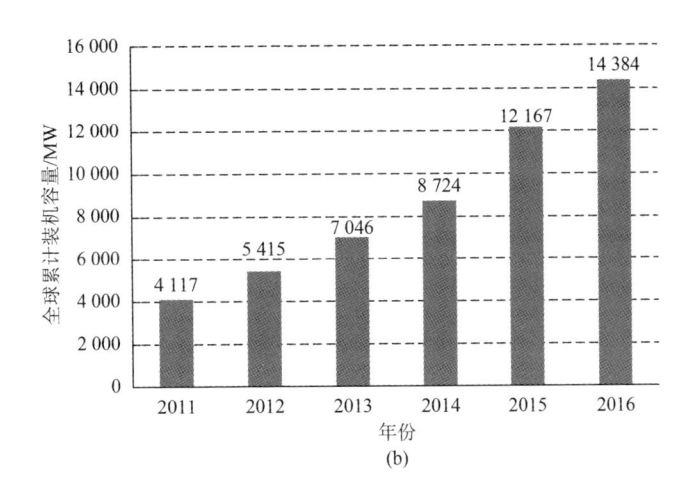

图 1-11　2016 年全球海上风电装机容量统计

份额、应对互相竞争压力纷纷出手进行并购重组,国际风电市场格局也随之发生变化,全球风电产业发展已经进入新阶段。2017 年 4 月,西门子正式完成对歌美飒的收购工作,全球风电巨无霸正式诞生,而此前歌美飒已实现对国际著名海上风机设计制造商 Adwen 的完全收购,至此西门子海上风电霸主地位稳固,未来数十年将无人能够撼动。行业两大巨头的合并实现了全球风电布局、现有产品组合和技术等方面的高度融合互补,世界风电格局就此彻底改变。同月,通用电气公司（General Electric Company,GE）以 16.5 亿美元的价格正式完成对全球最大风电叶片制造商 LM 的收购,实现了对最优质叶片资源的控制布局。2016 年 8 月,德国风电整机商巨头 Senvion 一举拿下印度本土风电整机商 Kenersys,获取了打开印度市场的敲门砖,缩小了与目标市场的差距,拉开了全球市场的扩张序幕;同年 12 月,Senvion 并购了欧洲叶片公司 Euros,使得 Senvion 叶片制造能力大大增强,新型风电叶片研发生产周期更短。丹麦风电巨头 Vestas 继收购北美领先风电服务供应商 Upwind 之后,再次并购了德国风电独立运维公司 Availon,该项收购使得 Vestas 技术和运维服务能力大增,抢先完成对风电后市场发展的布局。

国际市场上愈演愈烈的风电并购重组交易也深刻地影响着国内风电产业的整合。2016 年 12 月,房地产商南京丰盛产业控股集团有限公司完成对南京高精传动设备制造集团有限公司的收购工作,全球最大的风电齿轮箱制造商正式易主。2017 年 3 月,中国建筑材料集团有限公司（中国建材）与中国中材集团有限公司（中国中材）顺利完成重组工作,国内风电叶片优质制造商连云港中复连众复合材料集团有限公司和中材科技风电叶片股份有限公司两大巨头整合创新出一个全新的全球风电叶片巨头。2017年4月，盾安集团完成对华创风能的收购，正式进军风电行业。行业内的横向和纵向并购、重组、整合已成为未来全球风电的发展趋势[26]。

2. 太阳能光伏发电产业

1）太阳能光伏预计到2030年成为主要能源，2050年成为主导能源之一

在欧洲，自2010年起光伏发电已经成为第一大新增电源，预计到2030年，欧洲光伏总装机容量将达到3.97亿kW，其发电量可满足欧洲15%的用电需求，相当于减少5亿t/a原油当量消耗。美国则计划在2020年前实现太阳能发电成本与传统能源可竞争，2030年光伏总装机容量达到3亿kW，发电量可满足美国11%的用电需求。2050年，预计欧美光伏总装机容量将超过15亿kW，发电量可满足其30%的用电需求，光伏发电将成为全球主导能源之一。

2）光伏发电是解决我国能源资源紧缺、环境污染问题的重要手段

太阳能资源开发潜力巨大，技术经济可开发量完全可以满足人类未来的能源需求。在我国平均日照条件下，光伏发电系统全寿命周期内能量回报超过其能源消耗的15倍以上，光伏发电的碳排放量仅是燃煤发电的5%左右。如果考虑燃煤发电的资源开采、生态恢复、环境保护等成本因素，光伏发电的整体效益更可观。按照光伏发电量占总发电量15%的目标计算，到2030年我国光伏总装机容量将达到10.5亿kW，按年发电1200h计算，年发电量可达12 600亿kWh，相当于2012年全国总用电量的25%，可节约4.08亿t标准煤，实现减排CO_2约9.9亿t，年减排二氧化硫、氮氧化物、粉尘分别达到914万t、184万t、23万t，同时可减少燃煤发电带来的固废排放1.4亿t和用水31.75亿t。根据世界自然基金会（World Wildlife Fund，WWF）的研究结果：就CO_2减排效果而言，安装$1m^2$太阳能光伏相当于植树造林$100m^2$，发展光伏发电等可再生能源将是从根本上解决雾霾、酸雨等环境问题的有效手段。

3）我国面临着大力发展光伏发电的重要契机

经过近年来的调整，我国光伏产品具有显著的价格竞争优势，不仅直接促使全球24个国家实现了光伏平价上网，也为我国光伏发电规模化发展奠定了基础。为了推动我国能源供给结构朝着清洁化方向发展，我国亟须从能源安全和生态环保的战略高度重新定位光伏发电，树立光伏发电作为我国未来主导能源的战略目

标；扩大国内市场，在国内消纳一半以上的产能，摆脱我国光伏产业受制于国际市场的不利形势，引导光伏产业良性发展；理顺综合资源、环境的能源价格体系，在燃煤发电、核电价格中应充分考虑生态恢复、环境治理的成本，适时启动碳税政策，电价政策应向光伏发电倾斜，建立长期有效的光伏补偿机制。

3. 太阳能热发电产业

太阳能热发电技术是低碳、可再生和可承担基本电力负荷的可再生能源发电技术。目前我国太阳能热发电处于技术示范和商业化起步阶段，在未来40年内，通过技术创新、规模化发展、电力系统以及其他能源技术的进步，太阳能热发电将逐步成为我国低碳能源战略的主要可再生能源技术之一。国际能源署技术路线图显示，在太阳能资源非常好的地区，太阳能热发电有望成为具有竞争力的大容量电源，到2020年承担调峰和中间电力负荷，2025~2030年及以后承担基础负荷电力。发电成本可以直接反映太阳能热发电的技术进步和产业发展，太阳能热发电的发电成本将呈现不断下降的趋势。成本降低依赖于太阳能热发电系统的光电转换效率提高和产业的健康有序发展。技术路线方面，我国的气候和环境特点决定了光热发电技术路线将由槽式逐渐向塔式、碟式等高聚光比、高光热转换效率的技术转变；电站建设也将向规模化、集群化发展。光热发电输出电力稳定，电力具有可调节性，随着储热技术的成熟及成本下降，电站也将实现连续运行模式，满足尖峰、中间或基础负荷电力市场需求，甚至承担区域性电网的调峰功能。光热-天然气联合发电、光热-生物质联合发电、光热-风电联合发电、光热-燃煤电站的梯级利用以及诸多能源方式的整合、系统集成，将成为一种广泛应用的发电方式。

4. 生物质能产业

从全球来看，生物质能源的发展趋势主要是：通过科技创新，突破技术瓶颈，以生物炼制为主要方向，实现生物质资源的高效、高值化利用；由单一产品开发转向多产品联产；由发电和成型燃料等传统开发模式转向燃料乙醇、合成燃油和生物燃气等清洁生产模式；由单纯能源生产转向能源、化学品和材料综合开发；由传统农林废弃物利用转向城市有机废弃物和能源植物资源开发。其中，能源植物和二代生物液体燃料技术，如纤维素燃料乙醇和合成燃料等，将是未来产业发展的重点和热点。

1）分布式生物质能源基地的布局

目前，生物质原料的收集逐渐成为影响生物质能产业持续运行的重要因素，收集成本的增加势必导致生物质能产业市场竞争力的下降。同时生物质能产业在某一区域的集中分布也会加剧生物质资源供应紧张的局面。因此，因地制宜地发展和布局生物质能产业成为共识。利用边际土地栽培耐盐碱、耐旱等高产植物品种，并以此为核心建立生物质能源基地，一方面避免了与粮食作物争地，另一方面实现了生物质资源的集中供给，是生物质能源产业未来发展的趋势。此外，在生物质资源丰富区域分布式布局生物质能源基地也成为生物质能产业发展的新趋势。

2）低耗高效的木质纤维素类生物质定向转化技术的研发

木质纤维素类生物质是世界上最为丰富的生物质资源，然而以木质纤维素类生物质为原料的液体和气体能源产业尚未形成。例如，纤维素燃料乙醇在全球燃料乙醇产量中的贡献量仅为 1%左右[27]。木质纤维素类生物质成分复杂、结构致密，使得其转化效率低，产品成分复杂。目前针对木质纤维素类生物质的能源转化已开发出多种技术，但是这些技术或者能耗较高，不够清洁，或者产物复杂。因此开发低耗高效的木质纤维素类生物质能源定向转化技术是目前乃至今后很长一段时间内的研发重点和热点。

3）多产品生物炼制的系统集成

生物质原料成分复杂，在生物炼制过程中，不同成分可开发为不同的产品，且同一成分在转化为能源燃料的同时会产生多种副产物。例如，木质纤维素类生物质中的纤维素和半纤维素转化为葡萄糖、木糖等单糖后可进一步转化为乙醇、丁醇、木糖醇、糠醛等生化产品，木质素则可转化为水泥减水剂、表面活性剂、树脂等产品；淀粉类生物质在生物转化为燃料乙醇的同时会产生 CO_2，固体残渣可用于制备动物饲料等。在利用生物质生产能源的同时进行多产品炼制越来越受到各国的重视。生物质多产品炼制也必将成为生物质资源高品质开发的趋势。

5. 地热能产业

Bertani[28]对地热发电进行了预测，如图 1-12 所示（不考虑干热岩），可以看出，到 2050 年，地热资源发电装机容量将达到 70GW，这是一个非常远大的目标。想要达到这一目标，就必须摆脱目前地热发电的线性增长趋势，而进入指数增长过程,而这一增长将主要依靠利用双工质电站进行中低温地热发电的项目。图 1-13 是由中国工程院提出的到 2050 年我国的地热发电装机容量预测（考虑干热岩）。

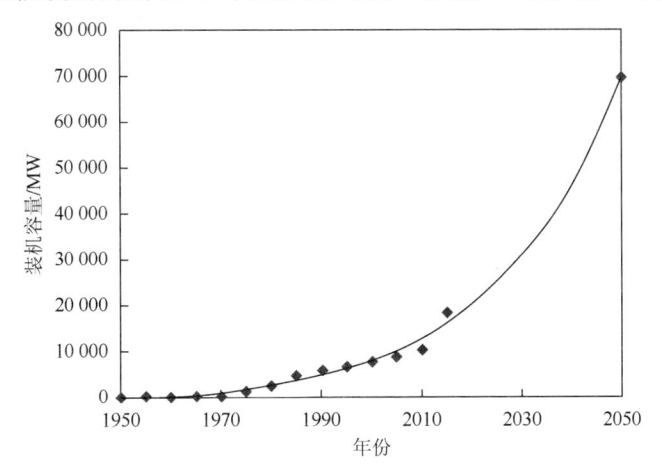

图 1-12　世界地热发电装机容量预测（至 2050 年）[28]

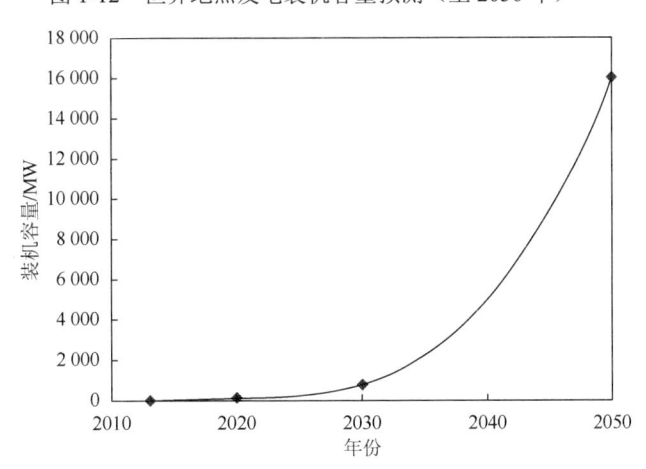

图 1-13　中国地热发电装机容量预测（至 2050 年）

增强型地热系统（干热岩）至今仍处于试验阶段。为了使干热岩可以广泛普及，目前仍然需要实现一种技术，建立起不受地质条件限制的干热岩热储。这一技术仍然面临着许多难题。

一些专家利用对数正态分布统计分析地热资源，预测表明到 2050 年，从干热岩系统中开发出至少 70GW 的容量。最终预测结果表明，截至 2050 年，世界总装机容量将达到 140GW，如图 1-14 所示，采用相同的热/电转化率，相当于 66EJ/a。表 1-3 所示为世界地热发电装机容量及年利用量的长期预测结果。

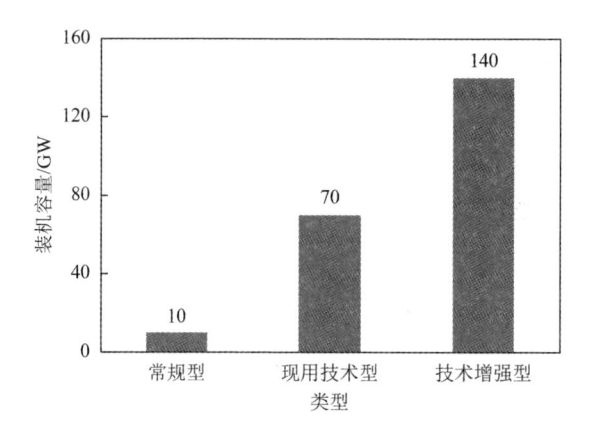

图 1-14 世界地热发电装机容量预测（2050 年）

表 1-3 世界地热发电装机容量及年利用量的长期预测[28]

项目	2020 年	2030 年	2050 年	2100 年
装机容量/GW	25.9	51.0	140.0	264～1411
世界预测用量/(TWh/a)	181.8	380.0	1266.4	2083～9000
世界预测用量/(EJ/a)	0.65	1.37	4.56	7.5～32.4

此外，地热发电在如下几个方面的发展也将成为未来地热发电的核心力量和主要趋势：地热资源与太阳能的结合，多级联合发电方式的结合与梯级利用，热能直接发电技术的快速发展，双工质发电技术的普及与推广，以及油田区地热发电等。

第二章 我国能源新技术战略性新兴产业发展态势与需求

一、"十二五"以来产业发展现状与成功经验

我国煤炭清洁高效转化与利用发展取得积极进展，先进燃煤发电、现代煤化工等取得重要突破；非常规油气进入规模化勘探和工业化开发阶段；核电迎来了第二轮规模发展时期；智能电网和储能产业在核心技术、装备和示范应用方面取得了重要进展；光伏、风力发电技术及产业获得了长足进步，产业规模保持世界第一，可以同步参与国际竞争；生物质能开发利用、太阳能热发电、氢能和燃料电池技术、地热能利用也获得了较快发展；能源新技术战略性新兴产业已成为推动我国能源发展、培育经济增长新动能的重要力量。

（一）我国煤炭清洁高效转化与利用产业

1. 先进燃煤发电及碳减排和污染物处理产业发展现状与经验

1）先进燃煤发电产业

煤电产业是以煤为基础进行电力生产的工业活动过程。如图 2-1 所示，2016 年，煤电占我国发电量的 65.2%，仍然是我国最重要的电力能源[29]。"十二五"以来，煤电产业重点在传统燃煤电厂污染物超低排放、先进高效煤电技术以及煤气化新技术发电等方面取得较大进展。

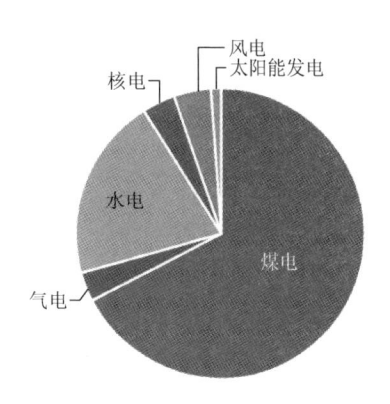

图 2-1 2016 年全国发电量占比

A. 燃煤发电超低排放

2014 年 9 月,国家发展和改革委员会、环境保护部和国家能源局联合印发《关于印发〈煤电节能减排升级与改造行动计划(2014—2020 年)〉的通知》(发改能源〔2014〕2093 号),提出燃煤发电机组大气污染物基本达到燃气轮机组排放限值的要求,即燃煤电厂"超低排放"。截至 2016 年年底,我国燃煤发电机组装机容量约 9.4 亿 kW[30],累计完成超低排放改造 4.4 亿 kW[31],占煤电总装机容量的 47%,较 2015 年增加近 2 倍。

为鼓励引导超低排放,对经所在地省级环境保护部门验收合格并符合上述超低限值要求的燃煤发电企业给予适当的上网电价支持。对 2016 年 1 月 1 日以前已经并网运行的现役机组,对其统购上网电量加价每千瓦时 1 分(含税);对 2016 年 1 月 1 日之后并网运行的新建机组,对其统购上网电量加价每千瓦时 0.5 分(含税)。超低排放电价政策增加的购电支出在销售电价调整时疏导。

B. IGCC 和 IGFC 高效发电

IGCC 是煤气化制取合成气后,通过燃气-蒸气联合循环发电方式生产电力的过程。华能(天津)煤气化发电有限公司 250MW IGCC 示范电站是我国首套自主研发、设计、建设、运营的 IGCC 示范工程。该电站于 2009 年 9 月开始建设,2012 年 12 月投入商业运营,经过三年的调试与运行,系统可靠性全面提高,实现长周期运行,总结出宝贵的工程建设经验,积累了丰富的运行数据。

2016 年,天津 IGCC 示范电站累计运行 5833h,全年发电量超 13.25 亿 kWh,气化炉连续运行超过 117d,机组和气化炉实现满负荷运行,机组功率、气化炉和燃机各项技术指标达到设计值。粉尘和 SO_2 排放浓度低于 $1mg/Nm^3$、NO_x 排放浓度低于 $25mg/Nm^3$,达到了天然气发电的排放水平,机组运行稳定可靠。同期,配套建成我国首套基于 IGCC 的燃烧前 CO_2 捕集试验示范装置,并通过 72h 连续满负荷考核试验。

IGFC 是将 IGCC 与高温燃料电池相结合的发电技术,实现将电化学发电和热力循环发电相结合的复合发电。我国在"十二五"时期加大支持力度,分别由科学技术部资助了"863"项目和"973"项目用于 SOFC 电堆、发电系统和相关基础科学问题的研究,发展了燃料电池理论体系,完成了千瓦级 SOFC 电池堆系统的开发,实现了燃料电池全产业链贯通,突破了该领域的技术封锁,提高了我国在燃料电池领域的高技术竞争力。

2015年以来，IGFC相关技术研发和工业试验稳步开展。建成了25～50kW级别的IGFC发电系统，攻克了MCFC大面积双极板和电解质隔膜制备技术，50kW级MCFC电池堆研制进入组装阶段，完成了兆瓦级整体煤气化燃料电池发电系统建模。

C. 700℃超超临界高效发电

为促进我国700℃超超临界高效发电技术的发展，依托能源行业、材料行业和相关科研机构，国家700℃超超临界燃煤发电技术创新联盟于2010年在北京成立。国家能源局于2011年设立了"国家700℃超超临界燃煤发电关键技术和设备研发及应用示范"项目，围绕700℃超超临界燃煤发电机组的总体方案设计、高温材料的服役特性及国产化、锅炉的设计制造技术、汽轮机的设计制造技术、关键部件验证平台的建立及运行、示范电站的工程可行性研究等方面开展研究。并于2014年设立"700℃超超临界机组汽轮机铸锻件和高温管道及管件研制"项目，围绕汽轮机转子锻件、汽轮机高温铸件、高温蒸气管道及管件开展研制工作。

在国家相关部委的支持下，通过相关单位协同攻关，高温合金材料和关键部件的制造加工技术得到了快速发展。

我国首个700℃关键部件验证试验平台于2015年在华能国际电力股份有限公司南京电厂正式开工建设，主要依托宝钢特钢有限公司、中国科学院沈阳金属研究所、西安热工研究院有限公司等单位在国产高温合金材料方面的研发和东方电气集团东方锅炉股份有限公司、哈尔滨锅炉厂有限责任公司、上海锅炉厂有限公司、中国能源建设集团江苏省电力建设第一工程有限公司等单位在高温合金材料部件制造加工焊接方面的研制。平台于2015年12月建成投运，实现700℃稳定运行，截至2016年12月31日，700℃试验平台累计运行7933h（约330d）。

该试验平台实现了对国内外近十种不同牌号的高温合金材料及关键部件进行实炉验证试验，未来将通过长期的实炉验证，获得700℃高温合金材料在实际服役环境下的重要运行数据和实践经验。试验平台的成功投运，表明我国已经初步掌握700℃技术所涉及的高温材料冶炼、部件制造加工和现场焊接等关键技术。

2）粉煤灰资源化综合利用产业发展现状与经验

提高粉煤灰的综合利用价值具有重要意义，粉煤灰中含有大量有价值元素，主要为铝和硅。部分粉煤灰中的氧化铝含量可以达到50%以上，即高铝粉煤灰。近年来，粉煤灰提取氧化铝项目已经成为热点，受到政府的大力支持，许多大中型企业纷纷投资建厂，为我国粉煤灰提取氧化铝产业发展积累了宝贵经验。

A. 内蒙古蒙西高新技术集团公司的石灰石烧结-拜耳法工艺

早在1998年，内蒙古蒙西高新技术集团公司就开始粉煤灰提取氧化铝的研发工作，在借鉴波兰经验的基础上，于 2004 年完成工业化试验。2006 年开工建设年产40万t一级砂状氧化铝项目，2014 年成功打通全流程。该工艺技术成熟，能够产出合格氧化铝产品，并用渣生产水泥，但存在以下技术难点：渣量大、能耗高、原材料消耗高、成本高。熟料溶出过程中由于渣量过大，洗水量随之增大，溶出液浓度低，碱回收率低，循环效率低，造成能耗及原材料消耗高，生产成本高，经济效益差。

B. 大唐国际发电股份有限公司和中国中煤能源集团有限公司的预脱硅-碱石灰烧结法工艺

大唐国际发电股份有限公司在"粉煤灰变铝"领域投资比较大，2010 年 8 月 30 日，大唐国际发电股份有限公司成功打通粉煤灰提取氧化铝全流程，首次实现了粉煤灰提取氧化铝的工业生产。"预脱硅"可以提前降低粉煤灰中的二氧化硅，使加入的石灰石大大减少，从而减少废渣排放。

中煤平朔集团有限公司与朔州市政府合作，于 2006 年成立了针对粉煤灰提取氧化铝的"平朔高新技术研发中心"，利用预脱硅-碱石灰烧结法联产白炭黑（二氧化硅）和建材原料。2007 年完成工业化中试试验；2009 年完成中试项目，并通过专家验收；2011 年开工建设年处理 20 万 t 粉煤灰项目，即年产 4.26 万 t 精制白炭黑和 9.88 万 t 冶金级氧化铝；2014 年成功打通全流程。

技术特点：预脱硅-碱石灰烧结法工艺路线与石灰石烧结法相比，可以大幅度降低粉煤灰中的二氧化硅含量，减少排渣量，提高氧化铝及碱浓度，从而提高系统母液的循环效率。预脱硅液可用于生产白炭黑、活性硅酸钙、建材等产品，使资源利用更加合理。

技术难点：生产成本仍然较高，经济效益和环保效益差。粉煤灰提取氧化铝后的残渣活性差，不易于进一步利用。

C. 神华集团的"一步酸溶法"工艺

神华集团从 2004 年开始致力于循环流化床粉煤灰提取氧化铝的研发工作，与吉林大学签约，自主研发了"一步酸溶法"工艺技术并取得成功。"一步酸溶法"是盐酸浸取法，是真正的"减量化"生产。2010 年开工建设年产 4000t 氧化铝中试项目；2011 年专门成立了神华准能资源综合开发有限公司；2012 年成功打通全流程；2013 年通过了技术成果鉴定,产品质量超过了国家冶金级氧化铝一级品标准。

技术特点：①工艺流程短、技术条件宽泛；②减量化利用、渣量小；③环保：高硅尾渣（白泥）活性好，用于生产橡塑填料、分子筛、建材等产品，实现粉煤灰"吃干榨净"；④能耗低、成本低。

技术难点：粉煤灰"一步酸溶法"生产氧化铝工艺的溶出料液具有腐蚀性和磨蚀性，对生产设备的要求较高，选材难度大。经过2年多的工业化中试对比试验，生产设备的选材及选型已能够满足粉煤灰"一步酸溶法"生产氧化铝工艺技术的相关要求，解决了这一难题。

D. 华电能源股份有限公司的硫酸铵烧结法工艺

华电能源股份有限公司与浙江大学、东北大学等合作，开展硫酸铵烧结法提取粉煤灰研究，2012年开工建设年产5000t氧化铝中试项目，目前正在推进中。

该工艺原料可循环利用、产品氧化铝纯度高、附加值高，但利用硫酸铵重结晶提纯耗时较长、循环量大、能耗高、成本过高。

3）煤炭转化利用排放CO_2资源化综合利用产业发展现状与经验

"十二五"期间，我国在CCUS领域取得了长足的发展，具体包括如下几个方面。

A. 中国CCUS技术路线图和发展规划

准确分析国情，充分认识面临的挑战，将CCUS的发展纳入国家层面管理：2012年11月发布中国CCUS技术路线图；2015年11月发布中国CCUS示范与推广路线图。2013年发布《"十二五"国家碳捕集利用与封存科技发展专项规划》。自2008年以来，《中国应对气候变化的政策与行动》的年度报告介绍中国CCUS领域的活动进展。

由国家部委牵头，多团队协作，完成了国内主要盆地CO_2地质储存潜力与适应性评估。以CO_2封存及利用潜力评价为基础，构建出适合发展CCUS产业的主要战略区域。

B. CO_2捕集和CO_2运输

燃烧后捕集：在低成本高效吸收剂与吸附剂、新型分离膜材料、高效流化床反应器等方面取得进展。

燃烧前捕集：华能（天津）煤气化发电有限公司的IGCC发电装置于2012年11月建成运行，并于2016年建成10万t/a燃烧前CO_2捕集装置，迈出了技术示范的扎实一步。

富氧燃烧：华中科技大学等团队将无焰富氧（煤粉）燃烧方式在中试装置上实现，居国际领先水平。

结合全流程示范工程建设，探索和实践CO_2管道输送技术。中国石油天然气集团公司（简称中石油）攻克CO_2管输相态控制和优化设计难题，建成53km CO_2气相长输管道。中国石油化工集团公司（简称中石化）完成辛店至东营百千米级别CO_2长输管道设计。二氧化碳捕集利用与封存产业技术创新战略联盟提出了源汇优化、布局和规划CO_2长输管网的建议。

C. CO_2封存与利用

中石油在松辽盆地开展了以捕集天然气中CO_2为基础的全流程CCUS的工程实践，已进入工业化阶段。中石化在渤海湾盆地（胜利油田）以捕集燃煤电厂CO_2为基础的全流程CCUS的工程实践，具备工业化条件。陕西延长石油（集团）有限责任公司（简称延长石油）在陕西省开展了以石油化工与煤化工耦合副产物CO_2为基础的全流程CCUS工程实践。神华集团在内蒙古自治区鄂尔多斯市伊金霍洛旗开展了以煤化工副产物CO_2为基础的全流程CCS的工程实践。四川大学团队提出利用CO_2矿化发电的CCU技术，已在实验室内实现，正在进一步扩大试验规模。新奥集团与高校和中国科学院合作，开发了微藻固定CO_2多联产技术并已完成中试，正在探索商业化生产模式。

2. 先进现代煤化工产业发展现状与经验

我国现代煤化工经过"十二五"期间的初步打通工艺流程到"十三五"期间的升级示范，技术进步和产业示范取得巨大成就，形成多项具有自主知识产权的关键工艺技术和工程成果，大型煤气化技术、煤直接液化技术、煤制烯烃技术、煤制乙二醇技术等处于国际领先水平。总体上看，我国现代煤化工技术逐渐成熟，技术可靠性初步得到验证，但工程运行经验还处在积累阶段，导致现阶段能效和水耗还有较大的提升空间[32]。随着现代煤化工工艺技术和产业配套体系的不断完善，目前产业发展存在的安全环保、碳减排、产业布局、水耗等问题将逐步得到解决，未来现代煤化工产业能够实现更高水平的发展[33]。

1) 煤制油示范项目稳定运行

2002年6月，国务院批准了神华集团建设煤液化示范厂的申请，开启了我国煤制油工业化示范的进程，经历技术研发、实验室小试、中试、工程示范等过程。随着示范项目的成功运行，煤制油技术工艺得到进一步的验证。同时，在煤制油大型工程设计、建设、运行和管理等方面也积累了丰富的工程经验，大型装备的生产和制造也取得重大突破，装备国产化水平大幅提升。

神华集团百万吨级煤直接液化项目是我国也是世界范围内的第一个煤炭直接液化工业化建设项目，项目采用神华具有自主知识产权的煤直接液化工艺技术，于 2008 年年底投料试车。"十二五"期间，项目累积运行 1468d，其中最长连续稳定运行 251d，2013 年运行时间（315d）已超过设计值。五年累计生产油品 413.13 万 t，转化煤炭 1342.32 万 t，实现销售收入 259.37 亿元，利税 59.1 亿元，累计创造税收 56 亿元。

2009 年，具有自主知识产权的三个 16 万～18 万 t/a 煤间接液化示范项目相继建设运行，其中伊泰项目"十二五"期间平均负荷率超过 110%，2015 年负荷率达到 126.2%。在此基础上，煤间接液化百万吨级示范项目取得突破性进展，2015 年 8 月 23 日兖矿榆林 100 万 t 煤间接液化项目打通全流程，产出优质油品，各项参数完全符合要求。2016 年 12 月神华宁煤 400 万 t/a 煤间接液化项目油品合成第一条生产线（200 万 t/a）投料试车，成为我国建成投产的规模最大的煤制油项目。

如表 2-1 所示，截至 2017 年 6 月，我国已建成 7 个煤制油项目，产能合计 793 万 t/a，产量 155 万 t。根据《煤炭深加工产业示范"十三五"规划》，"十三五"期间将新建潞安长治、伊泰伊犁、伊泰鄂尔多斯和贵州渝富毕节（纳雍）煤制油示范项目，新增煤制油产能 680 万 t/a。

表 2-1 我国已建成煤制油产能统计

序号		项目名称	产能/(万 t/a)	投产日期
煤直接液化-投产项目	1	原神华集团煤直接液化一期工程第一条生产线	108	2008 年 12 月
煤间接液化-投产项目	1	伊泰集团 16 万 t/a 煤制油装置	16	2009 年 3 月
	2	神华集团 18 万 t 煤间接液化装置	18	2009 年 6 月
	3	潞安集团 16 万 t/a 煤间接液化装置	16	2009 年 7 月
	4	陕西未来能源 100 万 t/a 煤间接液化工程	115	2015 年 8 月
	5	神华宁煤 400 万 t/a 煤间接液化项目	400	2016 年 12 月
	6	伊泰集团 120 万 t/a 精细化学品项目	120	2017 年 6 月
		合计	793	

2）煤制天然气低负荷生产，运营困难

截至 2017 年 6 月，我国已建成三套煤制天然气示范项目，分别为大唐国际克旗煤制气有限责任公司（一期工程）13.3 亿 m³/a 煤制天然气项目、新疆庆华能源集团有限公司（一期工程）13.8 亿 m^3/a 煤制天然气项目和内蒙古汇能煤电集团有限公司（一期工程）4 亿 m^3/a 煤制天然气项目，合计产能 31.1 亿 m^3/a，产量 11 亿 m^3。由于参与调峰强制限产、天然气价格下调等原因，示范项目维持低负荷生产，亏损严重。根据《煤炭深加工产业示范"十三五"规划》，"十三五"期间将新建苏新能源和丰、北控鄂尔多斯、山西大同、新疆伊犁、安徽能源淮南煤制天然气示范项目，产能合计 182 亿 m^3/a。

庆华项目受到产业政策的影响，每年有七个月强制限产，不能高负荷生产，新疆伊犁天然气门站价仅为 1.15 元/Nm^3，低于生产成本价，项目区域偏远，副产品销售和辅助化工原料采购处于劣势，项目 2014 年、2015 年的生产负荷分别仅有 31% 和 61%。大唐项目自 2014 年投运以来，平均负荷率低于 50%，截至 2016 年 10 月底，累计销售合成天然气 15.22 亿 Nm^3，2014～2015 年项目在未转固情况下实现利润 4706 万元。

3）煤制烯烃运行良好，低油价下盈利

如表 2-2 所示，截至 2017 年 6 月，我国已建成 10 套煤制烯烃示范工程，产能合计 646 万 t/a，其中 7 个采用大连化学物理研究所"甲醇制取低碳烯烃技术"（Dalian methanol to olefin，DMTO）工艺，1 个采用 DMTO-II 工艺，2 个采用甲醇制丙烯（methanol to propylene，MTP）工艺。根据《石化产业规划布局方案》，"十三五"期间将新建中国电力投资集团鄂尔多斯煤制烯烃项目、黑龙江龙泰煤化工股份有限公司双鸭山煤制烯烃项目等升级示范项目。

表 2-2　我国已投产的煤制烯烃项目

序号	项目名称	产能/(万 t/a)	所在园区
1	神华包头 DMTO 项目	60	内蒙古包头
2	大唐多伦 MTP 项目	50	内蒙古锡林郭勒
3	神华宁煤 MTP 项目	50	宁夏宁东
4	中煤榆林 DMTO 项目	60	陕西榆林
5	陕煤化蒲城 DMTO-II 项目	68	陕西渭南
6	宝丰能源 DMTO 项目	60	宁夏宁东
7	延长石油靖边煤油气综合利用项目	60	陕西榆林
8	中天合创 S-MTO 项目	137	内蒙古鄂尔多斯
9	青海盐湖 DMTO 项目	33	青海格尔木
10	神华甘泉堡 SHMTO 项目	68	新疆乌鲁木齐
	合计	646	

煤制烯烃示范工程实现了煤制烯烃核心技术的产业化，世界首套煤制烯烃示范项目——神华包头煤制烯烃项目实现了长周期稳定运行，中煤榆林煤制烯烃项目吸取包头炼制烯烃厂的经验，负荷率、能效等指标优于包头烯烃厂。

神华包头煤制烯烃示范项目于 2011 年 1 月正式投入商业化运行，2014 年 4 月 25 日，正式通过了国家发展和改革委员会的竣工验收。"十二五"期间，除大修外，运转率基本达到 100%，平均生产负荷在 92%以上，累计生产销售聚烯烃产品 273.74 万 t，实现营业收入 287.91 亿元，利润 46.23 亿元，利税 70.77 亿元。

中煤榆林煤制烯烃项目于 2015 年初正式投入生产运营，截至 2016 年 6 月，累计生产聚烯烃 103.66 万 t（聚乙烯 53.42 万 t、聚丙烯 50.13 万 t），销售聚烯烃 104.53 万 t，实现利润总额 18.35 亿元。

4）煤制乙二醇项目运营水平不断提高

"十二五"期间，我国煤制乙二醇产能快速增长。如表 2-3 所示，截至 2016 年年底，我国已陆续建成 13 套煤制乙二醇装置，产能为 215 万 t/a。煤制乙二醇项目投资强度不大，工艺技术一经示范成功，就以较快速度市场化推进。示范项目的稳定运行标志着具有完全自主知识产权的煤制乙二醇技术从中试到工业化放大获得成功，具备了进行大型工业化煤制乙二醇项目设计和建设的工程技术基础条件。

表 2-3 国内煤制乙二醇已投产项目

序号	企业名称	规模/(万 t/a)	建设地点	技术来源
1	通辽金煤化工有限公司	20	内蒙古通辽	丹化科技
2	河南煤化新乡永金化工有限公司	20	河南获嘉	丹化科技
3	濮阳永金化工有限公司	20	河南濮阳	丹化科技
4	安阳永金化工有限公司	20	河南安阳	丹化科技
5	中国石油化工股份有限公司湖北化肥分公司	20	湖北枝江	中石化
6	鹤壁宝马科技集团有限公司	5	河南鹤壁	华烁科技
7	新疆天业（集团）有限公司	5	新疆石河子	高化学
8	山东华鲁恒升化工股份有限公司	5	山东德州	上海戊正
9	鄂尔多斯市新杭能源有限公司	30	内蒙古鄂尔多斯	浦景化工
10	新疆天业（集团）有限公司二期	20	新疆石河子	高化学
11	安徽淮化集团有限公司	10	安徽淮南	浦景化工
12	阳煤集团深州化肥有限公司	20	河北深州	华烁科技
13	阳煤集团寿阳化工有限责任公司	20	山西晋中	高化学

新疆天业乙二醇产品质量达到聚酯级，已用于下游聚酯生产企业。在瓶基的聚对苯二甲酸类产品中，掺混比例能够达到 60%，在纺丝基的聚对苯二甲酸类产品中，掺混比例能够达到 100%，成本能够控制在 3400 元/t 以内（煤价 220 元/t），在微量元素无法明确的情况下，也可以生产合格的防冻液，是目前我国多个煤制乙二醇项目中运行较好的一个，其产品的成功应用，为煤制乙二醇技术的推广应用起到了表率作用。

（二）非常规油气开发利用产业

1. 页岩油气

我国拥有海相、陆相、海陆过渡相多类型页岩，页岩气资源十分丰富。2011 年国土资源部组织开展了我国页岩气资源富集特点研究，对全国页岩气资源潜力进行评价和有利区优选，初步摸清了我国部分有利区富有机质页岩分布，确定了主力层系，初步掌握了页岩气基本参数，建立了页岩气有利目标区优选标准，优选出一批页岩气富集有利区。2012 年 3 月 1 日，国土资源部公布中国页岩气地质资源量 134.42 万亿 m^3，可采资源量 25.08 万亿 m^3。中国工程院（2012 年）研究认为我国页岩气可采资源量为 10 亿～13 亿 m^3[34]。2015 年，国土资源部公布全国油气动态资源评价结果，我国埋深 4500m 以浅页岩气地质资源量 122 万亿 m^3，可采资源量 22 万亿 m^3，具有现实可开发价值的有利区可采资源量 5.5 万亿 m^3。

2000 年以来我国开始密切关注北美页岩气的发展动态，2007 年启动页岩气勘探，经过七年的不懈努力，首个页岩气田实现商业开发。页岩气开发产业取得突破性进展，我国成为北美地区外第一个页岩气投入商业开发的国家。截至 2015 年年底，页岩气勘探已完成二维地震 24 267km，三维地震 3393km^2，钻井 1019 口，铺设管线 235km。累计探明页岩气地质储量 5441 亿 m^3，页岩气产量由零到 44.7 亿 m^3，2016 年我国页岩气产量达到 78 亿 m^3。2011 年中石油长宁区块宁 201-H1 井在五峰组—龙马溪组获日产气 $15\times10^4 m^3$，实现了中国页岩气勘探商业气流突破；2012 年中石化在涪陵焦石坝焦页 1HF 在五峰组—龙马溪组获日产气 $20.3\times10^4 m^3$，2013 年探明了我国首个页岩气田——涪陵页岩气田，累计探明页岩气地质储量 3806 亿 m^3，2015 年成功完成一期 50 亿 m^3 产能建设项目。中石油在长宁、威远、昭通三个建产区块完成 26 亿 m^3 产能建设。到"十二五"末我国已在四川盆地南部形成了涪陵、长宁、威远、昭通四个页岩气开发区,并在焦石坝南部、丁山、永川等地区取得新发现。

我国在加大页岩气等非常规天然气勘探开发力度的同时,加大了致密油/页岩油等非常规石油资源的勘探开发力度。2011 年以来,中石油、中石化、延长石油等企业在鄂尔多斯盆地、渤海湾盆地、松辽盆地、准噶尔盆地、三塘湖盆地对不同类型致密油/页岩油开展勘探以及开发先导试验,取得一批重要成果。2014 年中石油在鄂尔多斯盆地长 7 段探明了我国首个致密油田——新安边致密油田,探明石油地质储量 1 亿 t,已累计新建原油产能 115 万 t；中石化在鄂尔多斯盆地红河、渭北等区块针对长 8、长 3 致密油累计新建产能 98 万 t；延长石油在黄陵、富县等区块实施致密油水平井体积压裂,取得进展。此外中石油在松辽盆地扶余油层致密油、三塘湖盆地二叠系条湖组、芦草沟组致密油,中石化在渤海湾盆地济阳坳陷沙三、沙四段致密油开发试验攻关取得积极进展。近几年通过技术攻关,初步形成了适合于陆相致密油的"甜点"评价与描述、水平井分段压裂、能量补充与提高采收率等相关配套技术。

通过近 5 年以来的技术攻关,已经初步形成了海相页岩气地质综合评价技术体系；在水平井分段压裂技术方面,配套形成了海相页岩气 3500m 以浅水平井分段压裂技术体系；实现了关键钻完井设备工业化推广,部分装备,如具有自主知识产权的 3000 型压裂车已投入应用,各项技术指标达国际领先水平。在页岩气开发方面,我国已经开展开发井组试验,并按照井工厂模式,初步形成钻井、压裂等一体化设计与优化模式和边钻井、边压裂、边生产的交叉化作业模式。

2. 煤层气

我国煤层气资源丰富,据新一轮油气资源评价,全国埋深 2000m 以浅煤层气地质资源量为 36.8 万亿 m^3,其中埋深 1500m 以浅煤层气地质资源量为 10.87 万亿 m^3。中国工程院 2014 年[35]研究认为,我国煤层气技术可采资源量为 9 亿～13 亿 m^3。我国政府高度重视煤层气产业发展,目前已有中联煤层气有限责任公司(以下简称中联煤)、中石油、中石化、晋煤集团(山西晋城无烟煤矿业集团有限责任公司)等多家公司开展煤层气勘探开发,并已形成了沁水、鄂尔多斯盆地东缘两个煤层气主产区。"十二五"期间新增煤层气探明储量 3558.74 亿 m^3。煤层气产量快速增长,井下瓦斯抽采量由 2010 年的 66.93 亿 m^3 增加至 2015 年 170.99 亿 m^3,增长 155%,

地面煤层气产量由 2010 年的 15.67 亿 m³ 增加至 2015 年的 44.25 亿 m³，增长 182%。水平井、分支水平井开发技术进一步得到推广，深层煤层气勘探开发技术取得新突破。

目前我国已经初步形成了适合我国地质特点的煤层气勘探开发技术体系，形成了中、高煤阶煤层气选区评价技术。煤层气直井钻井技术正日趋成熟，形成了以丛式井为主的煤层气开发模式。多分支水平井、U 型井等新井型开发正在试验与推广中。在煤层气排采技术方面形成了以"缓慢、稳定、连续、长期"为排采基本原则，初期产水、稳定产水、气水同产、稳定产气的"四段"以及套压、井底流压的"两压"排采工作制度。地面工程方面形成了"低压集气、单井简易流量、多井单管串接、二次增压、集中处理"的地面集输工艺技术。

（三）智能电网与储能产业

我国电力系统经过 60 多年的发展，已经建成世界上服务人口最多、覆盖范围最广、输电电压等级最高、容纳可再生能源最多的超大规模复杂互联电网。智能电网是在传统电力系统基础上，集成新能源、新材料、新设备和先进传感技术、信息技术、控制技术、储能技术等而构成的新一代电力系统，可实现电力发、输、配、用、储过程中的全方位感知、数字化管理、智能化决策、互动化交易。电力技术革命是我国能源革命的重要组成部分，而智能电网则是电力技术革命的核心所在，是电力产业发展的必然趋势。建设智能电网可促进清洁能源消纳、提升能源利用效率、优化资源配置，满足社会经济发展和用户多样化服务需求，确保电力供应的安全性、可靠性和经济性。而作为智能电网的重要支撑技术，电力储能可有效增加智能电网平滑快速的功率与能量调控能力、提升电力服务质量和电网运行水平、提高可再生能源消纳能力。

在"十二五"期间，我国政府高度重视智能电网的发展，在 2010 年和 2011 年连续两年的政府工作报告中都明确提出要"加强智能电网建设"，并将"智能电网"纳入了《中华人民共和国国民经济和社会发展第十二个五年规划纲要》，将"智能电网"作为国家战略推进实施。科学技术部发布了《智能电网重大科技产业化工程"十二五"专项规划》，规划把大规模间歇式新能源并网技术、支撑电动汽车发展的电网技术、大规模储能系统、智能配用电技术、大电网智能运行与控制、智能输变电技术与装备、电网信息与通信技术、柔性输变电技术与装备、智能电网集成综合示范九大技术列入"十二五"期间发展的重大任务，并投入数十亿元支持了一批智能电网关键技术研发和工程示范项目。同时，国家电网公司提出并制订了"坚强智能电网"发展规划，全面推进坚强智能电网建设，中国南方电网有限责任公司（简称南方电网）也在智能电网建设中投入了大量建设和技术研发经费，许多城市相关设备制造企业建立了一批智能电网产业联盟和产业基地。总之，智能电网产业发展的重要性在"十二五"期间达成了全社会的高度共识，这为产业的快速发展创造了有利条件。作为智能电网的重要支撑技术，储能产业在"十二五"期间也获得了高度关注。以国家宏观战略和政府政策支持为导向，在相关企业、高校与科研机构等多方力量的参与和推动下，我国智能电网与储能产业得以快速发展，并取得了卓著成绩[36, 37]。

1. 特高压输电技术发展现状及经验

从电能传输环节来看，以特高压为代表的大容量、长距离输电技术，以及以柔性直流为代表的新一代灵活输电技术等成为"十二五"期间中国发展的重点，在相关的大规模交直流混联系统调度与控制、先进输变电装备制造、大容量电力电子装备研发等方面也取得了令人瞩目的成就。国家电网 2009 年建成代表世界最高水平的 1000kV 特高压交流试验示范工程；截至 2016 年 8 月，国家电网已建成"四交四直"特高压工程，"三交六直"工程在建，并中标巴西美丽山水电站±800kV 高压直流工程；2014 年世界首个五端柔性直流——浙江舟山±200kV 五端柔性直流科技示范工程建成投运并稳定运行，福建厦门柔性直流输电科技示范工程按期开工并有序推进；南方电网投运了多套 200MVA 静止同步补偿器。这些成就有力地推动了中国电力工程建设和电工装备制造企业的发展，打造出"中国创造"的国际品牌[38]。

2. 智能配电技术发展现状及经验

从配用电环节来看，智能配用电系统成为中国智能电网和储能产业发展的重要环节。在国家"973"、"863"、科技支撑计划等课题支持下，中国在配电系统智能控制、高级配电自动化、主动配电网、交直流混合配电网、微电网、智能用电等方面取得了诸多突破，配电装备的国产化程度显著提升，支撑了分布式电源的高比例接入与电能替代水平的进一步提高。"十二五"期间，全国总计有 200 余座城市启动配电网自动化建设，配电网供电可靠性水平大幅改善，一批城市配电网年户均停电时间由 10h 以上降低到 1h 以内，故障处理时间由数十分钟乃至数小时下降到 10min 以内；到 2015 年年底，累计安装智能电表数突破 5 亿枚大关；建设充换电站超过 2000 座、充电桩超过 22 万个；建立了世界规模最大的用电信息采集系统和三级用电信息密钥管理系统；建成了一大批智能配电网、微电网与智能用电试点或示范工程；出台了一系列配网规划建设与装备体系国家标准，有力促进了相关产业链的全面健康发展[39]。

3. 电力储能技术发展现状及经验

在电力储能产业方面，随着中国智能电网建设的全面启动，电力储能作为可提高电网可靠性、安全性、灵活性的辅助支撑技术，其应用贯穿了输配电、分布式发电、微电网及电动汽车充放储换多个领域，在削峰填谷、优化分布式电源接入、促进风光等间歇能源消纳方面发挥了重要作用。"十二五"期间，以抽水蓄能为代表的成熟储能技术已基本实现国产化，商用规模进一步扩大；铅酸蓄电池、锂离子电池、液流电池、压缩空气等储能技术进一步发展，在张北风光储输示范系统、格尔木光储并网电站、深圳宝清电池储能电站、福建莆田湄洲岛储能电站等一大批示范工程中得到应用，并正逐步开始商业推广；高温超导储能、大容量超级电容器、钠硫电池等新兴储能技术的产业化前期研究工作稳步推进，部分已完成实验室测试和小规模示范。据中关村储能产业技术联盟（China Energy Storage Alliance，CNESA）的不完全统计，截至 2014 年年底，中国应用在电力系统的储能项目（不含抽蓄、压缩空气和储热）累计装机规模为 84.4MW，年增长率达 58%，显示出了很好的发展潜力与应用前景[40]。

4. 可再生能源综合应用技术发展及经验

可再生能源与储能的大规模综合应用方面，2014 年国家风光储输示范工程（二期）顺利投运。国家风光储输示范工程（一期）共建设风电 9.850MW、光伏发电 40MW、储能装置 20MW，在此基础上，扩建工程（二期）继续延展范围、扩大增容，建设风电 400MW、光伏发电 60MW、储能装置 50MW。在保证风机、光伏、储能等相关装备的技术先进性和应用示范性的情况下，二期扩建工程通过增加并网装机和储能配置形成规模效应，进一步深入发掘风光资源优势互补、集中打捆运行的特色模式，优化储能电池的运行控制，扩大电网友好型新能源电站的示范效应，并加强大范围风光互补发电系统并网特性研究，深化科技引领效应，探索风光储输与抽水蓄能联合运行控制模式，切实发挥了国家风光储输示范工程在提高电网接纳大规模新能源方面的示范引领作用。二期扩建工程投运后，每年将提供约 12.5 亿 kWh 优质、可靠、稳定的绿色电能，年产值将达到 7 亿元左右，节约标准煤 42 万 t，减少 CO_2 排放量 90 万 t。

综合来看，"十二五"期间我国在智能电网与储能产业领域取得了令人瞩目的成就，并形成了鲜明的中国特色，其快速、健康、高水平发展的主要因素可以归纳为以下几个方面：①国家的政策导向和产业投入。"十二五"期间，国家在智能电网领域投入不断加大，以国家电网、南方电网为代表的电力企业相继投入数百亿元开展相关技术的研发和示范，对产业发展起到了巨大的拉动作用。②多领域的交叉融合有力促进了技术创新。通过与高性能计算、信息通信、材料科学等其他领域进行交叉融合与深度借鉴，在大电网运行控制与保护、电工材料、高压输变电装备等领域取得了大量创新性成果。③依托重大工程实现创新成果转化。充分利用了特高压、大规模配电网提升改造等重大工程来构建创新平台、培养人才，加快了成果转化应用，对产业发展起到了巨大的带动作用[41]。

总之，经过"十二五"期间的大力发展，我国的智能电网和储能产业在核心技术、装备和示范应用方面取得了重要进展，在多个技术领域实现了"中国创造"，一些技术已经从"跟跑者"成功转变为"并行者"，有些正在实现从"并行者"到"领跑者"的跨越。

（四）核能产业

核能具有清洁、低碳、稳定、高能量密度的特点，作为战略性新兴产业中的重要构成部分，是非化石能源中增加能源供给的重要支柱，也是治理雾霾、保证能源安全的重要手段。"十二五"以来，核能产业格局全面形成，形成了以核动力、核电先进的裂变能利用技术为主，天然铀采冶和核燃料制造、后处理及放射性废物管理为支撑的产业格局。国内外市场开发取得新突破，国内核与辐射安全保持良好记录，生产安全应急能力不断提升，核电建设稳步推进；国际项目成功落户巴基斯坦和阿根廷、英国等国家，核能国际合作逐步深入开展。同时，航天核动力取得阶段性成果，航海核动力创新升级。

1. 战略性新兴产业重大技术突破

（1）自主研发的先进压水堆核电技术"华龙一号"开工建设：标志着我国核

电技术实现了引进、消化、吸收到自主创新的转变，核电协同设计信息化水平得到了国家领导人的多次肯定，并成功走向国际，已进入大规模应用阶段，可满足当前和今后一段时期核电发展的基本需要。在引进、消化、吸收 AP1000 核电站技术的基础上，自主研发的三代核电 CAP1400 示范工程也具备开工条件。

（2）小型堆及海洋核动力平台研发：针对海洋核动力平台、船用堆和分布式能源等特殊用途，自主研发的模块化、多功能小堆具备工程建设条件，安全性、先进性、经济性得到国际认证和业界认可。

（3）第四代先进核能系统开发：在快堆、高温气冷堆、超临界水堆、熔盐堆等四代核电技术方面全面开展研究工作，其中钠冷试验快堆已经实现并网发电，目前处于技术储备和前期工业示范阶段，高温气冷堆正在建造示范工程。

（4）全超导托卡马克核聚变试验装置 EAST 成功实现了 5000 万 kWh 持续时间最长的等离子体放电，已成为国际上稳态磁约束聚变研究的重要试验平台，作为核心成员参加国际热核聚变实验反应堆计划并顺利推进采购包计划。

（5）核燃料领域技术取得阶段性突破，进入产业化应用：铀矿科学深钻有力地推动了我国铀矿找矿的战略突破，全面进入了深度为主的"第二找矿空间"阶段；绿色地浸采铀技术实现规模化工程应用，推动我国天然铀采冶向北方砂岩地浸大基地建设升级；铀浓缩产业实现技术升级，核燃料产业各环节技术突破，产能稳步提升；后处理中试厂成功热试，后处理放化试验设施建成，通过后处理和自主示范快堆示范工程建设，为开发第四代核电技术，充分利用核资源，建立核燃料闭式循环奠定基础；综合来看，核燃料的前后段技术发展能够全面满足我国核电发展需求。

2. 核电产业整体和重大工程实施的成就

核电运行装机容量和安全保持良好记录：截至 2015 年 12 月底，我国在运核电机组 29 台，总装机容量 28.46GW，世界排名第五；在建机组 20 台，总装机容量 23.17GW，占世界在建总装机容量的 36%，居世界第一；福岛后安全整改全面完成，我国核电安全标准与当前国际核电最高安全标准接轨，并持续改进，不断提高；在运机组安全水平进一步提升，未发生二级及以上运行事件（事故）；运行业绩良好，主要运行参数高于世界平均值，部分指标处于国际前列，核电厂工作人员照射剂量低于国家容许标准，核电厂周围环境辐射水平保持在天然本底范围内，没有对公众造成不良影响。

为了加快我国自主知识产权三代核电技术的发展和推动核电"走出去"工作，国务院于 2015 年先后核准了福建福清核电站 5、6 号机组以及广西防城港核电站 3、4 号机组作为"华龙一号"示范项目开工建设。"华龙一号"出口巴基斯坦的 2 台机组也于 2015 年 8 月开工建设。目前各个项目建设总体进展顺利，目前首堆项目将由设备安装阶段转入调试阶段。

围绕"一带一路"倡议，积极推动"华龙一号"走出去，国际市场开拓成效显著。目前，巴基斯坦第 3 台机组和阿根廷的 1 台机组已基本具备商务合同签署条件，英国 2 台机组正在开展现场工作和通用设计评审。此外，捷克 2 台机组正处于投标阶段，巴西、埃及项目已进入实质性谈判阶段，肯尼亚和泰国都已签署核电项目合作协议。"华龙一号"核电技术已经得到国际市场的广泛认可，成为与美国、法国、俄罗斯等核电强国在国际市场上同台竞技的一张亮丽的"国家名片"。

3. 核能产业先进装备、技术和产业优势

我国已成为世界上少数几个拥有完整核工业体系的国家，成功实现了浓缩离心机国产化。我国已建成完善的核电用锆材生产体系，自主设计的燃料元件 CF3 先导组件入堆考验，核燃料元件实现了由引进技术到国产自主研发的转变，为自主品牌核电出口扫清了障碍。

通过实施国家重大科技专项，提高了核电装备行业的技术水平，主设备和关键设备大部分由国内供货，设备国产化率超过 85%。设备制造商的装备水平属国际一流，三大动力集团均具备年供应 3~4 套核电装备的能力，加上近年来火电发展减速，腾出更大的产能，可以说我国完全有能力每年建设 6~8 台核电机组，设备行业的发展为核电大国奠定了基础。

（五）可再生能源

1. 风能产业

"十二五"期间，我国风电装机规模快速增长，开发布局不断优化，技术水平显著提升，政策体系逐步完善，风电已经从补充能源进入替代能源的发展阶段。"十二五"

期间，我国风电新增装机容量连续五年领跑全球，累计新增装机容量达 9800 万 kW，占同期全国新增电力装机总量的 18%，在电源结构中的比例逐年提高。中东部和南方地区的风电开发建设取得积极成效。到 2015 年年底，全国风电累计装机容量 1.45 亿 kW（图 2-2），风电已成为我国继煤电、水电之后的第三大电源；2015 年风电年发电量 1863 亿 kWh，占全国总发电量的 3.3%，比 2010 年提高 2.1%；全国风电年平均利用小时数 1728h，比上年同期下降 172h，全年弃风电量 339 亿 kWh，同比增加 213 亿 kWh，平均弃风率 15%，同比增加 7%，全国风电弃风限电形势严峻[42,43]。

截止到 2016 年年底，全国风电累计装机容量达到约 1.69 亿 kW，年发电量 2410 亿 kWh，占全国总发电量的 4%；2016 年全国风电年平均利用小时数 1742h，比上年同期增长 14h，全年弃风电量 497 亿 kWh，同比增加 158 亿 kWh。

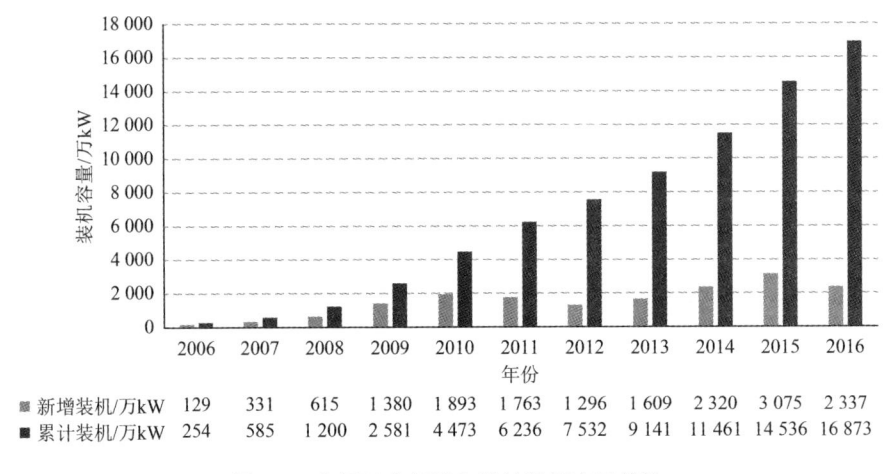

年份	2006	2007	2008	2009	2010	2011	2012	2013	2014	2015	2016
新增装机/万 kW	129	331	615	1 380	1 893	1 763	1 296	1 609	2 320	3 075	2 337
累计装机/万 kW	254	585	1 200	2 581	4 473	6 236	7 532	9 141	11 461	14 536	16 873

图 2-2 中国风电新增和累计装机容量统计

1）风电行业管理政策体系逐步完善

我国并网风电经过四个阶段的发展，在"十二五"期间已基本建立起较为完善的促进风电产业健康发展的行业管理政策体系，出台了风电项目开发、建设、并网、运行管理及信息监管等各关键环节的管理规定和技术要求，简化了一系列风电开发建设管理流程，完善了风电技术标准体系，开展了风电设备整机及关键零部件型式认证，建立了风电产业信息监测和评价体系，基本形成了规范、公平、完善的风电行业政策环境和创新体制机制，保障了风电产业的持续健康发展。

2）技术和产业能力显著提高

在市场需求和竞争的推动下，我国风电设备制造业技术升级和国际化进程逐渐加快,多家企业跻身全球风电整机商排名前10。风电全产业链基本实现国产化,风电设备技术水平和可靠性明显提高,基本达到世界先进水平,在满足国内市场的同时出口到28个国家和地区。风电机组高海拔、强台风、低温、冰冻等特殊环境适应性和并网友好性显著提升,5~6MW大型海上风电机组已实现批量化生产,低风速风电技术取得突破性进展并商业化应用于我国中东部和南方地区,风功率预测预报技术在电力运行管理系统中已开始应用,并与电力调度机制相结合共同解决风电并网消纳难题,风电场开发已从单一化陆上风电场逐步转向多种复杂环境下的陆/海上风电场。

3)风电成本持续降低

风电成本持续降低,使得风电成为最具竞争力的可再生能源发电技术之一。从未来发展来看,陆上风电单位千瓦投资仍可缓慢降低,但下降空间有限。在风电产业规模扩大和技术更为成熟后,风电机组单位成本有可能达到与煤电机组单位成本持平的水平,即使考虑原材料价格上涨和风电技术标准提高带来的成本上升及其他价格上涨因素,风电设备价格仍可能存在10%左右的成本下降空间。海上风电由于桩基基础、运输安装、输电线路等造价较高,其开发投资成本远高于陆上风电,根据目前国际海上风电投资水平预计,到2020年、2030年和2050年海上风电开发投资成本将可能分别降至14 000元/kW、12 000元/kW和10 000元/kW。

4)风电开发利用规模快速扩大

目前,我国风电发展已进入大规模开发利用阶段,风电产业从过去爆发式增长逐步转变到稳定增长。我国风能资源分布特点决定了我国风电开发的"大规模开发、集中式建设、远距离输送"总体趋势不会发生太大变化,在积极有序推进"三北"地区大型风电基地建设的同时,通过调整优化风电开发布局,充分发挥中东部和南方地区电网接入条件好、消纳能力强的优势,大力发展分散式风电,提高风电技术可开发资源量。

2. 太阳能光伏发电产业

"十二五"时期,国务院发布了《国务院关于促进光伏产业健康发展的若干意见》(国发〔2013〕24号),光伏产业政策体系逐步完善,光伏技术取得显著进步,市场规模快速扩大。太阳能热发电技术和装备实现突破,首座商业化运营的电站投入运行,产业链初步建立。太阳能热利用持续稳定发展,并向供暖、制冷及工农业供热等领域扩展。

1)光伏发电规模快速扩大,市场应用逐步多元化

全国光伏发电累计装机容量从 2010 年的 86 万 kW 增长到 2015 年的 4318 万 kW,2015 年新增装机容量 1513 万 kW,累计装机容量和年度新增装机容量均居全球首位。光伏发电应用逐渐形成东、中、西部共同发展,集中式和分布式并举格局。光伏发电与农业、养殖业、生态治理等各种产业融合发展模式不断创新,已进入多元化、规模化发展的新阶段。

截至 2016 年年底,我国光伏发电新增装机容量 3454 万 kW,累计装机容量 7808 万 kW,新增和累计装机容量均为全球第一。其中,光伏电站累计装机容量 6743 万 kW,分布式累计装机容量 1029 万 kW,全年发电量 662 亿 kWh,占我国全年总发电量的 1%。2016 年,全国新增光伏发电装机中,西北地区为 974 万 kW,占全国的 28%;西北以外地区为 2480 万 kW,占全国的 72%;中东部地区新增装机容量超过 100 万 kW 的省区市达 9 个。分布式光伏发电装机容量发展提速,2016 年分布式光伏新增装机容量 424 万 kW,比 2015 年新增装机容量增长 200%。

2)光伏制造产业化水平不断提高,国际竞争力继续巩固和增强

"十二五"时期,我国光伏制造规模复合增长率超过 33%,年产值达到 3000 亿元,创造就业岗位近 170 万个,光伏产业表现出强大的发展新动能。如图 2-3 所示,2015 年多晶硅产量 16.5 万 t,占全球市场份额的 48%;电池组件产量

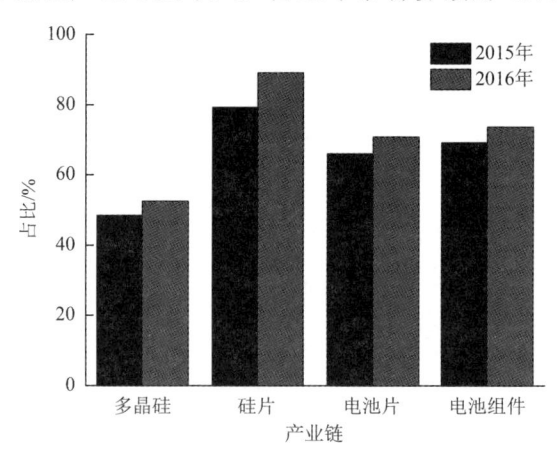

图 2-3 太阳能光伏全产业链中国产量占世界产量的比例

资料来源:国际能源署太阳能发电系统 2016 年度报告

4600万kW，占全球市场份额的70%。我国光伏产品的国际市场不断拓展，在传统欧美市场与新兴市场均占主导地位。我国光伏制造的大部分关键设备已实现本土化并逐步推行智能制造，在世界上处于领先水平。

2016年，中国在光伏全产业链上占据主导地位。2016年太阳能级多晶硅产量19.4万t，同比增加17.6%，占世界多晶硅的供给比例也由48%增长到52%。硅片的产量和产能分别达到63GW和70GW，分别占全球产量（71GW）和产能（90GW）的88.7%和77.8%。电池片产量为49GW，同比增长19.5%，占世界产量的比例由2015年的66%提升到2016年的71%。电池组件的产量由2015年的43.9GW提升到2016年的53GW，同比增长20.7%，占世界产量的比例由69.1%提升到73.6%。

3）光伏发电技术进步迅速，成本和价格不断下降

我国企业已掌握万吨级改良西门子法多晶硅生产工艺，流化床法多晶硅开始产业化生产。先进企业多晶硅生产平均综合电耗已降至80kWh/kg，生产成本降至10美元/kg以下，全面实现四氯化硅闭环工艺和无污染排放。单晶硅和多晶硅电池转换效率平均分别达到19.5%和18.3%，均处于全球领先水平，并以年均0.4个百分点的速度持续提高，多晶硅材料、光伏电池及组件成本均有显著下降，光伏电站系统成本降至7元/W左右，光伏发电成本"十二五"期间总体降幅超过60%。2011~2016年光伏价格下降情况如表2-4所示。

表2-4 中国不同年份太阳能光伏产量及价格

项目	2011年	2012年	2013年	2014年	2015年	2016年
累计产量/GW	3.50	7.06	17.74	28.38	43.38	78.08
组件价格/(元/W)	9.00	4.50	4.00	3.80	3.50	3.10
系统价格/(元/W)	17.50	10.00	9.00	8.00	7.50	7.00
光伏电价/(元/kWh)	1.15	1.00	0.90~1.00	0.90~1.00	0.90~1.00	0.80~0.98

资料来源：国际能源署太阳能发电系统2016年度报告。

4）光伏产业政策体系基本建立，发展环境逐步优化

在《中华人民共和国可再生能源法》的基础上，国务院于2013年发布《国务院关于促进光伏产业健康发展的若干意见》，进一步从价格、补贴、税收、并网等多个层面明确了光伏发电的政策框架，地方政府相继制定了支持光伏发电应用的政策措施。光伏产业领域中相关材料、光伏电池组件、光伏发电系统等标准不断

完善，产业检测认证体系逐步建立，具备全产业链检测能力。我国已初步形成光伏产业人才培养体系，光伏领域的技术和经营管理能力显著提高。

5）太阳能热发电实现较大突破，初步具备产业化发展基础

"十二五"时期，我国太阳能热发电技术和装备实现较大突破。八达岭 1MW 太阳能热发电技术及系统示范工程于 2012 年建成，首座商业化运营的 1 万 kW 塔式太阳能热发电机组于 2013 年投运。我国在太阳能热发电的理论研究、技术开发、设备研制和工程建设运行方面积累了一定的经验，产业链初步形成，具备一定的产业化能力。

6）太阳能热利用规模持续扩大，应用范围不断拓展

太阳能热利用行业形成了材料、产品、工艺、装备和制造全产业链，截至 2015 年年底，我国太阳能集热面积保有量达到 4.4 亿 m^2，年生产能力和应用规模均占全球 70% 以上，多年保持全球太阳能热利用产品制造和应用规模最大国家的地位。太阳能供热、制冷及工农业等领域应用技术取得突破，应用范围由生活热水向多元化生产领域扩展。

3. 太阳能热发电产业[1]

1）"十二五"以来，我国太阳能热发电技术高速发展

（1）近年来，我国太阳能热发电产业发展迅速，但距离全面产业化仍有一定距离。高精度聚光器、槽式真空吸热管等关键器件的国产化生产线已经可以供应市场，高精度聚光、高性能吸热和大容量储热商业化技术逐渐成熟，但由于缺乏大型太阳能热发电技术工程实践和规模化并网发电项目的支持，我国太阳能热发电的产业基础还比较薄弱。我国太阳能热发电用材料的制备和生产与国际先进水平仍有差距，快速启动汽轮机、碟式斯特林发动机等重大装备的设计与制造能力较为薄弱，大规模太阳能热发电站设计集成和系统优化技术仍需验证。

（2）我国市场 2016 年新增装机量为 10.2MW，包括 12 月 26 日并网发电的首航节能敦煌 10MW 熔盐塔式电站，10 月 12 日并网投运的甘肃阿克塞 800m 熔盐槽式示范回路，装机 200kW。截至 2016 年年底，中国太阳能热发电的总装机容量达到 28.3MW。虽然中控德令哈 10MW 熔盐塔电站于 2016 年 8 月 20 日并网发电，但因该项目是基于此前的 10MW 水工质项目的改造工程，故这一新增装机量不列入 2016 年的新增装机统计。中国科学院电工研究所 $1MW_t$ 的塔式熔融盐集热部分也于 2016 年 7 月建成并运行。

我国在建的项目包括：中国科学院电工研究所主持的"十二五""863"课题，槽式光热发电技术研究与示范项目的 9000m² 槽式集热/蒸发系统；北京兆阳光热技术有限公司（张家口）15MW 改良菲涅尔光热示范项目、兰州大成科技股份有限公司（敦煌）10MW 菲涅尔熔盐电站等试验性示范项目，以及中广核太阳能德令哈有限公司 50MW 槽式电站。

北京首航艾启威节能技术股份有限公司（敦煌）100MW 塔式电站、青海中控太阳能发电有限公司（德令哈）50MW 电站、中尚明德光热发电有限公司（玉门东镇）导热油槽式 50MW 太阳能热示范项目等商业化示范项目已经陆续开始动工。

2016 年 9 月国家能源局发布了《国家能源局关于建设太阳能热发电示范项目的通知》，并公布了第一批太阳能热发电示范项目共 20 个，国家发展和改革委员会发布了光热示范项目电价，每千瓦时标杆电价为 1.15 元。

2）"十二五"以来，我国太阳能热发电产业呈爆发增长态势

A. 太阳能热发电从业单位情况

截至"十三五"第一年（2016 年）年底，太阳能热发电产业情况见表 2-5。表 2-5 中括号中的数字表示从业单位数量。从业的生产企业、工程建设企业、设计院、科研院所、大学和专业媒体单位等总数约 228 家。

表 2-5　太阳能热发电产业链分类及单位数量（截至 2016 年 12 月 31 日）

序号	技术类别	内容
1	专用材料（19）	1、超白玻璃原片（3）；2、反射镜（6）；3、熔融盐（4）；4、导热油（3）；5、管路高温伴热带（3）
2	聚光器及减速机（40）	1、塔式定日镜（5）；2、槽式聚光器（12）；3、碟式聚光器（5）；4、菲涅耳聚光器（12）；5、聚光器减速机（6）
3	吸热器（21）	1、槽式真空吸热管（12）；2、塔式吸热器（5）；3、Linear Fresnel 吸热器（3）；4、碟式吸热器（1）
4	流体输运类（8）	1、盐泵（2）；2、油泵（6）
5	换热器（38）	1、油/水蒸发器（10）；2、盐/水蒸发器（5）；3、油/盐换热器（3）；4、气/水换热器（20）
6	发电设备（14）	1、汽轮机（4）；2、发电机（5）；3、微燃机（2）；4、斯特林机（3）
7	控制设备（13）	1、聚光场控制设备（5）；2、全场 DCS（distributed control system，分布式控制系统）控制设备（8）
8	电站设计科研机构（12）	省级及以上设计院，各种体制省级及以上科研机构（12）
9	电站投资、建设单位（48）	1、聚光场（3）；2、热岛（4）；3、动力岛（5）；4、EPC（engineering, procurement, construction）总包（6）；5、电站投资单位，包括央企、国企和民企（30）
10	服务类（2）	各种设备、部件的性能测试和咨询（2）
11	教育单位（8）	1、涉及太阳能热发电本科以上教育的大学（5）；2、科研机构（1）；3、培训机构（2）
12	专业媒体（5）	太阳能热发电主要的网站和报纸、媒体（5）

从表2-5中可见，在从业属性中，电站投资、建设单位多，有48家。性能测试和咨询的服务业单位最少，只有2家。专业媒体少，只有包括国家太阳能光热产业技术创新战略联盟在内的5家。

在生产方面，聚光器及减速机、吸热器和换热器的企业较多，说明我国的设备制造能力较强。其中聚光器及减速机约占40%，以真空吸热管为代表的吸热器厂家不多，只有聚光器及减速机的1/2。这说明了项目中投资占比高的聚光器是投资者关注的热点。

B. "十三五"新增单位数量

由表2-6可见，电站投资、建设单位增加较快，而制造业的数量几乎没有增加，第三产业的服务、教育和媒体类的数量也没有增加。2016年9月国家颁布了太阳能热发电电价后对电站投资有非常明显的拉动作用。2018年我国建成并网太阳能热发电站3座，新增装机总量200MW，约是2018年之前累计装机总量的8倍。

表2-6 太阳能热发电新增加单位数量（2016年1月1日~12月31日）

序号	技术类别	内容
1	专用材料（1）	1、超白玻璃原片（0）；2、反射镜（0）；3、熔融盐（1）；4、导热油（0）；5、管路高温伴热带（0）
2	聚光器及减速机（4）	1、塔式定日镜（1）；2、槽式聚光器（2）；3、碟式聚光器（1）；4、菲涅耳聚光器（0）；5、聚光器减速机（0）
3	吸热器（1）	1、槽式真空吸热管（0）；2、塔式吸热器（1）；3、Linear Fresnel 吸热器（0）；4、碟式吸热器（0）
4	流体输运类（0）	1、盐泵（0）；2、油泵（0）
5	换热器（0）	1、油/水蒸发器（0）；2、盐/水蒸发器（0）；3、油/盐换热器（0）；4、气/水换热器（0）
6	发电设备（1）	1、汽轮机（0）；2、发电机（0）；3、微燃机（0）；4、斯特林机（1）
7	控制设备（1）	1、聚光场控制设备（1）；2、全场DCS控制设备（0）
8	电站设计科研机构（3）	省级及以上设计院，各种体系省级及以上科研机构（3）
9	电站投资、建设单位（27）	1、聚光场（3）；2、热岛（0）；3、动力岛（0）；4、EPC总包（4）；5、电站投资单位，包括央企、国企和民企（20）
10	服务类（0）	各种设备、部件的性能测试和咨询（0）
11	教育单位（0）	1、涉及太阳能热发电本科以上教育的大学（0）；2、科研机构（0）；3、培训机构（0）
12	专业媒体（0）	太阳能热发电主要的网站和报纸、媒体（0）

电站集成的核心是设计，由于火力发电市场的萎缩，我国的火电设计力量基本都从2015年下半年开始关注太阳能热发电，并开展了相应的工作。但由于示范

项目较少，2016年被新拉入行业的设计院不多，这从2016~2017年年初的几次投标就可以看出。图2-4显示了从业各类性质单位的数量对比。

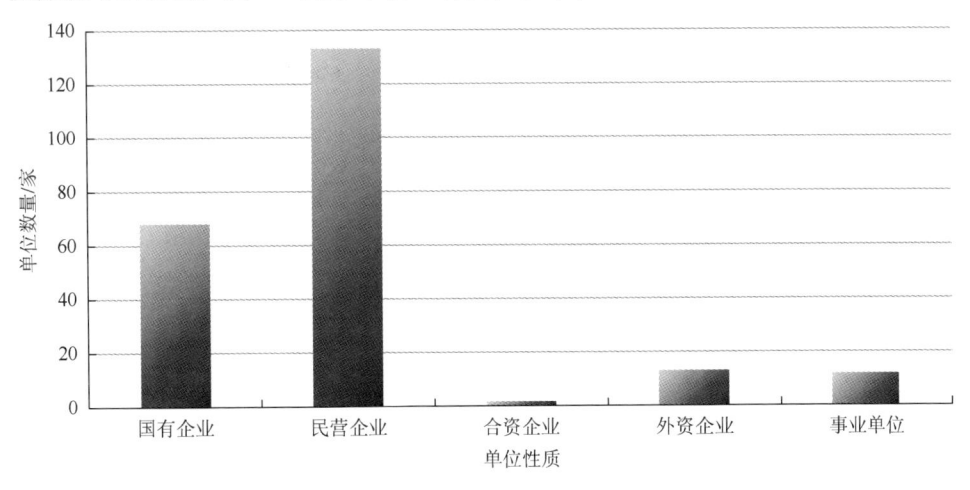

图 2-4 从业各类性质单位的数量对比

C. 生产线数量

有15家已建产品生产线，包括吸热器生产线、熔融盐生产线、导热油生产线、定日镜生产线、聚光器生产线、机械&液压传动生产线、全场DCS控制设备生产线、各种玻璃反射镜生产线。生产线投资共计约41.8亿元人民币。

D. 产能数据

各类别年产能详见表2-7。

表 2-7 各类别年产能数据

类别	年产能
槽式真空集热管	可装备电站（不带储热）1.2GW
槽式聚光器	可装备电站（不带储热）2GW
塔式定日镜	可装备电站（不带储热）1GW
菲涅尔聚光器	可装备电站（不带储热）0.1GW
熔融盐	7万t
导热油	110万t
聚光器跟踪减速器	34万台（约1.7GW）
高温集热镀膜钢管	120km
超白玻璃	700t/d，2GW
各种反射镜	可装备电站（不带储热）2GW
电站全场控制系统	600套

3）我国太阳能热发电发展的成功经验为科技项目拉动产业发展

国家资助的科技项目引领、社会资金逐步跟进是我国太阳能热发电产业发展的典型特征。"十一五"期间由科学技术部、中国科学院和北京市人民政府共同资助的北京延庆 1MW 塔式太阳能热发电站于 2011 年产出蒸气、2012 年发电，以及内蒙古 50MW 槽式电站招标，使得太阳能热发电走进中国社会大众的视野，相关企业逐渐关注太阳能热发电行业的发展。"十二五"期间，科学技术部支持的 10MW 融盐塔式太阳能热发电站和 1MW 槽式热发电系统等科技项目的推动以及社会资金大规模涌入，使得我国太阳能热发电产业进入高速增长期，到 2016 年年底，中国太阳能热发电产业实现技术类型基本齐全、全产业链初步完备。

4. 生物质能产业

在"十二五"期间，我国不仅重点支持了生物质发电、燃气制备和成型燃料等技术的开发与产业化应用，还重点布局了文冠果、甜高粱等能源植物育种示范、微藻育种、生物柴油、二代燃料乙醇、气化合成油、化学催化合成油等一系列高新技术的研发，建立了相应的试验示范基地，取得了重大的阶段性进展，为"十三五"进一步发展奠定了坚实基础。截至 2015 年，我国生物质能源产业发展情况及其与"十二五"规划的对比如表 2-8 所示。

表 2-8 我国生物质能源产业发展情况[2]

领域		利用规模			年产能量		
		"十二五"	2015 年	单位	"十二五"	2015 年	单位
生物质发电		1300	1030	万 kW	780	520	亿 kWh
生物质供气					220	190	亿 m³
生物质成型燃料		1000	800	万 t			
生物液体燃料	生物燃料乙醇				400	210	万 t
	生物柴油和航空燃料				100	80	万 t

但是，从实施结果来看，"十二五"距完成《生物质能发展"十二五"规划》目标还有一定差距。其中生物质发电装机容量尚差约 300 万 kW，完成度约 80%；生物质供气差 30 亿 m³，完成度 86%；成型燃料差 200 万 t，完成度 80%；燃料乙醇差 190 万 t，完成度 53%；生物柴油产量 80 万 t，完成度 80%。可见，生物质

能源未来的发展之路仍然任重道远。

1）生物质液体燃料

由于液体产品便于储存、运输，并且可以取代化石能源产品，生物质液体燃料是我国"十二五"期间发展的重点领域，也必将是"十三五"期间的研究热点。

（1）淀粉原料来源的燃料乙醇生产已实现产业化，纤维素原料来源的燃料乙醇生产尚处在产业化示范阶段。

我国为世界第三大生物燃料乙醇生产国和应用国，仅次于美国和巴西[16]。我国燃料乙醇生产原料以玉米、小麦等陈化粮为主。"十二五"期间我国核准的粮食燃料乙醇生产企业只有四家，分别为中粮生化能源（肇东）有限公司、吉林燃料乙醇有限责任公司、中粮生物化学（安徽）股份有限公司和河南天冠企业集团有限公司[44]。2016年为消纳玉米库存，新批准了辽宁年产30万t玉米燃料乙醇项目[45]。为满足燃料乙醇市场的需求，"十二五"期间多个木薯燃料乙醇项目被批准，包括以上四家企业在内，还新增了浙江燃料乙醇有限公司年产30万t项目[46]、江西雨帆化工有限责任公司年产10万t项目[47]、国投广东生物能源有限公司年产15万t项目[48]和海南椰岛（集团）股份有限公司年产10万t项目[49]。纤维素燃料乙醇的产业化为世界性难题。"十二五"期间，我国已建成多个纤维素燃料乙醇示范生产线，其中河南天冠企业集团有限公司和山东龙力生物科技股份有限公司分别建成了万吨级纤维素燃料乙醇生产线[50,51]。山东龙力生物科技股份有限公司利用玉米芯低聚木糖生产线上获得的固体废渣生产燃料乙醇，于2012年10月成为我国首个供应纤维素燃料乙醇的生产企业。但是山东龙力生物科技股份有限公司的纤维素燃料乙醇生产技术仅适用于玉米芯原料，适合在玉米主产区推广。从目前国内建立的中试示范装置运行情况来看，现有生产线中每吨纤维素燃料乙醇的原料消耗都在5.5t以上，生产成本保守估计都在9000元/t以上，还不适合于大规模商业化运行[52]。虽然木质纤维素原料价格便宜，但由于原料比较分散，其收集、运输、储存的成本实际上占到了纤维素燃料乙醇总成本的35%～60%，严重地制约了纤维素燃料乙醇的生产规模[53]。另外，在纤维素燃料乙醇制备过程中，存在着不少亟须突破的技术瓶颈，如低成本、低能耗的原料预处理技术，低成本、高效率的纤维素酶生产技术，水解液中存在的非糖成分在发酵过程中对酵母菌种的毒害作用，五碳糖高效利用问题等，这些技术瓶颈使得目前纤维素燃料乙醇的生产成本极高，严重制约了纤维素燃料乙醇的规模化生产。

（2）生物柴油生产已实现产业化，原料供应是其规模化生产的关键制约因素。

我国生物柴油主要制备工艺是酸均相催化和碱均相催化工艺，这类工艺优点是反应速率快、转化率高，但缺点也很明显，即对设备要求高，产物需要进行中和洗涤，对环境影响较大，并且很难得到高纯度的副产物甘油[54]。其他方法如酶催化法、固体酸催化法、固体碱催化法、超临界法等，都各有优点，但又都受限于成本、催化剂的稳定性等因素尚未产业化。目前制约我国生物柴油大规模生产的一个重要因素是原料油的供应。由于我国国情制约，无法像美国采用大豆油或者欧盟采用油菜籽油作为原料大规模制备生物柴油。因原料油供应受到限制，生产装置开工率不足，无法满足巨大的市场需求。我国在"十二五"期间采用的解决办法主要有如下几种：①利用荒废土地、未开垦土地等土地资源种植麻风树、小桐子、黄连木、文冠果等油类作物，获取非食用植物油作为原料生产生物柴油。②利用价格便宜、来源广泛的餐饮废油、酸化油等作为生产生物柴油的原料，利用这类原料油存在的主要问题是餐饮废油收集困难、成分不稳定、预处理成本高等。③利用含油微藻作为生产生物柴油的原料，由于微藻生长周期短、生物量高且占用土地面积少，被普遍认为是最具潜力的制备生物柴油的原料之一。目前制约微藻生物柴油规模化生产的因素主要是微藻的高密度养殖及藻体收集，还有微藻的破壁及细胞内油脂的提取等。此外，尽管我国已颁布生物柴油的国家标准，但生产出的生物柴油还未进入成品油销售系统。因此在"十三五"期间必须加大研究利用各类生物质高效制油、连续式生产以及副产物高值化利用等方面的关键技术和装备，为今后生物柴油工业化大生产提供技术支撑。

（3）生物质热解油技术已进入产业化示范阶段。

目前主要的生物质热解液化技术包括慢速热解、常速热解、快速热解和高压液化等[55]。热解得到的生物油通常稳定性差、含水量高、热值低、不能与化石燃油互溶、具有酸性和腐蚀性[56]，因此，要扩大生物油的应用领域并提升其使用价值，需要对其进行分离与精制等再加工。目前研究比较多的分离及精制工艺主要有催化加氢、催化裂解、催化酯化、乳化燃油和分离提纯等[56]。其中催化裂解和催化加氢是目前最为重要的两种生物油精制方法，但要实现工业应用需要解决以下问题：找到合适的反应条件以提高目标产物的收率、研究其催化剂失活特性、建立循环和两级流化床式催化加氢体系以及在温和催化过程中控制合适的脱氧程度。"十二五"期间，生物质热解液化技术已进入产业化示范阶段，随着原料收集和预处理、选择性热解与分解冷凝、生物油分离与精制等各技术环节的不断成熟，生物质热解液化技术预期将在5～8年内形成较为完备的技术链和产业链，并逐步实现真正意义上的产业化。

2）传统沼气生产已实现产业化，秸秆沼气的高效转化技术处在攻关阶段

"十二五"期间，我国政府大力支持农村沼气建设，家庭小型沼气用户达到4380万户，大型沼气工程建成10万处，总产气量达到190亿 m³[2]。目前我国对厌氧沼气发酵的研究主要集中在三个方面[52]：①原料预处理研究。利用木质纤维素类原料如秸秆等进行厌氧发酵产沼气的过程中，厌氧微生物直接降解木质纤维素的能力很弱，且秸秆密度小，导致秸秆厌氧消化过程存在时间长、产气率低、易结壳漂浮等问题。因此，在厌氧发酵前对秸秆进行预处理，改变秸秆的物理结构，有利于厌氧发酵的进行。目前，常用的秸秆预处理技术有物理法（如机械粉碎、蒸气爆破等）、化学法（酸或碱法）、生物法等。②秸秆干式发酵技术。与湿式厌氧发酵技术相比，干式厌氧发酵技术具有需水量少、单位容积负荷高、处理成本低及不产生沼液二次污染等优点。但是干式发酵技术目前在推广应用过程中还存在一定困难，原因是干式发酵物料浓度高，搅拌困难，易造成挥发性脂肪酸局部过度积累，从而影响厌氧发酵的稳定性。目前针对秸秆干式发酵技术主要是通过优化反应条件、添加辅助因子等手段提高沼气的发酵效率，但效果不是很明显。③混合物料发酵技术。将几种不同的原料如秸秆和畜禽粪便等按照一定比例混合生产沼气，能够显著提高消化器的容积产气率。原因在于利用混合物料发酵能够有效调节底物的营养、缓冲发酵物酸化、调节优化发酵碳氮比，同时能够使得原料来源更加广泛。目前利用混合物料方法已成为厌氧发酵技术的重点研究方向，但对混合厌氧发酵的机理和有机物的降解机制还缺乏深入研究，以至于混合厌氧发酵还不能广泛地运用在现实生产中。

3）生物质发电形式多样，技术相对成熟

2016年全国新增生物质发电154万 kW，累计并网1214万 kW，生物质发电上网电量647亿 kWh[57]。在直接燃烧发电方面，主要集中在秸秆直接燃烧发电技术上[52]。我国自主开发了燃料预处理系统、给料系统以及排渣系统。多家国内科研机构和锅炉生产厂家研制了具有自主知识产权的流化床锅炉，技术比较成熟。在混合发电方面[52]，将生物质与煤混合后燃烧发电，我国目前有比较成熟的技术，如利用甘蔗渣与煤混合发电的示范项目。在气化发电方面[52]，现有的燃气内燃机

效率低、装机容量小，普遍存在发电转化效率低（一般只有12%~18%），不能满足大工业规模应用的需求；燃气热值低、气化气体中的焦油含量高、二次污染严重，因此需要进一步研究开发合适的规模化设备和技术。在沼气发电方面[52]，沼气发电主要是利用工农业或城镇生活中的大量有机废弃物经厌氧发酵处理产生的沼气驱动发电机组发电，国内运行正常的最大机组为1万kWh，尚未出现更大规模的生物质沼气发电机组。在垃圾焚烧发电方面，主要技术有层状燃烧技术、流化床燃烧技术、旋转燃烧技术及气化熔融焚烧技术等。

4）生物质成型燃料设备有待进一步升级

我国生物质成型技术发展比较晚，虽然在"十二五"期间取得了一些进展，但总的来说，我国目前的生物质燃料成型技术与装备在设备的可靠性、技术的先进性、应用的实用性方面还很不足。尤其是在成型机中的模辊材料方面尤为突出，主要表现在模辊耐磨性低、寿命时间短、能耗高等方面。据相关资料统计，当前全国投入使用的生物质成型机机组约为1000台（套），年生产生物质成型燃料20万t左右[58]。"十三五"期间我国生物质成型燃料的研究主要应该着眼于生物质固体成型技术及工艺装备系统集成化、自动化的研究开发，特别是工艺中除杂和混配工艺方面的研究，使工艺设备和技术更适合于我国的特定生物质原料的固化成型。

5. 地热能产业

"十二五"期间，首次进行了全国浅层地热能适宜性分区、水热型地热资源潜力调查和干热岩资源储量估算，在"十二五"末取得以下重要成果[59]。

1）浅层地热资源可提供丰富的供暖制冷能源储备

通过采用层次分析法或指标法开展适宜性分区评价，获得每个城市的地下水地源热泵系统和地埋管地源热泵系统适宜性分区成果，分别划分为适宜区、较适宜区、不适宜区。在适宜性分区的基础上分别进行浅层地热能容量和浅层地热能换热功率计算。地源热泵系统总换热功率的计算是在浅层地热资源开发利用适宜性区划的基础上，综合地埋管地源热泵换热功率计算和地下水地源热泵换热功率计算的成果得出的。其中，对于地埋管地源热泵系统适宜或较适宜而地下水地源热泵不适宜的区域，按地埋管地源热泵换热功率计算总换热功率；对于地埋管地源热泵系统不适宜而地下水地源热泵系统适宜或较适宜的区域，按照地下水地源热泵换热功率计算总换热功率；而对于地埋管地源热泵系统和地下水地源热泵系统均适宜或较适宜的区域，则按照地埋管地源热泵换热功率的 2/3 和地下水地源热泵换热功率的 1/3 进行折算。

根据计算的浅层地热能换热功率，结合当地的土地利用规划以及供暖、制冷削峰负荷，计算当地的可供暖和制冷面积，进行浅层地热资源潜力评价。

根据全国 31 个省（自治区、直辖市）地热资源现状调查评价结果，31 个省会城市及 287 个地级城市浅层地热能资源折合标准煤 3 亿~6 亿 t/a。如果浅层地热能资源开发利用率取 35%，折合标准煤 1 亿~2 亿 t/a，可为供暖和制冷提供丰富的能源储备。

2）水热型地热资源开发应用已经形成规模

关于温泉、地热井，根据全国 31 个省（自治区、直辖市）（不包括港澳台地区）地热资源现状调查评价结果，由图 2-5 可见，河南地热井最多，达到 1101 个；其次是北京、河北、陕西、天津、福建，地热资源开发利用已成规模。云南温泉最多，达到 851 个，其次是西藏、四川、广东及福建，均为高温地热资源显示区。

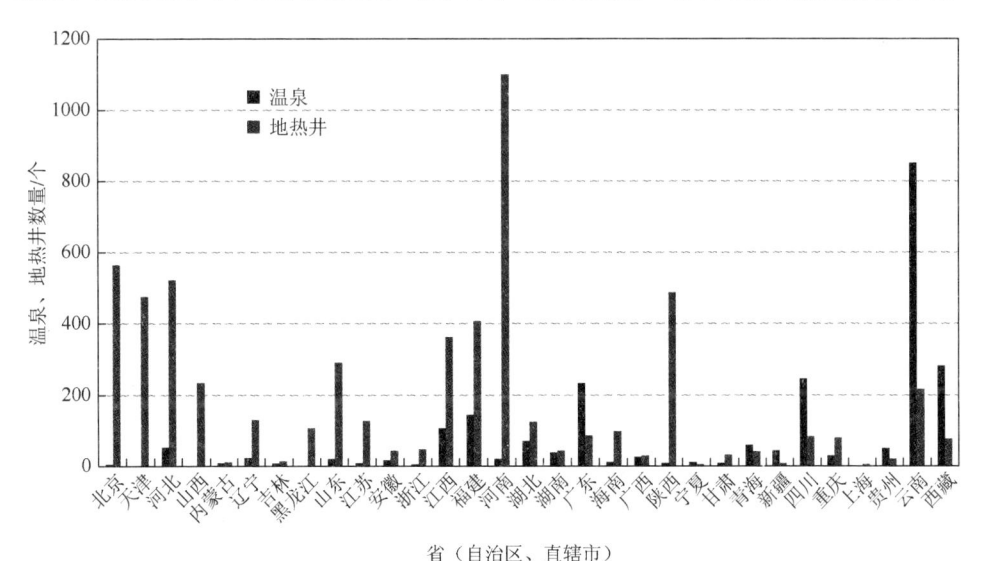

图 2-5 各省（自治区、直辖市）温泉、地热井数量对比图

针对中低温地热资源，隆起山地型的评价采用热储法。山西、内蒙古、山东、江苏、浙江、重庆及贵州勘察程度较高地区均分热储层计算，其他省（自治区、直辖市）按每个温泉、地热井单点评价地热资源量，热储范围如由控热断裂构造圈闭，则热储体积由地质构造来圈定，如热储范围界线模糊，热储体积则考虑地

热异常点 1km³ 范围作为储量计算范围。山区温泉或井口温度大于 25℃，作为地热资源评价的水温下限。而沉积盆地型的中低温地热资源主要评价地热资源量、地热资源可开采量、地热流体储存量及地热流体可开采量。其中评价地热资源量采用热储法，地热资源可开采量采用回收率法，地热流体储存量采用体积法，地热流体可开采量采用最大允许降深法或者开采系数法。沉积盆地型地热资源评价范围，须同时满足下列两个条件。第一，有井控制的，须同时满足下列两个条件：①埋深在 4000m 以内，热储层温度 25℃ 以上；②单井出水量大于 20m³/h。第二，没有井控制、资料较少的，远景评价区通过盖层平均地温梯度大于 2.5℃/100m 来圈定热储面积，地温梯度、热储层厚度、砂厚比根据以往成果资料获得，热储层温度采用地温梯度推算确定。

根据全国 31 个省（自治区、直辖市）地热资源现状调查评价结果，我国中低温地热资源（包括沉积盆地型和隆起山地型），总资源量折合标准煤在 1 万亿 t 以上。根据地热流体可开采量计算得到中低温地热潜力折合 1 亿～2 亿 t 标准煤/a。

根据全国 31 个省（自治区、直辖市）高温地热资源现状调查评价结果，西藏、四川、云南等 10 个省（自治区、直辖市）有大于 150℃ 的高温地热能资源。我国适宜于发电利用的高温地热能（含沉积盆地型和隆起山地型）的总储热能为 100 亿～200 亿 t 标准煤，资源潜力折合 2 亿～4 亿 t 标准煤/a，30 年发电潜力为 600 万～900 万 kW。

3）干热岩资源潜力巨大，可作为接替能源

在 3km 范围内，岩层温度一般不超过 150℃，是目前水热系统开发利用的主要深度，属于传统地热资源计算范围。根据干热岩开发利用的温度要求及目前的钻探技术，将干热岩估算范围定为地下 3～10km 范围内。

开展干热岩资源的估算参数包括大地热流值、岩石热导率、岩石生热率、放射性元素集中层的厚度、地表温度、深部地温等，若分别计算深部温度形成的沉积贡献及基底贡献，还需要大陆壳幔热流比例等数据。

根据我国目前已有的相关工作及资料积累程度，计算得到：我国大陆 3000～10 000m 深度的干热岩地热资源储量折合标准煤 600 万亿～900 万亿 t（约为美国的 1.5 倍），如果能提取其中的 2%，折合标准煤 12 万亿～18 万亿 t，则相当于目前我国能源年消耗总量的 5000 倍左右。可见干热岩资源潜力巨大，干热岩资源开发利用技术研究具有重要意义。

4）我国地热资源能够在国家节能减排中发挥重要作用

根据"十二五"末全国 31 个省（自治区、直辖市）地热资源现状调查评价结果：全国浅层地热能资源量总计折合标准煤近 3 亿～6 亿 t/a；水热型地热资源按高温和中低温地热资源分别统计。其中，我国适宜于发电利用的高温地热能又由两部分组成——沉积盆地型高温地热能和隆起山地型高温地热资源，其 30 年发电潜力为 600 万～900 万 kW；而我国中低温地热资源同样包括沉积盆地型和隆起山地型，总资源量折合标准煤在 1 万亿 t 以上；我国大陆 3000～10 000m 深度的干热岩地热资源折合标准煤 600 万亿～900 万亿 t，如果能提取其中的 2%，则相当于目前我国能源年消耗总量的 5000 倍。

综合浅层地热能资源、水热型地热资源和干热岩资源，可见水热型高温地热资源发电潜力可观，干热岩资源潜力非常巨大，干热岩资源开发利用技术研究具有重要意义。进一步加大地热资源勘查工作，可提供若干高温地热能发电区与干热岩开发有利靶区，用以作为未来能源接替基地，为地热资源合理开发利用和保护提供科学依据。

二、"十二五"以来产业发展存在的问题与面临的挑战

（一）煤炭清洁高效转化与利用产业

1. 燃煤发电面临效率提高瓶颈

燃煤发电效率的提升是我国燃煤发电产业升级的重要途径。"十二五"末，我国煤电平均供电效率达到 38.7%，燃煤发电面临效率提升瓶颈[60]。进一步提高当前燃煤发电技术参数，开发 700℃先进超超临界发电技术能够将发电效率进一步提高到 50%，但是 700℃先进超超临界发电技术的关键材料和部件有待进一步验证。另外，IGCC/IGFC 技术能够将发电效率提升到 50%～60%，但是 IGCC/IGFC 技术系统规模放大及商业化推广应用面临重大挑战。

2. 美国、中东等非常规油气资源及其生产的大量低成本化工产品可能冲击国内煤化工产品市场

近年来，以美国页岩气、页岩油为代表的非常规油气资源迅速发展，并对传统石油化工及煤炭深加工产业产生巨大影响。美国的页岩油气生产成为影响国际

石油天然气市场供需平衡的重要因素，低价页岩油气及以其为原料生产的化工产品对我国现代煤化工产业会形成一定的冲击。

美国页岩革命的成功惠及美国能源、工业、电力等各个领域，其中以廉价页岩气为原料生产的化工产品具有极强的竞争力。随着美国以天然气/甲醇制烯烃，以及乙烷裂解的新增及改扩建项目相继投入运行，乙烯及其下游产品产量大幅增长，2018 年北美聚乙烯产能过剩将超过 450 万 t，同期中南美洲聚乙烯供需缺口为 320 万 t，北美过剩产品将在美洲进行平衡，而 2020 年美洲地区聚乙烯产能过剩量将达到 300 万 t 以上，因此 2017～2023 年，北美过剩聚乙烯产品将寻求美洲以外的市场，参与欧洲和亚洲市场的竞争。

美国稳定廉价的丙烷来源使丙烷脱氢路线生产丙烯比其他原料路线生产丙烯更具竞争力，若目前美国规划的丙烷脱氢项目全部投产，2020 年丙烯产能将会增加近 380 万 t，届时美国廉价丙烯产品将对全球丙烯市场造成一定影响。因此，未来无论是美国本地生产烯烃还是在我国港口通过进口原料生产烯烃都将对煤制烯烃造成较大冲击。

3. 现代煤化工面临愈加严苛的环保压力

1）环保政策趋严

2015 年 7 月，国家能源局发布《关于规范煤制燃料示范工作的指导意见》（第二次征求意见稿），提出对新建示范项目实行最严格的环保标准，包括首次提出项目所在区域无纳污水体时，应论证零排放措施的技术经济可行性，或采用其他合法可行的排污去向。随着新《中华人民共和国环境保护法》等多项法规陆续出台，煤化工项目将执行能源、化工领域现行最严格的环保标准或更高环保要求，现代煤化工产业所面临的环保压力也将越来越大。

2）碳排放交易对现代煤化工的影响

我国于 2013 年正式启动碳交易试点，目前已在北京、上海、重庆等七个地区建成碳排放交易中心，交易产品主要包括碳配额和国家核证自愿减排量，碳交易的价格在 10～50 元/t。根据测算，在碳交易价格为 20 元/t 时，现代煤化工内部收益率将降低 1 个百分点左右。一旦实施碳交易，在中低油价下，现代煤化工将承受更大的经济压力。2016 年现代煤化工共排放 CO_2 约 0.83 亿 t，现代煤化工产业在我国 CO_2 总排放量（91.23 亿 t）中的占比不到 1%[61]。

现代煤化工产业还处于工业示范阶段,建议在碳交易实施过程中设置过渡期,给予现代煤化工产业一定的免征期、优惠期,当发展较为成熟后,再适时开征碳税。同时大力鼓励企业发展 CCS 技术,从国家层面上对碳减排新技术研究给予政策和资金支持,支持企业进行 CO_2 减排和利用技术的工业化示范[62]。

4. 粉煤提取氧化铝的环保处理技术有待进一步发展和提高

目前,粉煤灰提取氧化铝在残渣的处理方面仍然存在一定问题,由于碱石灰烧结添加了石灰石,烧结后产生的硅钙渣量加大,生产 1t 氧化铝,在消耗 2.5t 粉煤灰的同时产生约 2.5t 的硅钙渣,而且硅钙渣中含一定量的碱,如不进行有效处理,将会对环境造成二次危害。酸法提取氧化铝的过程中,生产 1t 氧化铝,消耗约 2.5t 的粉煤灰,同时产生 1.5t 的白泥,属于减量化的粉煤灰综合利用,白泥中含有少量的酸,在工业化时,需要考虑白泥的大规模无害化处理。另外,在粉煤灰提铝的过程中,各种生产废水需要进行有效的处理,达到无害排放。

5. CCUS 成本高,仍有待技术突破

2015 年 7 月,中国政府承诺到 2030 年碳排放强度比 2005 年下降 60%~65%,CCUS 产业未来具有广阔的市场,但是目前 CCUS 技术成本较高,现有 CO_2 捕集技术的实施将使得燃煤电厂发电效率降低 8~10 个百分点。在 CO_2 封存方面,安全可靠性仍有待进一步示范论证。在 CO_2 利用方面,需探索成本低廉的利用方式。为了进一步推进 CCUS 产业的发展,需要寻求 CCUS 技术的突破,才能使得碳减排产业的发展更加快速。

(二)非常规油气开发利用产业

1. 页岩油气

我国页岩气产业的快速发展说明我国页岩气资源丰富,具有良好的开发前景,同时也证实中国与北美地区相比,页岩气的富集规律更为复杂,要实现我国页岩气产业的快速发展,还需要进一步开展技术攻关、夯实基础,目前还存在以下三个主要问题。

一是我国页岩油气藏与北美相比,具有海相、陆相、过渡相多种类型,其形成、富集、演化程度及保存条件与北美相比具有较大的差异性。由于起步相对较晚，前期基础研究工作与国外相比仍存在不小的差距，制约了我国页岩油气的快速发展。

二是页岩油气有效开发取决于关键性技术的突破与应用。北美页岩油气快速发展得益于水平井钻井技术和分段压裂技术关键性技术的广泛运用。目前我国页岩油气开发的关键技术——水平井分段压裂技术，已在配套工具、材料、配套装备方面取得突破，并得到推广应用，但在关键工具、材料及配套设备方面，与国外仍存在不小差距，目前深层页岩气水平井分段压裂技术、常压页岩气低成本配套工具、装备等仍需攻关；我国致密油/页岩油以中新生界陆相层系为主，具有地质特征差异大、类型多样、非均质性强、原油黏度大等难点，在当前全球处于低油价时代环境下，开发成本远高于当前油价，急需形成适应性的工程技术体系。

三是页岩油气的勘探开发是一个系统的工程，低成本是非常规油气规模化商业开发的关键。我国页岩气等非常规资源富集区多位于我国中、西部地区，存在地形地貌条件复杂、水源缺乏、管网资源较少等不利因素，如何降低成本实现规模化商业开发是当前面临的另一挑战。

2. 煤层气

1）抽采条件复杂

我国煤层气资源赋存条件复杂，具有成煤条件多样性、成煤时代多期性、煤变质作用叠加性、构造变动多幕性和复杂性的特点，造成煤层气成藏作用的复杂性和气藏类型的多样性，构造煤发育，高煤阶煤多，含气量高，多数地区呈低压力、低渗透、低饱和特点，除沁水盆地和鄂尔多斯盆地东缘外，其他地区目前实现规模化、产业化开发难度大。

2）关键技术有待突破

煤层气（煤矿瓦斯）开发利用基础研究薄弱，符合我国地质条件实际的煤层气储集、渗流、开发等地质理论有待进一步深化。关键技术与装备水平亟待提升，如低渗透性构造煤储层改造技术、低阶煤和高应力区煤层气开发技术、钻完井与排采技术不过关，单井产量低，钻井成功率低，导致煤层气开发效益差，投资力度与投资吸引力下降。

3）协调开发机制尚不健全

煤层气和煤炭是同一储层的共生矿产资源。长期以来，两种资源矿业权分别设置，一些地区存在矿业权交叉重叠问题，有关部门采取了清理措施，推动合作开发，但煤层气和煤炭协调开发机制尚未全面形成，造成不同利益诉求纷扰严重，既不利于煤层气规模化开发，也给煤矿安全生产带来隐患。

(三) 智能电网与储能产业

在产业发展方面，"十二五"期间科学技术部、国家自然科学基金委员会等在相关领域支持了一批相关的重大和重点研发项目，使得智能电网与储能产业在技术上有了很大的进展，为产业的发展奠定了较好的基础。在政策层面，国家发展和改革委员会与国家能源局等政府部门出台了多项扶持政策，对该产业的培育起到了很好的促进作用。但总体上看，"十二五"期间电力相关产业的发展并非完美，尚没有形成规模效应。无论是在技术层面还是应用层面，还存在很多不利于这一产业快速发展的因素，很多关键核心技术依然高度依赖进口，自主创新能力不足，制造工艺和制造水平与国际先进水平依然有一定差距。例如，在国家能源局 2010 年《关于发展天然气分布式能源的指导意见》征求意见稿中，曾提出"到 2011 年，拟建设 1000 个天然气分布式能源示范项目；到 2020 年，在全国规模以上城市推广使用分布式能源示范项目，装机规模达到 5000 万千瓦，并拟建设 10 个左右各类典型特征的分布式能源示范区域"。但到目前为止，实际建成的示范项目距离 2011 年预定目标还有较大差距。另一个典型的例子是分散式光伏并网系统的应用，为了促进光伏产业的发展，我国政府 2009 年、2010 年、2011 年先后启动了"金太阳示范工程项目"，使我国的分布式光伏系统安装容量大幅提高，但也出现了明显的问题，一大批示范工程项目在验收时未能达到长期可靠高效供电的目标。

从技术方面来看，"十二五"期间电力与储能相关产业出现的问题主要包括：①部分核心关键装备的研发和制造与世界先进水平相比仍有差距，生产工艺水平仍需要进一步的经验积累和提升，如智能电网中各种装备的控制器信息处理芯片及集成电路、电力电子装备中的阀件等，仍主要依赖进口，基础较为薄弱；②配电网环节相对薄弱的局面尚未得到根本性改观，与输电网相比，配电和用电侧的发展仍然略显落后，关键运行指标与世界先进水平相比尚有较大的提升空间，用户与电网间的广泛互动还远没有实现；③市场机制的不健全在一定程度上限制了智能电网产业的发展，用户侧电价缺乏弹性，使智能电网的效果很难显现，也导致了可再生能源及智能电网相关技术的推广难度加大；④在储能产业方面，目前储能技术研究与示范都在展开，但主要还停留在技术示范阶段，缺乏储能产业可持续发展的市场机制和发展路线，企业与用户主动参与到储能产业发展中的动力尚显不足。

从国家宏观角度来看，我国特殊的资源禀赋与负荷分布对电力系统的发展造成了较大影响，而社会经济和市场政策的滞后也在一定程度上制约了智能电网潜力的发挥，主要包括以下几方面。

1. 大规模可再生能源并网技术和体制仍存在瓶颈，可再生能源贡献水平有待提升

近年来，可再生能源发电在我国发展迅速，装机量大幅攀升。2009~2015年，我国风电、太阳能发电装机规模从 1792 万 kW 增长至 16 988 万 kW，年均增长率达到 45%，占总装机规模比例从 2%增至 11%，可再生能源正成为中国的重要发电资源。与此同时，可再生能源发电的利用情况不容乐观，弃风、弃光、限电现象严重。2015 年全年弃风电量 339 亿 kWh，全国平均弃风率达 15%，甘肃、新疆、吉林弃风率平均达到 32%；全年弃光电量 46.5 亿 kWh，全国平均弃光率达到 12.6%，最为严重的甘肃、新疆，弃光率分别为 30.7%、26%。按照相关规划，预计到 2020 年，我国风电装机容量将达到 2.5 亿 kW、光伏将达到 1.5 亿 kW，可再生能源并网消纳瓶颈亟待突破。

2. 新型大容量远距离联网技术仍有待发展，能源资源和能源需求空间分布不均衡的制约尚未完全消除，电网结构仍有优化空间

在我国，76%的煤炭资源、2/3 的可开发水电资源、90%以上陆地风能资源分布在西部地区。太阳能资源丰富地区主要分布在西藏、青海、新疆等西北地区，而我国经济发展和能源消费需求的重心一直在中东部地区。能源资源和用电需求在空间分布上的差异决定了我国必须通过发展大容量远距离输电技术，实施西电东送，为在全国范围内进行电力的优化配置提供强大支撑，保障全国电力供应。2000 年以来的西电东送工程，带动我国远距离大容量输电技术实现跨越式发展，具有国际领先水平的±800kV 高压直流输电基本可以满足我国中西部地区向东部负荷中心的送电需求，但还需发展更高电压等级、更大容量的高压直流输电技术，满足新疆、西藏等更远距离能源基地电力外送和国际电力贸易发展需求，支撑"一带一路"倡议实施；还需发展高压多端直流输电、高压柔性直流、直流电网等新型输电技术，满足具有间歇性、随机性的低能量密度的大规模集中开发的风光等新能源基地电力外送需求，满足东部多直流馈入受端系统优化网架提升电网安全性的需求。

3. 需要打破不合理的管理体制，创新运行机制

影响分布式能源供电产业发展的一个关键因素是能否建立开放式的能源供应体制。与电能供应的方式不同，分布式能源发电主体的典型特征是多样性，可以是电能需求用户自身，也可以是除电网公司以外的第三方能源供应公司。这一产业的发展有赖于分布式能源产生的电能按照市场化的规则能够比较自由地进行买卖，一个电能用户既可以是电能的消费者也可以是其他用户的电能供应者，既可以向电网购买电能，也可以自由地向电网或其他用户卖出电能，只有建立起新的能源管理和运行机制，才能调动全社会的力量，开发和利用分布式能源，满足工业、商业、居民的差异化能源需求，实现分布式能源的高效利用，使得分布式能源供电产业能够快速发展。

4. 需要进一步推进产业间融合以促进整体技术进步

分布式能源供电产业与上下游多个产业相关，包括光伏产业、风电产业、微型燃气轮机产业、电力电子产业、储能产业、电动汽车产业、电力产业、各种用户节能相关的产业以及能源服务业等。无论是光伏等分布式发电产业、分布式储能相关产业，还是诸如电动汽车等其他相关产业，其中的核心问题就是如何借助高效可靠稳定运行的供电网络，实现电能的合理流动，而分布式能源供电产业发展的核心就是打造这样的网络，因此其构成了这些相关产业发展链条中关键的一环。同时，这些相关产业的发展和技术进步也直接影响分布式能源供电产业的发展。从这些产业间存在的众多共性技术问题出发，站在产业整体发展的角度，推动技术创新，才能使产业健康发展。因此，提倡相关产业间的融合，推动相关产业整体的技术进步就显得非常重要。

5. 技术推广和经济示范性工程建设需要进一步推进

近年来，我国政府在分布式能源供电产业的技术研发上已经投入了大量的资金，仅"十二五"期间科学技术部就已投入数亿元开展研究工作，在"十二五"

末，有一大批技术示范工程建成，这无疑将为分布式能源供电产业的技术进步发挥巨大的推动作用。但相较于技术领域的创新，政策和运营模式方面的探索明显不足，这导致一些示范工程的建设常常体现技术的先进性，而无法实现建设和运营的经济性，从而弱化了项目的可推广和可复制性。作为一项新兴产业，其发展的推动力不仅仅依赖于技术的进步，新技术的采用能否最终为用户带来经济价值，无疑也是产业能否可持续发展的关键。若能够将技术示范与政策示范相结合，将技术创新与运营管理模式创新相结合，将会对产业的健康发展产生更大的推动作用。

（四）核能产业

1. 我国核能管理体制和发展战略仍需完善

相比较于国外核能产业法律法规、标准体系完善，政府监管健全，核电发展战略明晰稳定并取得明显成效的现状，我国缺乏可操作性的法规体系和强有力的产业政策支撑。目前我国核领域国家法律仅有《中华人民共和国放射性污染防治法》《中华人民共和国核安全法》，而关系到核能产业长远发展的"中华人民共和国原子能法"尚在制定之中，行政法规和部门规章尚不完备，核安全法规缺乏技术支撑。

2. 我国核电机组数量和装机没有发挥规模优势

2016年核电装机约占全国电力装机总量的2.04%，累计发电量约占全国累计发电量的3.56%，远低于国际上核电平均发电量的占比，在能源结构调整、环境和生态建设中无法发挥规模优势。

3. 内陆核电未开展，影响核电布局发展

美国、法国、俄罗斯的内陆核电机组均占有较大比例，内陆核电站的安全性、技术可实现性均已被普遍接受。我国需要完善核电布局，满足不同地区的能源需求，在沿海核电批量化建设的基础上，稳妥启动内陆核电示范工程建设。

4. 核能科技基础薄弱，需要创新驱动发展

科研能力不强，特别是核技术基础研究，缺乏高素质人才队伍；需要不断创新核电堆型，距离引领世界先进核电方向的能力还有差距。

（五）可再生能源产业

1. 风能产业

"十二五"期间，在政策激励和技术进步的驱动下，我国已成为全球风电装机规模最大、发展速度最快的国家，但风电在我国能源消费中的比例仍然较低，相比较于风能资源的开发利用潜力，未来我国风电产业还有很大的发展空间。为了实现 2020 年和 2030 年非化石能源占一次能源消费比例 15% 和 20% 的战略目标，需要继续加快风电产业的发展，提升风电在能源电力供应中的比例，确保实现到 2020 年风电累计并网装机容量达到 2.1 亿 kW 以上的发展目标。但随着风电产业发展规模的不断扩大，现有的科技创新、发展模式、规划管理、政策机制等仍面临着不少新的挑战。

1）风电基础理论研究薄弱，部分关键核心装备和关键材料仍依赖进口

虽然我国风电技术进步显著，但其中大部分成果是通过引进消化吸收再集成创新实现的，在空气动力学计算、多场耦合分析、整机载荷仿真、机组动态控制等基础理论研究方面与欧美存在较大差距，在大型风电机组总体设计等高端技术以及主轴轴承、主控系统、变流器等关键核心装备研制等方面与国际先进水平差距明显，凸显出原始创新能力不足和核心技术缺失的问题。

2）远距离跨省跨区输送能力不足，分散式风电开发处于起步阶段

我国风能资源富集的"三北"地区位于远离用电负荷中心的电网末端，风电就地消纳能力有限，而远距离跨省跨区输电通道项目建设滞后，电网规划和统筹配套进展缓慢，造成"三北"地区弃风限电现象严重，风能资源不能得到有效优化配置和高效利用。我国中东部和南方地区分散式风电开发处于起步阶段，风能资源勘探、低风速风电机组技术、分散式风电技术标准和并网服务体系等还需进一步提高完善，土地、交通运输、施工安装等建设条件相对投资较大，开发激励政策吸引力不足，未能形成"集散并举"的健康良好局面。

3）促进风电发展的相关政策和市场环境需进一步完善

《中华人民共和国可再生能源法》等一系列相关法律法规的出台促进了我国风电产业的快速发展，但与其配套的相关激励扶持政策并不完善。风电开发地方保护问题突出，部分地区对风电"重建设、轻利用"，对优先发展可再生能源政策落实不到位；跨省跨区风电消纳价格体系长期缺乏政策引导，外送风电消纳积极性

不高；常规煤电机组为配合风电消纳而采取调峰的辅助服务激励政策不完善，为风电预留的电量空间不足；风电上网标杆电价政策调整过于频繁，产业承压较大，影响企业发展信心。

4）风电产业的经济性仍需进一步提高

相对于传统化石能源电力，风电的发电成本仍然较高，度电补贴强度较大，政策依赖性较强，产业发展受政策调整影响较大。此外，全国碳排放市场尚未建立，反映化石能源环境成本的价格和税收机制缺失，未能为风电等清洁能源的发展提供公平的市场竞争环境，风电的环境效益无法得到充分体现。

5）风电对环境产生的影响

风电具有不污染空气或水源、不排放有毒或有害物质、不威胁公共安全等环境优势，但风电场对局部生态环境及自然景观的影响问题也不容忽视。风电产生的主要环境污染包括光污染、噪声污染、电磁污染、景观污染和油脂污染，其对周边居民生活、鸟类栖息迁徙、海洋生态渔业发展、森林植被保护等都存在一定的负面影响，这些环境影响因素一部分可以合理规避，一部分可以适度减少，一部分随着整体环境的变化而逐步同质化。因此，在风电的开发建设过程中，需要进一步加强前期规划工作，通过提高风电技术水平，使之能够更好地融入环境。

2. 太阳能光伏发电产业

（1）高成本仍是光伏发电发展的主要障碍。虽然光伏发电价格已大幅下降，但与燃煤发电价格相比仍然偏高，在"十三五"时期对国家补贴依赖程度依然较高，光伏发电的非技术成本有增加趋势，地面光伏电站的土地租金、税费等成本不断上升，屋顶分布式光伏的场地租金也有上涨压力，融资成本降幅有限甚至民营企业融资成本不降反升问题突出。光伏发电技术进步、成本降低和非技术成本降低必须同时发力，才能加速光伏发电成本和电价降低。

（2）并网运行和消纳仍存在较多制约。电力系统及电力市场机制不适应光伏发电发展，传统能源发电与光伏发电在争夺电力市场方面矛盾突出。太阳能资源和土地资源均具备优势的西部地区弃光限电严重，就地消纳和外送存在市场机制和电网运行管理方面的制约。中东部地区分布式光伏发电尚不能充分利用，现行市场机制下无法体现分布式发电就近利用的经济价值，限制了分布式光伏在城市中低压配电网大规模发展。

（3）光伏产业面临国际贸易保护压力。随着全球光伏发电市场规模的迅速扩大，很多国家都将光伏产业作为新的经济增长点。一方面，各国在上游原材料生产、装备制造、新型电池研发等方面加大技术研发力度，产业国际竞争更加激烈；另一方面，很多国家和地区在市场竞争不利的情况下采取贸易保护措施，对我国具有竞争优势的光伏发电产品在全球范围内的应用构成阻碍，也使全球合作减缓气候变化的努力弱化。

（4）太阳能热发电产业化能力较弱。我国太阳能热发电尚未大规模应用，在设计、施工、运维等环节缺乏经验，在核心部件和装置方面自主技术能力不强，产业链有待进一步完善。同时，太阳能热发电成本相比其他可再生能源偏高，面临加快提升技术水平和降低成本的较大压力。

（5）太阳能热利用产业升级缓慢。在"十二五"后期，太阳能热利用市场增长放缓，传统的太阳能热水应用发展进入瓶颈期，缺乏新的潜力大的市场领域。太阳能热利用产业在太阳能供暖、工业供热等方面的多元化应用总量较小，相应产品研发、系统设计和集成方面的技术能力较弱，而且在新应用领域的相关标准、检测、认证等产业服务体系尚需完善。

3. 太阳能热发电产业

1）高端产品仍被西方国家垄断，应用业绩是我国产品推广面临的挑战

在技术方面，全球太阳能热发电商业化经历了将近30年的时间。近50座商业化电站培育形成了槽式真空管、曲面玻璃反射镜等装备制造商，其中真空管以肖特、Rioglass为代表，几乎提供了所有商业化电站的真空集热管；曲面玻璃反射镜方面以美国Glasstech等为代表，形成了热弯钢化玻璃生产技术和产能，并研发了热弯钢化玻璃生产设备，成为全球主要的热弯钢化设备供应商。同时，相关商业化电站建设，也带动并形成了以Abengoa、Sener、Brightsource、SolarReserve公司等为代表的一批系统集成与总包公司，随着西班牙等国家和地区太阳能热发电政策的变化，这些公司也纷纷活跃在美国、中国、非洲、中东、智利和印度等全球太阳能热发电市场。伴随着全球太阳能热发电商业化电站建设步伐的加快，全球基本形成了以欧美发达国家和地区为垄断的太阳能热发电装备制造、系统集成总包和产业链集成建设能力。

我国太阳能热发电相关产品已实现向国际市场销售或样品出口。产品主要分

布于槽式反射镜、太阳能用超白浮法玻璃、导热油、聚光器用回转传动减速器、高温镀膜钢管和槽式真空集热管等。我国产品目前缺乏商业化太阳能热发电站的大规模应用业绩，导致打入全球市场困难。

2）我国的产品质量急需验证，产品结构不够合理

聚光器和吸热器是集热场的核心，也是需要相互配合的产品。2016年我国槽式聚光器产能可装备约2GW电站，高于对应的真空管产能装备1.2GW。聚光器的生产取决于反射镜玻璃的产能。建筑玻璃在我国是一个大产业，转型容易。随着示范项目的开展，预计更多的建筑玻璃、汽车玻璃企业将转型到太阳能热发电聚光器制造行业，为聚光器提供玻璃原片、反射镜和整机。定日镜产能取决于传动箱的产能，目前传动箱产能为年装备1.7GW电站。聚光器产能可以满足我国示范项目的建设。

3）自主知识产权的保护产品

调研企业中部分公司已拥有自主知识产权的保护产品，联盟建立了专利池，保护联盟成员的产品。

4）我国在太阳能热发电的科研与技术创新能力已经居于世界前列

积极推进产业技术创新能力建设，实现重大共性关键技术突破，加快传统能源向可再生能源的转型升级，是当前能源发展的迫切任务。推动产业技术创新能力发展是贯彻落实中央关于加快转变经济发展方式、推进能源清洁化和可持续性融合的重要手段，是实现制造强国战略的重要抓手，是推动产业结构迈向中高端、培育战略性新兴产业的关键支撑。

根据调研反馈材料统计得出，60%的研发机构及企业在2016年申请了新产品专利，部分授权，部分在受理当中。其中民企对行业的贡献率在逐步提升。2016年度我国原创性新产品不多。聚光器、吸热管、系统集成的商业化基本还是依赖过去已有的技术生产。但2016年出现了数家专业研制和生产聚光器的企业，这是值得注意的动向。

我国太阳能热发电基础研究能力居于国际先进行列。在第一代到第四代太阳能热发电聚光吸热部件的研制、效率指标、吸热器强化换热、各种储热技术研究、非稳态聚光热力系统仿真等方面都与国际同行持平。我国在太阳能热发电产品的性能检测和评价方面的研究落后于德国、日本、美国和西班牙等国，但我国在太阳能聚光型集热器非稳态效率测试方法的研究中处于国际前列。

企业中研究投入占企业总投入的平均比例约为 12%，科研技术人员平均比例约为 25%。我国民企和国企的创新能力均较高。在太阳能热发电的 20 个示范项目中，自主研发的技术占有较大的份额。首批太阳能热发电示范项目主要技术的来源单位类别见图 2-6。

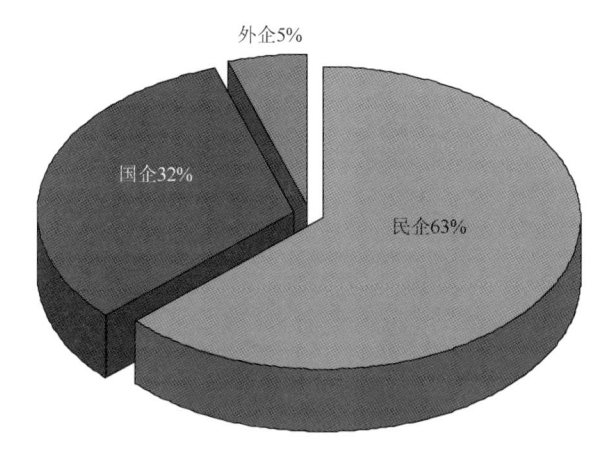

图 2-6　太阳能热发电示范项目技术来源企业类别

4. 生物质能产业

2015 年我国生物质发电装机容量达到 1030 万 kW，集中供气达到 4380 万户，成型燃料年利用量达到 800 万 t，生物燃料乙醇年产量达到 210 万 t，生物柴油年产量达到 80 万 t，生物质产能总量折合标准煤 3540 万 t[2]。据不完全统计，目前我国可利用的生物质资源量达 4.6 亿 t 标准煤，实际利用率仍然偏低[63]。截至目前，尚未在能源体系中发挥重要作用，原因如下。

1）资源供应与成本因素

生物质能源产业大规模发展的主要瓶颈是原料。例如，原料占发电总成本的比例在 70%以上，占生物柴油生产总成本的 70%～80%[64]。生物质生产的季节性和分散性与燃料生产的连续性和集中性之间存在矛盾。原料的收集、储存、运输难度大，供给不稳定。如果不能有效调控原料的成本，尽管有一定的补贴，生物质能源对常规能源也没有价格优势。

2）技术体系瓶颈

生物质组成复杂，单一产品的开发缺乏经济可行性，而纤维素、半纤维素和木质素的分级利用可以生产众多高附加值产品，即生物炼制。但是实现生物炼制关键技术尚处于基础研究阶段，如高效生物质预处理技术、纤维素水解技术、五碳糖与六碳糖同步发酵技术等，有待基础理论与技术的突破。同时，技术系统集成度和自动化程度低，系统整体效率较低、稳定性差、运行成本高，难以取得效率和经济性的双重突破。

3）产业模式瓶颈

除了农村户用沼气拥有较为成熟的应用体系外，生物柴油、固体燃料等产业都面临着销售与用户方面的难题。一方面，由于生物质能源产品价格没有竞争力，沼气发电电价是目前煤电的 1.0～1.6 倍，气化发电是煤电的 1.0～1.1 倍，颗粒燃料（基于热量计算）是燃煤价格的 1.0～1.3 倍[64]；另一方面，有些生产型用户尽管需求量较大，而能源生产采用单一原料，生产单一产品，不仅产业规模小，原料供给稳定性差，不能满足用户的能源需求，限制了产业发展。

4）政策缺失

目前，政策缺失是我国生物质能源产业发展缓慢的主要原因之一。一方面，政府在宏观层面上缺乏有效调控，缺乏生物质能源发展的国家战略规划和产业布局；另一方面，在微观层面上缺乏对市场的具体政策引导，在产业激励政策和市场财税政策的制定和执行上，缺乏可持续性。同时，在标准体系、市场监管、销售渠道等方面缺乏有效的管理政策。这一系列产业"链"的政策环境缺失严重制约了生物燃料产业发展。

5）融资瓶颈

生物质能源属于新兴产业，技术开发和市场推广需要大量资金的投入，而我国生物质能源产业的融资渠道比较单一，主要靠政府投入。而政府经费投入毕竟有限，事实上，目前除农村户用沼气等部分领域外，国家及地方政府财政支持严重不足。生物质能源项目激励政策不配套，生物质能源项目的审批环节过于烦琐，大部分项目的投资风险较高，在一定程度上影响了社会投资主体对生物质能源的投资积极性。

6）粮食安全

我国是人口大国，提倡生物质能源"不与人争粮，不与粮争地"，国家禁止以粮食为原料生产生物质能源，生物质能源的开发只依靠废弃物资源，没有有效利用城市生物质资源和能源植物原料。我国拥有大量的边际土地、宜林宜农荒地、盐碱地和沙漠土地，可以发展非粮生物质资源。随着科学技术的发展，利用藻类资源生产生物柴油和燃料乙醇、用人工细菌或微生物生产类似于汽油和柴油的能源替代品等技术也将应运而生，可解决生物质原料不足、与粮争地的问题。

7）生物多样性

片面种植能源作物对生态环境可能产生负面影响。生物质的发展需要"与生态治理及环境保护相结合""与中低产田改造及农业结构调整相结合"。只有在考虑生态保护和生物多样性的前提下，充分挖掘荒地、沙漠等不适宜粮食种植的土地资源，开发多植物间种、套种技术，开发植物保水保肥种植技术，才能健康地发展生物质能源，为生物质能源产业提供原料保障。

5. 地热能产业

我国急需开展全国性的地热资源系统勘查工作。目前，全国大部分地区尚未开展系统全面的地热资源勘查评价工作。全国地热资源总量是个概数，至今尚未取得公认的统一数据。勘查评价滞后于开发利用，严重影响了地热资源勘查开发规划的制订、资源的利用以及地热产业发展。尤其是自20世纪90年代到21世纪初，国家在地热资源勘查方面基本上没有投入，地热勘查开发由各种所有制经济主体参与和推动，基础地热地质勘查工作基础薄弱，后备资源不足，地热市场供需矛盾日益突出，影响地热资源勘查开发规划的制订、资源的利用以及地热产业发展。具体表现为以下几点。

（1）围绕"三大经济带"的地热资源勘查程度低、勘查风险高，制约了商业资金的进入，体现在高温地热资源勘查后备资源不足，中低温地热资源勘查不能满足开发需求。

我国高温地热资源丰富，主要分布在藏南、滇西、川西和台湾，已发现高温地热系统200多个，其中西藏112个，滇西47个。但仅羊八井、羊易、拉多岗、那曲等地热田开展过大比例尺地热地质勘查工作。

羊八井地热田自1977年第一台1000kW试验机组发电成功以来，到2011年已累计发电28亿kWh，到2011年电站已能达到年发电1.5亿kWh，地热电站装机容量占西藏藏中电网总装机容量的13%，但热田浅层热储资源已开发告罄，地热资源超采导致补给与开采失衡，原来的地表地热显示消失，显示区地表沉降，原有的生产井因资源枯竭而无法正常使用，现在发电所用水气完全依靠深部的两口勘探井，但目前深部资源条件尚未完全查明。

那曲地热田已进行了勘查，提交了普查报告，并建设了地热电站，但在运行了一段时间后，电站由于种种原因停产，现处于闲置状态。

总体上，地热勘查程度低，限于面上调查，地热资源总体不明，亟须进行整装勘查，瞄准需求，针对重点经济带建立热储模型，评价地下高温热储的资源量及发电潜力。

（2）干热岩勘查刚刚起步，没有开展相关调查评价工作，资源禀赋不清。

干热岩目前虽然并没有形成持续稳定的发电规模，但理论研究和部分试验均表明，干热岩在发电方面相对于传统的地热发电具有持续性更好的优势。总体来说，我国干热岩资源调查评价尚处于起步阶段，不论是对资源禀赋的认识，还是开发利用技术，均落后于其他相关国家。具体包括：①全国干热岩资源勘查评价程度低，工程开发缺乏必要的基础资料。我国尚未开展正规的干热岩资源勘探，勘查评价滞后，基础地热地质勘查工作薄弱，后备资源不足，影响干热岩资源开发规划的制订和干热岩产业发展。②干热岩资源开发及其技术研究十分薄弱。

另外，缺少统一的地热资源信息系统，管理手段落后，信息反馈不灵，管理自动化和信息化程度较低。急需建立全国性的地热资源数据库和管理信息系统，为科学规划与指导我国地热资源勘查开发提供支撑平台。

三、国家重大战略需求与产业发展重要意义

2014年，习近平同志在中央财经领导小组第六次会议上强调，面对能源供需格局新变化、国际能源发展新趋势，保障国家能源安全，必须推动能源生产和消费革命。推动能源生产和消费革命是长期战略，必须从当前做起，加快实施重点任务和重大举措。要推动能源供给革命，建立多元供应体系。立足国内多元供应保安全，大力推进煤炭清洁高效利用，着力发展非煤能源，形成煤、油、气、核、新能源、可再生能源多轮驱动的能源供应体系。①

2016年11月29日，国务院发出《国务院关于印发"十三五"国家战略性新兴产业发展规划的通知》（国发〔2016〕67号）。《"十三五"国家战略性新兴产

---

① http://www.xinhuanet.com/politics/2014-06/13/c-1111139161.htm。

业发展规划》(以下简称《规划》)指出，要加快发展先进核电、高效光电光热、大型风电、高效储能、分布式能源等，加速提升新能源产品经济性，加快构建适应新能源高比例发展的电力体制机制、新型电网和创新支撑体系，促进多能互补和协同优化，引领能源生产与消费革命。

《规划》中指出：到2020年，核电、风电、太阳能、生物质能等占能源消费总量比重达到8%以上，产业产值规模超过1.5万亿元，打造世界领先的新能源产业。推动核电安全高效发展；促进风电优质高效开发利用；推动太阳能多元化、规模化发展；积极推动多种形式的新能源综合利用；大力发展"互联网+"智慧能源；加快形成适应新能源高比例发展的制度环境。

"一带一路"倡议，京津冀协同发展和长江经济带建设等国家战略，以及上海、天津、广东、湖北、重庆、陕西等地自由贸易试验区的设立，都蕴藏着我国经济增长新动能，区域发展格局的变动通过要素的再配置、区域专业化和分工等因素来发掘新动能。这些将进一步优化中国能源发展的空间格局。新技术、新商业模式、新业态对经济的融合与渗透，会不断衍生新的动能。信息技术快速发展，并与其他产业融合、深化与延展，传统产业释放出新的活力。信息技术与能源产业日益融合，不断改造传统行业、提高能源生产与使用效率，形成新的经济动能。能源市场的有效竞争将形成新的增长动力，不仅能够促进产业本身的发展，对其他产业成本的降低、效率的提高等也将产生深远的影响。通过改革释放经济动能潜力巨大，大量的、高质量的生产要素投入增强经济动能的区域，区域产业升级空间依然很大。创新制度与企业创新组织方式的变化，正在影响中国企业的自主创新，是未来经济发展的内生动能之一，对企业大规模生产乃至全球性企业的崛起起到重要作用，也有望成为新一轮经济增长的潜在动力因素。

(一)煤炭清洁高效转化与利用产业

1. 我国以煤为基础的能源结构决定必须重视煤的转化利用

我国能源资源"多煤、缺油、少气"，"十二五"末煤炭占我国化工能源基础储量的93.9%[65]。根据《煤炭工业发展"十三五"规划》，到2020年，中国煤炭的消费占比从2012年的68%降至2020年的58%，但煤炭消费总量仍将占据主导地位。

现代煤化工产业通过先进清洁高效技术将煤炭转化为清洁能源及化工产品，

通过理念创新和技术突破，现代煤化工产业具备培育和发展成为战略性新兴产业的基础和条件。现代煤化工生产和利用技术水平已经取得了长足进步，随着各核心技术和系统技术的不断发展与完善，有望进行大规模产业化应用，有望转变煤炭行业依靠数量、速度、粗放型发展的传统模式，成为煤炭延伸产业链条、增加产业附加值、消化过剩产能的重要推动力，同时吸引大量高端人才到西部欠发达地区就业，带动少数民族地区的经济发展。

2. 煤炭清洁高效利用是推进能源革命和提升绿色发展水平的重要途径

近年来，为加速煤炭清洁高效开发利用，国家连续出台一系列政策措施。2014 年 6 月，习近平总书记主持中央财经领导小组第六次会议，提出我国新时期能源生产和消费革命战略，并强调"大力推进煤炭清洁高效利用"[①]；国务院发布《大气污染防治行动计划》，部署大气污染物控制减排问题；国家发展和改革委员会发布《煤电节能减排升级与改造行动计划（2014—2020 年）》，要求加快推动能源生产和消费革命，进一步提升煤电高效清洁发展水平；国务院发布《能源发展战略行动计划（2014—2020 年）》，要求到 2020 年煤炭消费总量控制在 42 亿 t；国家能源局、环境保护部、工业和信息化部发布《促进煤炭安全绿色开发和清洁高效利用的意见》；国家发展和改革委员会发布的《中国国民经济和社会发展第十三个五年规划纲要》，要求大力推进煤炭清洁高效利用，鼓励采用新技术发展煤电；国家发展和改革委员会、国家能源局发布的《能源技术革命创新行动计划（2016—2030 年）》，要求加强煤炭清洁高效利用技术创新，积极发展新型煤基发电技术，全面提升煤电能效水平。这些都要求加快推进煤炭绿色开发和清洁高效利用与转化。

煤炭虽然在地质成岩方面具有组分复杂、杂质较多等特点，但随着技术进步，在经济可行的范围内，可以实现煤炭的清洁化。通过技术创新实现煤炭的清洁高效利用，成为我国以煤炭为主的能源体系下的必然选择，成为贯彻落实能源革命战略要求、推动煤炭转型升级和绿色发展的重要途径。

3. 煤炭的清洁利用是改善全国大范围雾霾天气的重要途径

近年来，我国生态环境问题突出，生态环境恶化趋势明显，煤炭是造成极端

---

① http://www.xinhuanet.com/politics/2014-06/13/c-1111139161.htm。

恶劣天气的重要因素之一。

现代煤化工产业清洁产品的应用对国家大气环境治理有良好的作用，煤制天然气替代民用散煤、工业锅炉和工业窑炉用煤，可有效解决用煤难以脱硫、脱硝、除尘和大量污染物直接外排的问题。据测算，200亿 m^3 的煤制天然气，与散煤燃烧相比可减排二氧化硫55万 t/a，与工业锅炉燃煤相比可减排二氧化硫10.4万 t/a，同时大幅减少氮氧化物和粉尘的排放量。煤制清洁油品具有硫、氮、烯烃、芳烃含量低等特点，清洁程度优于国Ⅴ标准车用油品，有利于减少机动车污染物的排放。使用煤制清洁油品，与国Ⅴ标准车用油品相比，可减排二氧化硫230t/a，同时降低细颗粒物（$PM_{2.5}$）排放达50%、一氧化碳排放达25%。

4. 煤炭清洁高效转化是保障我国能源安全的重要途径

我国油气对外依存度不断上升。2016年，中国原油净进口量达到3.81亿 t，为世界第二大原油进口国，对外依存度接近65%，天然气进口对外依存度达35%。进口原油中，有50%以上来自政治局势不稳定的中东地区，有70%需经过马六甲海峡；化工产品中，2016年，乙烯当量自给率仅为52.5%，乙二醇当量自给率仅为41.3%[66]。不断攀升的能源化工产品对外依存度，影响着国家的能源安全。

现代煤化工的发展将部分替代和减少我国石油天然气的消费量，有利于石化行业原料的多元化，部分弥补我国石油和天然气资源的短缺，有效保障我国能源安全。

5. 发展粉煤灰提取氧化铝产业对保障我国铝资源安全和促进矿区产业转型具有重要作用

粉煤灰提取氧化铝对保证我国铝资源安全意义重大。我国现已查明的铝土矿资源储量为27.8亿 t，资源静态保障年限仅20年，远不能够满足铝产业持续发展的需要，目前我国铝资源的对外依存度已高达55%，且逐年递增。按照现在内蒙古准格尔煤田1亿 t 高铝煤炭的产量，可产生3000万 t 高铝粉煤灰，全部转化可提取氧化铝1200万 t 左右，折合铝土矿量约2500万 t，与2010年我国进口铝土矿总量接近（图2-7）。按照准格尔煤田已探明的储量，其中高铝粉煤灰的蕴藏量达70亿 t，可使我国铝资源保障年限延长50~60年。

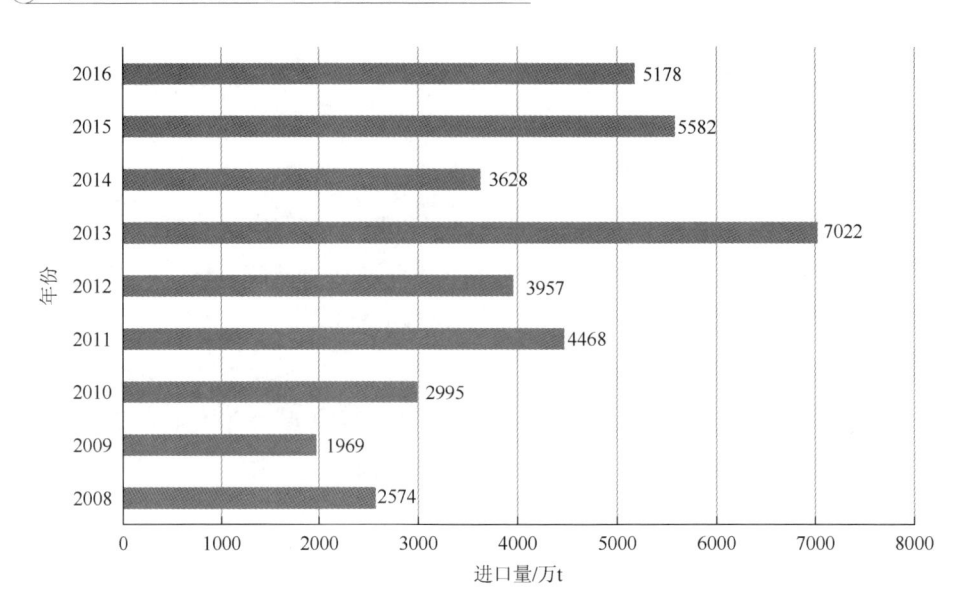

年份	进口量/万t
2016	5178
2015	5582
2014	3628
2013	7022
2012	3957
2011	4468
2010	2995
2009	1969
2008	2574

图 2-7　近年来我国铝土矿进口量

粉煤灰资源化综合利用能够实现低质煤炭就地转化，同时还是治理粉煤灰污染、改善环境的一种新途径，为煤炭伴生资源综合利用提供了科学的思路和方法，有利于传统煤炭企业的转型升级和健康可持续发展，且符合国家正在实施的节能减排、循环经济、可持续发展战略，符合国家产业发展政策。粉煤灰资源化综合利用项目还可彻底改变矿山型城市单一的产业结构，改变其因煤而兴、因煤而衰的命运，大幅延长矿区服务年限，其中高科技资源化产品的生产和服务也将彻底改变本地区的产业特征，引入行业高科技内涵，实现矿业城市的彻底转型发展，是能源企业和地区摆脱资源困境的重要契机，具有十分显著的社会和地方效益。

6. 发展碳减排技术是我国应对国际碳排放压力的技术途径

联合国政府间气候变化专门委员会（Intergovernmental Panel on Climate Change，IPCC）第五次报告的各种情景显示，将全球平均温度上升限制在 2℃ 是可能的，要实现温室气体减排，CCUS 是其中的重要减排技术，因此受到国际社会的高度重视。2014 年 11 月中国和美国发布《中美气候变化联合声明》，中方在声明中首次提出 2030 年前达到 CO_2 排放峰值，表明中国政府在应对气候变化、降低碳排放方面将更加积极地承担大国责任。目前国际公认的减碳途径主要有三个：一是提高能源效率，二是利用可再生能源，三是 CCUS 技术。与前两者相比，CCUS 被认为是具有巨大减排潜力的技术。按照国际能源署的预计，CCUS 的减排贡献度能占全球总减排量的 14%[67]。

根据《BP 世界能源统计年鉴 2016》统计数据，2015 年全球 CO_2 排放总量达到 335 亿 t，较 2014 年增长 0.1%；中国 CO_2 排放总量达到 91.5 亿 t，同比降低 0.1%，为世界排放总量的 27.3%，仍然是全球 CO_2 排放总量最多的国家。我国燃煤引起的 CO_2 排放约占我国化石燃料排放总量的 80%。

2014 年 11 月，中国和美国两国政府签订《中美气候变化联合声明》，中国计划在 2030 年左右 CO_2 排放达到峰值；2015 年 7 月，中国政府承诺到 2030 年碳排放强度比 2005 年下降 60%~65%。随着未来我国社会经济的发展和能源消费的持续增长，煤炭消费总量还会增加，会导致更多的排放，探索如何走出一条高碳能源低碳发展的道路迫在眉睫。

CCUS 对能源结构以煤为主的我国具有特殊意义。长期以来，我国的能源结构以煤为主，即使 2030 年达成了在提高能效、可再生能源等方面的目标，依然有超过 50%的能源生产需要依赖煤，而煤的 CO_2 排放系数要高于石油和天然气，三者排放系数比大约是 1：0.8：0.6。过去的 10 年，我国也先后资助吉林油田、神华集团、胜利油田和延长油田等开展 CCUS 技术示范。神华集团鄂尔多斯咸水层封存项目作为亚洲第一个全流程 CCUS 项目，为我国 CCUS 技术发展积累了大量经验。CCUS 技术的发展将会作为我国 CO_2 减排的重要技术支撑，有利于我国兑现 CO_2 减排国际承诺，是实现能源绿色低碳的重要发展途径。

（二）非常规油气开发利用产业

随着我国经济的快速发展，我国能源消费快速增长，已超过美国成为世界第一能源消费国，对石油、天然气的需求不断增加，我国石油、天然气的生产已经无法满足日益增长的需求。我国石油进口量逐年攀升，成为世界第一原油净进口国，2015 年石油对外依存度超过 60%。天然气对外依存度不断上升。充分开发利用国内非常规油气资源，对我国油气安全具有基础性保障作用。与此同时，我国环保压力不断增大，对天然气等清洁能源的需求不断增加，开发利用非常规天然气对调整优化我国能源结构、推进绿色能源发展具有重要意义。2014 年国务院办公厅印发《能源发展战略行动计划（2014—2020 年）》，明确提出重点突破页岩气、煤层气开发，积极推进天然气水合物勘查与评价。提出到 2020 年页岩气产量力争超过 300 亿 m³、煤层气产量力争达到 300 亿 m³ 的目标。2016 年国家发展和改革委员会、国家能源局印发《能源技术革命创新行动计划（2016—2030 年）》，提出了非常规油气、深层油气、深海油气三个战略方向勘探开发技术创新行动计划。

国家高度重视页岩气资源的开发与利用，已将页岩气资源开发作为我国能源战略中的重要举措之一。温家宝、李克强等先后多次对页岩气的发展作出批示。经国务院批准，2011 年 12 月，国土资源部发布新发现矿种公告，将页岩气作为独立矿种加强管理。2012 年 3 月 13 日，国家能源局颁布《页岩气发展规划（2011—2015 年）》，明确提出"十二五"页岩气发展目标及相关配套激励政策。同年，财政部颁布《关于出台页岩气开发利用补贴政策的通知》（财建〔2012〕847 号），提出：2012~2015 年中央财政对页岩气开采给予 0.4 元/m³ 的财政补贴。2013 年 10 月 30 日国家能源局颁布《页岩气产业政策》，明确将页岩气开发纳入国家战略性新兴产业。2016 年 9 月 14 日，国家能源局颁布《页岩气发展规划（2016—2020 年）》，提出"十三五"期间规划目标。与此同时，国家加大页岩气科技攻关支持力度，设立了国家级页岩气、页岩油研发（试验）中心，在"大型油气田及煤层气开发"国家科技重大专项中设立"页岩气勘探开发关键技术"研究项目，在"973"计划中设立"中国南方古生界页岩气赋存富集机理和资源潜力评价"和"中国南方海相页岩气高效开发的基础研究"等项目，广泛开展各领域技术探索。

从 20 世纪 90 年代开始，我国政府高度重视煤层气产业。为鼓励煤层气产业的发展，国务院办公厅印发了《国务院办公厅关于加快煤层气（煤矿瓦斯）抽采利用的若干意见》（国办发〔2006〕47 号），国家有关部委相继出台了一系列煤层气优惠扶持政策，主要包括财关税〔2006〕13 号、财税〔2007〕16 号、财建〔2007〕114 号、财税〔2007〕16 号等文件，初步形成了煤层气（煤矿瓦斯）开发利用政策框架。

我国政府高度重视煤层气产业，在为促进煤层气产业发展提供较好政策环境的同时，积极开展煤层气领域的科技攻关。组建了煤与煤层气共采国家重点实验室，山西、贵州、云南等省也相应建立煤层气（煤矿瓦斯）工程技术研究机构。正在实施"大型油气田及煤层气开发"国家科技重大专项，开展了煤层气领域的 10 个研究项目和 6 个示范工程建设，取得了一批重要科技成果，攻克了高煤阶煤层气开发等 4 项关键技术，研发了采动区抽采钻机等 5 套重大装备，形成了三种典型地质条件下煤层气开发模式。加快煤层气开发利用，对保障煤矿安全生产、增加清洁能源供应、减少温室气体排放具有重要意义。

（三）智能电网与储能产业

近年来，中国智能电网战略重点主要面向推动能源革命和经济发展新常态的现实要求，大力推进大规模可再生能源并网消纳、大电网柔性互联、多元用户供需互动及多能源互补的分布式供能与微电网等技术的研发和产业发展。同时，互联网技术和互联网思维与能源领域新技术相融合，成为近年来中国智能电网与储能产业发展的新动态。2015年，习近平提出要"推动能源体制革命""还原能源商品属性"；"推动能源技术革命""把能源技术及其关联产业培育成带动我国产业升级的新增长点"[1]。李克强在政府工作报告中提出制订"互联网+"行动计划，并指出"新兴产业和新兴业态是竞争高地。要实施高端装备、信息网络、集成电路、新能源、新材料、生物医药、航空发动机、燃气轮机等重大项目，把一批新兴产业培育成主导产业"[2]。国家已设立400亿元新兴产业创业投资引导基金，以整合筹措更多资金，为产业创新加油助力。互联网技术和互联网思维与能源领域新技术相融合，成为2015年以来我国智能电网与储能产业发展的新动态。2016年2月，国家能源局正式发布《关于推进"互联网+"智慧能源发展的指导意见》，同时启动了相关的示范工程建设，目的是在更高层面上对各种能源形式进行统筹规划、管理、优化与利用。智能电网作为各种能源形式接入与利用的主要途径，是能源互联网的支点与核心，发展适应能源互联网要求的智能电网成为电力领域的重点工作内容，并对相关产业的发展产生了巨大影响。

"互联网+"智慧能源将促进能源技术与信息技术的深度融合，通过互联网促进能源系统扁平化，推进电力生产与消费模式革命，推进电力技术和信息技术的深度融合，为技术创新提供新的机遇。"一带一路"倡议为电网跨国、跨洲互联带来新的机遇。"一带一路"倡议要求，构建高效、便捷、安全的基础设施网络，实现与沿线国家的互联互通。电力通道作为重要的基础设施也能够并应该寻求新的发展和创新机遇。我国高压交直流输电技术和大电网安全分析、控制技术处于世界领先地位，在"一带一路"建设中，我国有条件基于现有技术并不断创

---

[1] http://cpc.people.com.cn/xuexi/n/2015/0720/c397563-27331460.html。

[2] http://ah.people.com.cn/n/2015/0306/c358314-24082436.html。

新,推进电网的跨国、跨洲互联。面向"十三五"重大发展需求,我国智能电网技术进一步发展目标可总结如下:①突破大规模可再生能源并网技术和体制瓶颈,大力提高可再生能源贡献水平;②发展大容量远距离联网输电技术,打破能源资源和能源需求空间分布不均衡的制约;③积极推动分布式能源、微能源网、电动汽车等的普及应用,促进能源生产与消费方式的变革,推动能源网的互联互通,最终将电网建成能源交互共享的支撑平台。

我国目前的电能消费模式较为粗放,具有巨大的提质增效空间。一方面,能源的利用效率和能源系统的资产利用效率还不高,用户侧巨大的调节资源没有调动和发挥;另一方面,随着分布式能源、电动汽车的普及利用,电力用户将从单纯消费转变为电力消费、生产、存储多位一体,对用电便捷性、选择性、扩展性的要求更加突出,亟须转变传统以供定用的服务模式,突破能源互联网等大规模供需互动技术。基于国家的重大需求,2016年中国公布了《"十三五"国家科技创新规划》,已将智能电网列入"科技创新 2030——重大项目",明确提出重点加强特高压输电、柔性输电、大规模可再生能源并网与消纳、电网与用户互动、分布式能源以及能源互联网和大容量储能、能源微网等技术的研发与应用。这一规划为智能电网与储能产业的发展创造了新机遇。在"十三五"期间,电网接纳大规模可再生能源的能力将进一步加强,适应大规模电动汽车接入能力显著提升,柔性输配电技术将获得较大范围的应用,储能技术将在成本降低的同时显著提高安全性,分布式能源的应用将日益普及,微电网、能源互联网等技术将获得较大发展,用户参与电网互动技术将日臻成熟,电力市场机制将会不断创新并完善。很多新技术将由单纯的技术示范向商业化运营方向发展。具体来说,中国智能电网与储能产业将在下述几个重要领域获得重大进展。

1. 先进输电技术与产业

紧密结合中国大电网互联需求及电网形态演变,面向大型可再生能源发电基地接入与送出需求,实现关键技术研究突破与示范,实现 2.5 亿 kW 风电、1.5 亿 kW 光伏的并网消纳;研究建设±1100kV 高压直流输电工程,在消化吸收国外先进技术的基础上,实现直流断路器等核心关键直流装备的自主研发制造;实现更高电压等级、更大容量的多端柔性直流输电技术突破及示范,具备大功率电力电子器件、直流电缆、直流变压器等基础材料与装备的量产能力,并引领装备和材料的更新换代。

2. 智能配用电技术与产业

继续推进配电自动化与先进量测、信息通信、主动配电网等技术的融合，提高配电网结构灵活性、供电可靠性与运行智能化水平；开发智能柔性互联开关、直流断路器、动态电压调节器、短路电流限制器及交直流控制保护设备等新一代智能配电设备，加强配电网的控制与自愈能力；到2020年建设电动汽车充换电站超万座、充电桩超过50万个，"十三五"期间实现技术研发投资超过400亿元；进一步提升分布式储能技术的战略地位，加强微电网、用户需求响应和分布式供能技术的发展，提高用户在电网运行中的参与度；同时加大智能配用电示范项目的推进和投资力度，促使相关产业形成实际的创造力与生产力。

3. 能源互联网技术与产业

在基础建设方面，发展以高电压、大容量柔性电网为骨干的清洁能源互联网络，研究突破以电能为核心的清洁能源综合规划、评价与利用技术；实现微型燃气轮机、光伏系统、小型燃料电池发电系统等能源转换设备，能量路由器、电力电子变压器等能源接入装备，以及相关运行控制装备的自主设计、研发与制造；建设以家庭、社区或工业园区为服务对象的冷、热、气、电以及其他可再生能源互补的综合能源系统。在商业模式方面，探索能源消费新模式，开展绿色电力交易服务区域试点，推进以智能电网为配送平台，以电子商务为交易平台，融合储能设施、物联网、智能用电设施等硬件，以及碳交易、互联网金融等衍生服务于一体的绿色能源网络。

4. 先进规模化储能技术与产业

储能产业的前景广阔，根据国外知名研究公司/机构的预测，到2022年前后，全球并网储能市场规模将超过40GW，其中电池市场规模将在465亿美元左右。储能产业的主要发展方向是寻求储能技术的重大突破，提高性能、降低成本，为其大规模应用奠定基础。在储能装备研发方面，重点开发和培育具备产业化前景的高容量、高效率、低成本的储能新技术，如大容量变速抽水蓄能技术与装备、超临界压缩空气储能系统、高性能飞轮储能阵列、高性能铅炭电池和锂电池、大容量钠硫电池、大规模全钒液流电池、中大功率高温超导储能系统、大容量超级电容等；积极探索新概念电化学储能技术，如液态金属电池、钠离子电池等；同时发展储热、冷、氢等多类能源的存储技术。在储能利用方面，发展基于全面信息化与智能控制的储能能量流优化和调度管理技术，实现能源耦合结构优化、潮流优化、调度优化管理等。在市场模式方面，通过建立科学的储能能源定价和交易机制，激励广大企业与用户主动参与到储能的建设和运行中来。

（四）核能产业

1. 核能作为安全高效经济的清洁能源，已成为我国能源生产革命和供给侧改革的战略重点和方向

我国《能源发展"十三五"规划》和《电力发展"十三五"规划》中强调坚持安全发展核电的原则，加大自主核电示范工程建设力度，规划建设一批核电重大项目。国家经济发展进入"新常态"，对核能产业提出了新的挑战。核能产业应该科学认识新常态，面对能源需求增长趋缓和电力行业改革的形势，应主动适应与引领新常态，加快产业结构调整和产业升级，实现核能发电全产业链具备竞争力；探索核能高效、多用途利用，拓展核能利用途径，更好地发挥核能绿色低碳的优势。

能源安全与能源发展战略提出了新需求。长远来看，随着我国经济规模不断扩大，能源需求将不断增长，但我国能源结构不均衡的矛盾仍然十分突出。发展核能已成为确保能源安全、优化能源结构、改善生态环境的主要途径，也是推动国民经济发展的重要抓手，核能开发与利用在经济社会发展中的地位和作用日益增强。要求大力发展核能产业，加快自主品牌先进核电的批量化建设。

2. "一带一路"倡议及国家重大战略实施为核能产业带来了新的机遇和挑战

国家提出了长江经济带、京津冀一体化发展等国家发展战略，这些战略覆盖范围广、影响大，核能产业应顺应国家战略，充分利用技术和产业优势，主动融入国家经济发展。同时，自贸区、"互联网＋"、"中国制造 2025"等国家重要规划的出台，为"大众创业、万众创新"等带来了新的机遇。核能产业应抓住机遇，坚持创新驱动，大力培育新兴产业，实现创新发展、协调发展。

"一带一路"倡议和国际产能合作对核能产业提出了新要求。我国经济转

型升级要求全面提高开放型经济水平,加快走出去步伐,带动产能和经济发展。核电"走出去"已经上升为国家战略,国家已经出台推动核电"走出去"的众多举措,正在着力打造核电"走出去"产业平台。需要实现以核电出口为龙头,带动核燃料、核技术、核设备、核设施退役治理等全产业链"走出去",实现开放发展。

在核电领域,国家规划明确了稳步发展的目标,但是产业发展面临的困难尚待努力解决,2016年核电项目"零"核准,目前发展的步骤放缓,但是国家对于核电绿色清洁能源的定位未变,坚持"安全高效"发展核电方针。随着华龙和 AP1000 示范工程的推进,2017年核电建设逐渐回暖,但是新建项目核准也存在不确定性。这给公司核电 2017 年规划任务目标的实现带来很大的风险和挑战。同时,随着电力市场改革系列政策的陆续落实,核电经济性不断受到挑战。新一轮电力市场化改革启动,推动电力直接交易;目前传统能源向清洁高效转型、可再生能源规模化发展和保障性消纳,核电市场竞争力正在面临多种挑战,迫切需要思考自主三代核电技术在确保安全性的前提下,如何提高经济性。

3. 核能发展未来对于国民经济发展作出全方位的贡献

《"十三五"国家战略性新兴产业发展规划》涉及核能产业的主要内容如下:推动核电安全高效发展。采用国际最高安全标准,坚持合作创新,重点发展大型先进压水堆、高温气冷堆、快堆及后处理技术装备,提升关键零部件配套能力,加快示范工程建设。提升核废料回收利用和安全处置能力。整合行业资源,形成系统服务能力,推动核电加快"走出去"。到 2020 年,核电装机规模达到 5800 万 kW,在建规模达到 3000 万 kW,形成国际先进的集技术开发、设计、装备制造、运营服务于一体的核电全产业链发展能力。加快开发新一代核能装备系统。加快推动铅冷快堆、钍基熔盐堆等新核能系统试验验证和实验堆建设。支持小型和微型核动力堆研发设计和关键设备研制,开展实验堆建设和重点领域示范应用。积极参与国际热核聚变实验堆计划,不断完善全超导托卡马克核聚变实验装置等国家重大科技基础设施,开展实验堆概念设计、关键技术和重要部件研发。发展非动力核技术。支持发展离子、中子等新型射线源,研究开发高分辨率辐射探测器和多维动态成像装置,发展精准治疗设备、医用放射性同位素、中子探伤、辐射改性等新技术和新产品,持续推动核技术在工业、农业、医疗健康、环境保护、资源勘探、公共安全等领域应用。

(五)可再生能源产业

2016年5月,中共中央、国务院印发《国家创新驱动发展战略纲要》,提出了"发展安全清洁高效的现代能源技术,推动能源生产和消费革命"。以优化能源结构、提升能源利用效率为重点,推动能源应用向清洁、低碳转型。提出加快核能、太阳能、风能、生物质能等清洁能源和新能源技术开发、装备研制及大规模应用,攻克大规模供需互动、储能和并网关键技术。

《"十三五"国家战略性新兴产业发展规划》提出要把握全球能源变革发展趋势和我国产业绿色转型发展要求,着眼生态文明建设和应对气候变化,以绿色低碳技术创新和应用为重点,大幅提升新能源应用比例,推动新能源等绿色低碳产业成为支柱产业。

2016年12月国家能源局、国家发展和改革委员会相继发布了《能源发展"十三五"规划》《能源技术创新"十三五"规划》《可再生能源发展"十三五"规划》《太阳能发展"十三五"规划》《电力发展"十三五"规划(2016—2020年)》。各项文件中均提出了可再生能源及清洁能源发展的必要性,更明确了发展中面临的诸多问题。例如,《可再生能源发展"十三五"规划》以实现2020年非化石能源比重目标为核心,以解决当前可再生能源发展所面临的主要问题为导向,明确了"十三五"期间可再生能源的发展目标、总体布局、主要任务和保障措施。可再生能源"十三五"规划包括《可再生能源发展"十三五"规划》这个总规划以及水电、风电、太阳能、生物质能、地热能5个专项规划,占了能源领域"十三五"14个专项规划的近一半,特别是首次编制了《地热能开发利用"十三五"规划》。预计2020年可再生能源发电占比27%,可再生能源新增投资约2.5万亿元。《电力发展"十三五"规划(2016—2020年)》提出:"十三五"期间,西北地区重点加大电力外送和可再生能源消纳能力。加快准东、宁东、酒泉和陕北特高压直流外送通道建设;根据市场需求,积极推进新疆第三回、陇彬、青海外送通道研究论证。

1. 风力发电

大力发展风电产业是实现能源结构优化调整和推进能源转型升级的重要方

向。随着"一带一路"倡议的实施、京津冀一体化、长江经济带等区域发展战略的深入推进,国家海洋开发战略的提升,风电作为目前应用最广泛、规模最大的新能源发电方式,将在实现国家能源安全、推进能源生产和消费革命、建设海洋强国、促进大气污染防治和应对气候变化方面发挥重要作用。

2016年12月,国务院印发的《"十三五"国家战略性新兴产业发展规划》提出要把握全球能源变革发展趋势和我国产业绿色转型发展要求,着眼生态文明建设和应对气候变化,以绿色低碳技术创新和应用为重点,大幅提升新能源应用比例,推动新能源等绿色低碳产业成为支柱产业。要加快促进风电优质高效开发利用,大力发展智能电网技术,发展和挖掘系统调峰能力,大幅提升风电消纳能力。加快发展高塔长叶片、智能叶片、分散式和海上风电专用技术等,重点发展5MW级以上风电机组、风电场智能化开发与运维、海上风电场施工、风热利用等领域关键技术与设备。建设风电技术测试与产业检测公共服务平台。到2020年,风电装机规模达到2.1亿kW以上,实现风电与煤电上网电价基本相当,风电装备技术创新能力达到国际先进水平[68]。

2016年国家发展和改革委员会先后印发的《能源发展"十三五"规划》和《可再生能源发展"十三五"规划》对风电产业的可持续发展提出了"统筹规划、集散并举、陆海齐进、有效利用"的发展原则。通过调整优化风电开发布局,逐步由"三北"地区为主转向中东部地区为主,加大中东部地区和南方地区的风能资源勘探开发,优先发展分散式风电,实现低压侧并网就近消纳;有序推进"三北"地区大型风电基地建设,统筹本地市场消纳和跨省跨区输送能力,严格控制开发建设节奏,将弃风率控制在合理水平;积极稳妥地推进海上风电开发,加快完善海上风电发展规划和价格政策体系;健全风电产业服务体系,切实提高产业发展质量和市场竞争力。

国家能源局印发的《风电发展"十三五"规划》更是明确细化了2016~2020年我国风电发展的指导思想、基本原则、发展目标、建设布局、重点任务、创新发展方式及保障措施,该规划是"十三五"时期我国风电发展的重要指南。

此外,《能源技术革命创新行动计划(2016—2030年)》落实了2020年和2030年我国大型风电技术创新的战略攻关方向、创新发展目标以及重大创新行动。《能源技术创新"十三五"规划》则指出风电产业应继续朝着大型化、智能化和高可靠性方向发展,探索远海和高空风能的开发利用,并按照应用推广一批、示范试验一批、集中攻关一批的任务分类,积极有序地促进我国风电产业持续健康发展。

2. 太阳能发电

"一带一路"倡议及部分国家战略的实施,将促进我国广大西部地区开发和振兴,而西部地区一直是我国太阳能资源和太阳能大型地面光伏电站的基地。同时,"一带一路"倡议的实施,将使我国部分处于过剩状态的太阳能光伏产能能够转移到沿线国家和地区,从而提高设备利用率,同时将能避开部分发达国家设置的贸易壁垒,从而使得我国能享受到产业转型升级和产业转移带来的红利。

国家相关重大战略中均提出了要加快太阳能光伏产业的技术开发和大规模应用,为此,"十二五"期间,《中华人民共和国可再生能源法》的颁布实施、上网电价等一系列政策的出台,规范了我国光伏市场的发展,实施了包括金太阳示范工程、领跑者计划、光伏扶贫等一系列工程,使得我国国内光伏市场迅猛发展,目前我国太阳能光伏市场的年增长量和总量均居世界首位。

《太阳能发展"十三五"规划》提出:到 2020 年年底,太阳能发电装机达到 1.1 亿 kW 以上,其中,光伏发电装机达到 1.05 亿 kW 以上,在"十二五"基础上每年保持稳定的发展规模;太阳能热发电装机容量达到 500 万 kW。太阳能热利用集热面积达到 8 亿 m^2。到 2020 年,太阳能年利用量达到 1.4 亿 t 标准煤以上。与此同时,到 2020 年,光伏发电电价水平在 2015 年基础上下降 50%以上,在用电侧实现平价上网目标。

截至 2018 年年底,太阳能热发电建成示范项目,装机 200MW,此外还有在建装机 400MW。

3. 生物质能

生物质能源产业是延长现代种植、养殖等农业产业链,带动加工、制造等工业产业升级,提供后端能源产品服务的综合性产业,与促进农村城镇经济发展、缓解生态环境压力、改善能源结构密切相关,是转变经济发展方式的主要战略性新兴产业的重要组成部分[18]。在促进农村城镇经济发展方面,生物质能源产业的发展首先离不开生物质资源的供给,通常生物质资源集中分布在城市周边地区和农村地区,发展生物质能源产业,一方面可以消纳农村废弃的农作物秸秆、畜禽粪便等生物质资源，有效改善农村卫生状况，延伸传统农业产业链，提高农业经济效益，增加农民收入，提供就业机会；另一方面可改变农村长期低效的用能方式，增加清洁能源供应，加快农工一体化进程。在缓解生态环境压力方面，各种生物质资源的初始来源均为植物，植物通过光合作用固定 CO_2 促进自身的生长，当其作为原料产生能源产品并最终燃烧释放 CO_2，只是将前期固定的 CO_2 释放出来，总体上并未增加额外的 CO_2 排放，这符合我国当前和未来低碳经济发展的要求；另外，生物质资源中氮、硫等元素的含量远远低于化石燃料，燃烧后释放的氮氧化物、硫氧化物会大大降低，颗粒物（$PM_{2.5}$）释放量也会出现大幅度下降。以添加10%燃料乙醇的汽油为例，与纯汽油相比，可减排 $PM_{2.5}$ 超过40%，汽车尾气中碳氢化合物（C_nH_m）浓度平均下降42.7%，CO下降34.8%。在改善能源结构方面，随着生物质能源产业规模升级，生物质能源产品产能增加，生物质能源占能源消费的比重逐渐增加，由此逐步改善以石油、煤炭等化石能源为主的能源消费结构，促进常规能源更加合理有效地利用。综上所述，发展生物能源产业可促进经济、环境和能源的协调发展，对维持我国低碳经济的健康、平稳发展具有重要的战略意义。

国务院发布的《"十三五"国家战略性新兴产业发展规划》[69]中提出创新生物能源发展模式，促进生物质能源清洁应用，推进先进生物液体燃料产业化。在创新生物能源发展模式方面，着力发展新一代生物质液体和气体燃料，开发高性能生物质能源转化系统解决方案，拓展生物能源应用空间。在促进生物质能源清洁应用方面，重点推进高寿命、低电耗生物质燃料成型设备，生物质供热锅炉，分布式生物质热电联产等关键技术和设备研发，促进生物质成型燃料替代燃煤集中供热、生物质热电联产。在推进先进生物液体燃料产业化方面，重点突破高效低成本的生物质液体燃料原料处理和制备技术瓶颈，建设万吨级生物质制备液体燃料及多产品联产综合利用示范工程。国家能源局发布的《生物质能发展"十三五"规划》[2]中在生物质能发展布局和建设重点方面指出，大力推动生物天然气规模化发展，积极发展生物质成型燃料供热，稳步发展生物质发电，加快生物液体燃料示范和推广。生物质能产业在液体燃料、气体燃料和固体燃料生产方面的国家战略需求主要集中在以下几个方面。

1）生物质液体燃料生产中的低耗高效预处理技术、高效产酶及发酵菌株选育、原料供应和高选择性的高效催化剂研发生物质液体燃料主要有燃料乙醇、燃料丁醇、生物柴油、热解油、生物航油等。燃料乙醇、丁醇的淀粉类生物质转化技术已实现产业化，主要技术难点在木质纤维素类生物质的转化技术。开发低耗、高效的预处理技术和选育高效产酶菌株是木质纤维素类生物质生化转化为液体燃料的关键，一旦获得突破，将会迎来木质纤维素类生物质能源产业的大发展。生物柴油已经实现产业化，其主要的瓶颈在于原料供应不足，且甘油副产物产量较大。原料供应不足可通过以下两种途径解决：一方面可通过培育高效产油植物，利用边际土地建成产油植物林；另一方面健全地沟油流通法案，建立相关制度和渠道高效回收地沟油。对于副产物甘油，需要研发出低成本、高效的回收提纯技术，提升甘油品质，增加其附加值。生物质原油制取技术发展较快，技术可控，多种热解反应器实现了正常运行，但热解油成分复杂，其精制提炼技术是研发的重点。生物航油是将生物质气化后形成的合成气经催化而成的液体燃料，其技术核心在于制备的催化剂的高效催化活性、高选择性和高稳定性，此外工艺反应器中存在的传质传热效率低、温度分布不均匀等问题也是影响生物航油产业化的重要因素。

2）生物质气体燃料生产中以木质纤维素为原料的生物沼气规模化和生物质合成气的高效热解提质

生物质气体燃料主要有沼气和合成气。沼气生产技术较其他生物燃料生产技术更加成熟，目前主要生产原料为畜禽粪便、工业有机废水和生活垃圾，具有环保和产能的双重效益，主要用作运输燃料、民用燃气和发电燃料。从长远看，利用木质纤维素类生物质生产沼气是实现大规模工业生产的必经途径，但是目前木质纤维素产沼气的效率低，研究有效的工艺和设备加快木质纤维素的水解是目前沼气研究的热点，此外，阐明生物质生物降解、产酸及厌氧发酵产甲烷这一过程的生物学原理可能是开发出低耗、高产沼气技术的突破点。生物质气化系统的热解气化和燃气净化为核心环节，提升气化效率、降低净化成本、开发配套大功率发电机是生物质合成气的转化及利用的主要技术挑战，是未来发展的重要方向。

3）生物质固体成型燃料设备的升级

生物质固体成型燃料技术和设备已达到国际同类产品先进水平，并已实现商业化，但在设备的实用性、规模化上存在不足，产率低、能耗高、易损件寿命短、原料适应性差。研制多种类高含水率物料一次性粉碎技术与设备，并提高关键部件的耐磨性将是生物质固体成型燃料技术取得进一步提升的突破口，同时研制生物质固体成型燃料的高效热电联产设备，提升生物质成型燃料转化效率。

4. 地热能

1）地热能能够有效保障国家能源安全

作为重要的本土资源和可再生能源，地热能对保障国家能源安全具有得天独厚的优势。加强地热资源管理，制定完善的管理政策法规体系，进一步强化对地热资源开发利用的支持和引导，对贯彻中央领导对能源政策的指示精神，以及对我国生态文明建设都具有非常重要的意义。

2）地热产业发展能够带来巨大的经济效益和社会效益

按照《国家能源局、财政部、国土资源部、住房和城乡建设部关于促进地热能开发利用的指导意见》（国能新能〔2013〕48号）制定的目标，持续开发利用浅层地热能、高温地热资源、中低温地热资源，突破干热岩勘查开发和发电瓶颈，这一系列举措将带动勘查、开发、设计、施工及相关设备研发制造等地热产业的发展，带来巨大的经济效益和社会效益。

3）地热产业发展能够切实保护生态环境

地热资源作为可再生能源中唯一的地下矿藏，是可再生能源中最为现实并最具竞争力的能源之一。相对于其他能源，开发利用地热资源对保护环境、减少空气污染作用非常明显。根据"十二五"末全国地热资源量初步估算：全国地热资源（不含干热岩）每年可节约煤量10亿t。可减排二氧化硫$1.70×10^7$t、减少氮氧化物排放量$6.00×10^6$t、悬浮质粉尘$8.00×10^6$t、灰渣$1.00×10^8$t，每年可减排CO_2 $2.39×10^9$t，占每年CO_2总排放量$6.00×10^9$t的39.83%，每年可节约环境治理费$2.78×10^7$万元。

近年来，我国地热资源开发利用发展较快。浅层地热能主要用于供暖、制冷；中低温水热型地热用于供暖、洗浴；高温地热资源主要用于发电。截至目前，我国地热资源直接利用的能量居世界第一位，而且每年以近10%的速度增长，节能减排、缓解雾霾的作用越来越明显。

第三章　我国能源新技术战略性新兴产业成熟度评价研究

一、产业成熟度评价原则与方法

"成熟"的本意是指植物果实成长到可以收获的程度。成熟度评价是一种定性、定量相结合评价新生事物发展过程的方法，识别事物由初始状态向理想的目标状态发展的过程，可通过规避风险来达到优化管理的目的。

产业成熟度[70]（industry maturity levels，IML）是评价和度量产业从诞生到成熟发展过程的量化标准，它反映了产业发展的完善程度，分为四个阶段（萌芽阶段、培育阶段、发展阶段、成熟阶段）。产业成熟度重点把握从技术、制造到产品、市场和产业的发展成熟规律，采用定性、定量相结合的方法将成熟过程划分为若干成熟阶段，即成熟度级别。

（一）产业成熟度评价原则

1. 评价方法的科学性与统一性

为了保证不同产业评价具有统一的标准，成熟度评价等级采用一致性的一般性表述，其中产业的技术成熟度和制造成熟度借鉴了美国国防部、美国国家航空航天局（National Aeronautics and Space Administration，NASA）和 ISO 16290《航天系统技术成熟度等级及评价准则定义》的等级分类与描述方法。

2. 评价的战略性和权威性

根据中国工程院课题"能源新技术战略性新兴产业发展重大行动计划研究"

的研究内容,在能源新技术领域选择具有代表性的战略性新兴产业作为研究对象,组织领域内权威专家对战略性新兴产业的关键技术、制造、产品和市场的成熟度情况进行评估,为判断所属战略性新兴产业成熟度及其产业发展方向提供科学依据。

3. 定性与定量分析相结合

利用模糊等级的隶属分布将全部权威专家的定性判断信息进行量化,处理了评价的主观性和差异性问题,通过集成专家的评判信息,运用模糊综合评价方法实现了产业综合评价分析,评价指标的权重是由专家定性比较指标间重要程度使用层次分析法(analytic hierarchy process,AHP)计算确定的。

(二)产业成熟度评价方法

从产品和市场两个角度构建了产业成熟度评价指标体系(图3-1),产品成熟度评价通过技术成熟度和制造成熟度来刻画;市场成熟度则从市场环境、市场结构、市场规模和商品竞争四个方面建立10个三级指标来进行评价。

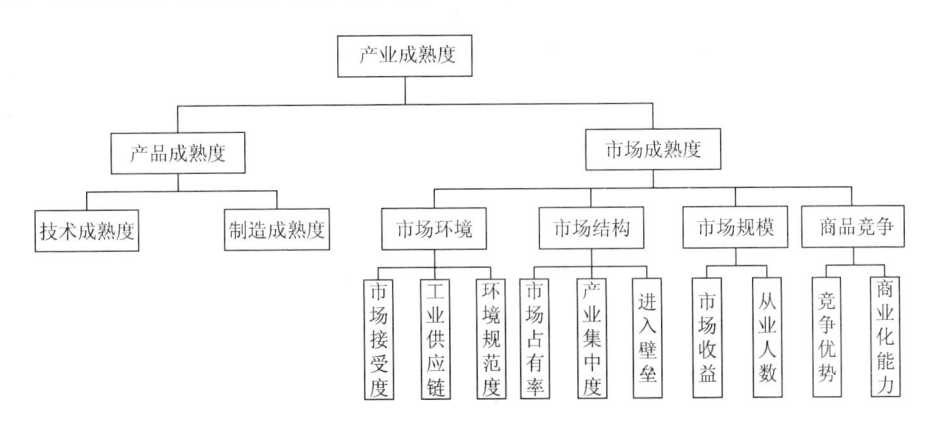

图3-1 产业成熟度评价指标体系

1. 技术成熟度

技术成熟度(technology readiness levels,TRL)是对技术成熟程度进行度量和评价的一种标准。如表3-1所示,技术成熟度划分为9个级别[71],囊括了从发现基本原理、提出技术概念和应用设想,到研发出成熟产品的全过程。

表 3-1　技术成熟度等级一般描述

等级	技术成熟度评价准则
TRL1	观察到支撑该技术研发的基本原理或看到基本原理的报道
TRL2	提出将基本原理应用于系统中的设想
TRL3	关键功能和特性初步通过实验室可行性验证
TRL4	以部件级实验室产品为载体通过实验室环境验证
TRL5	以单机级初级演示验证产品为载体通过模拟使用环境验证
TRL6	以分系统或系统级高级演示验证产品为载体通过模拟使用环境验证
TRL7	以系统级工程原型产品为载体通过典型使用环境验证
TRL8	以系统级试用产品为载体通过测试和交付试验
TRL9	系统级的成熟产品通过广泛应用和考验

2. 制造成熟度

制造成熟度（manufacturing readiness levels，MRL）是对关键制造能力的成熟程度进行评价和度量的一种标准，它量化反映了制造能力对于生产目标的满足程度。如表 3-2 所示，将制造成熟度划分为 10 个级别[72]，涵盖了从提出制造概念到形成批量生产和精益化生产能力的全过程，体现了从研制到生产的一般发展过程。

表 3-2　制造成熟度评价表

等级	评价参考准则
MRL1	确定制造的内涵
MRL2	确定制造的方案
MRL3	制造方案的可行性得到验证
MRL4	具备在实验室环境下制造技术原理样件的能力
MRL5	具备在相关生产环境下制造原型部件的能力
MRL6	具备在相关生产环境下制造原型系统或分系统的能力
MRL7	具备在典型生产环境下制造系统、分系统或部件的能力
MRL8	试生产线能力得到验证，准备好开始低速率生产
MRL9	低速率生产能力得到验证，全速率生产能力就绪
MRL10	全速率生产能力得到验证，精益化生产能力就绪

3. 市场成熟度

市场成熟度（market maturity levels，MML）是评价和度量新兴商品或服务市场成熟过程的量化标准，它反映了市场发展的完善程度。市场发展分为五个阶段，其中，市场成熟度评价因素考虑了市场环境、市场结构、市场规模和商品竞争随着市场成熟而呈现规律性发展变化，将市场成熟度划分为 5 个阶段（等级），见表 3-3。

表 3-3　市场成熟度评价表

等级	市场发展阶段	等级定义
MML1	产品开发与商业化设想阶段	市场预期引领新技术产品研发
MML2	产品导入与市场形成阶段	示范应用产品商业化形成新的市场
MML3	市场确立与发展阶段	新产品被市场接受后市场进入发展阶段
MML4	市场快速发展阶段	市场需求增长带动市场规模快速持续扩大
MML5	市场成熟稳定阶段	市场占有率达到饱和且市场规模稳定

市场成熟度评价的三级指标等级描述情况如表 3-4 所示。

表 3-4　市场成熟度评价的三级指标

二级指标	三级指标	市场成熟度 1～5 等级（MML1～5）描述及等级评估
市场环境	市场接受度	媒体对正处于研发的新技术进行报道（MML1） 公众关注新技术产品的商业化示范性应用（MML2） 通过媒体报道或公众使用了解新技术产品的特点后逐步商业推广（MML3） 新技术产品受到媒体和业界的积极推广（MML4） 公众完全接受而成为市场主流产品（MML5）
	工业供应链	尚未明确新产品所需的工业供应链的主要环节（MML1） 初步形成的生产供应链不稳定且工程风险很高（MML2） 工业供应链各个环节衔接稳定（MML3） 新产品的工业供应链规范标准化（MML4） 工业供应链多元化且供给服务完善（MML5）
	环境规范度	对新技术产品研发进行扶持与规范（MML1） 新兴市场尚未规范有序（MML2） 市场环境发展有序可控（MML3） 市场环境持续改进保障市场健康快速发展（MML4） 市场环境完善稳定（MML5）
市场结构	市场占有率	产品处于研发阶段，尚无市场占有率（MML1） 产品导入市场并形成供需关系，市场占有率较低（MML2） 市场得到确立发展，市场需求驱动占有率开始增加（MML3） 大规模商业化推广，市场占有率快速增长（MML4） 市场供需平衡，市场占有率高且趋于平稳（MML5）
	产业集中度	产品处于萌芽阶段，研发集中在少数企业（MML1） 产品导入市场阶段，生产销售只集中在少数企业（MML2） 市场得到确立发展，产业集中度逐渐降低（MML3） 产品生产销售的企业数量大幅增加，产业集中度较低（MML4） 产业经过并购整合调整，形成了以少数规模大、实力强的企业为龙头的完整产业链（MML5）
	进入壁垒	少数企业掌握核心技术，技术壁垒高（MML1） 新技术产品推广应用，技术壁垒降低（MML2） 公众接受新商品，由技术壁垒向规模壁垒发展（MML3） 市场快速发展和整合，规模壁垒增高（MML4） 产业规模经济效应显现，规模壁垒高（MML5）

续表

二级指标	三级指标	市场成熟度1～5等级（MML1～5）描述及等级评估
市场规模	市场收益	技术处于研发阶段，以资本投入为主（投入阶段）（MML1） 产品导入市场，开始出现销售收益（销售阶段）（MML2） 市场得到确立，整体收益盈亏平衡（盈亏阶段）（MML3） 市场快速发展，市场利润快速增长（利润阶段）（MML4） 市场收益转为价值和资本化（资产、价值回报阶段）（MML5）
	从业人数	以研发人员为主，尚未有生产和销售人员（MML1） 以研发人员为主，开始有生产和销售人员（MML2） 生产和销售人员开始增加并成为从业人员主体（MML3） 以生产和销售人员为主且人员规模大幅增加（MML4） 从业人员数量和结构趋于稳定（MML5）
商品竞争	竞争优势	研发的新技术产品具有预期的竞争优势（MML1） 新技术产品示范性应用体现出竞争优势（MML2） 新产品竞争优势获得确认并逐步商业推广（MML3） 新产品优势明显并受到媒体和业界的积极推广（MML4） 公众完全接受而成为市场主流产品（MML5）
	商业化能力	新技术研发需要成本投入，尚未具备商业化能力（MML1） 新产品生产成本较高，初步具备商业化能力（MML2） 新产品获得市场确认，新进投入和生产成本降低使得商业化能力得到提升（MML3） 新产品积极推广，商业化能力不断提高与兑现（MML4） 成为主流市场产品，具有较高的商业化能力（MML5）

4. 评价理论方法

评价的方法采用模糊综合评价方法，模型中的权重则采用层次分析法确定。其中，指标权重的确定：由各产业组织专家组对评价指标的重要程度两两比较进行打分，采用1～9标度方法，可获得层次分析法的比较打分矩阵，基于比较矩阵利用最大特征根法等[73]可计算得到各指标间的权重，例如，对s项技术，可由上述k位专家组成专家组，通过对两两技术间重要程度进行比较，采用1～9标度方法进行综合打分，可得到层次分析法的比较打分矩阵。产业成熟度评价指标评分方法：邀请领域权威专家（10～15人）依次对战略性新兴产业的技术成熟度、制造成熟度、市场成熟度进行等级评估，根据指标等级的描述进行选择。集成方法在文献[74]的基础上进行修改，具体如下。

1）专家评价统计数据的模糊等级评分

为了保留全部专家的判断权威信息和处理评价结果的差异性问题，对所有专家的定性等级判断进行数据统计，采用模糊数学的隶属度进行等级度量。不妨假设产业共有s项待评估的关键技术，共由k位权威专家进行成熟度等级评估（$k \geqslant 10$），第

i 项技术 1~9 等级专家评价人数分别为（$\text{TRL}_1^i, \text{TRL}_2^i, \cdots, \text{TRL}_9^i$），这里 $\sum_{j=1}^{9} \text{TRL}_j^i = k$，记第 i 项技术成熟度的 j 个等级隶属程度为 $\text{RTRL}_j^i = \text{TRL}_j^i / k$，记 s 项技术的成熟度隶属等级评价矩阵为 $\text{RTRL}_{s \times 9}$，这里 $1 \leq i \leq 9, 1 \leq j \leq k$。

类似地，本书假设 n 种产品和 m 个市场，则记第 o 种产品的制造成熟度的第 r 个等级隶属程度为 RMRL_r^o（$1 \leq o \leq n, 1 \leq r \leq 10$），记 n 项产品的成熟度隶属等级评价矩阵为 $\text{RMRL}_{n \times 10}$。

不妨设基于层次分析法可得到 s 项技术的权重向量为 w^T，n 种产品权重向量为 w^P，技术、制造和市场成熟度三个指标的权重赋值分别为 w_1^I, w_2^I 和 w_3^I。

2）产品成熟度等级集成

产品成熟度（product readiness levels, PRL）可以描述产品在技术和制造方面的综合成熟程度，产品成熟度是通过其技术和制造成熟度集成确定的，并分为五个等级（概念产品、实验室产品、小规模示范产品、大规模示范产品、市场产品）。

A. 技术成熟度等级集成

基于多技术集成的技术成熟度等级隶属向量（对应产品 5 等级）：

$$\begin{aligned}
\text{RTRL} &= w^T \times \text{RTRL}_{s \times 9} \\
&= (w_1^T, w_2^T, \cdots, w_s^T) \times \begin{bmatrix} \text{RTRL}_1^1 & \text{RTRL}_2^1 & \cdots & \text{RTRL}_9^1 \\ \text{RTRL}_1^2 & \text{RTRL}_2^2 & \cdots & \text{RTRL}_9^2 \\ \vdots & \vdots & & \vdots \\ \text{RTRL}_1^s & \text{RTRL}_2^s & \cdots & \text{RTRL}_9^s \end{bmatrix} \\
&= (w_1^T, w_2^T, \cdots, w_s^T) \times \begin{bmatrix} \text{RTRL}_1^1 \vee \text{RTRL}_2^1 \vee \text{RTRL}_3^1 & \text{RTRL}_4^1 \vee \text{RTRL}_5^1 \vee \text{RTRL}_6^1 & \text{RTRL}_7^1 & \text{RTRL}_8^1 & \text{RTRL}_9^1 \\ \text{RTRL}_1^2 \vee \text{RTRL}_2^2 \vee \text{RTRL}_3^2 & \text{RTRL}_4^2 \vee \text{RTRL}_5^2 \vee \text{RTRL}_6^2 & \text{RTRL}_7^2 & \text{RTRL}_8^2 & \text{RTRL}_9^2 \\ \vdots & \vdots & \vdots & \vdots & \vdots \\ \text{RTRL}_1^s \vee \text{RTRL}_2^s \vee \text{RTRL}_3^s & \text{RTRL}_4^s \vee \text{RTRL}_5^s \vee \text{RTRL}_6^s & \text{RTRL}_7^s & \text{RTRL}_8^s & \text{RTRL}_9^s \end{bmatrix}
\end{aligned}$$

(3-1)

其中，合并原则采用合并运算中的取大运算，"$\vee$" 为模糊综合评价的取大算子。

根据隶属度最大原则，产业的技术成熟度等级为

$$\text{TRL} = \left\{ i \Big| \max_i (\text{RTRL}) \right\}, \quad 1 \leq i \leq 5 \tag{3-2}$$

B. 制造成熟度等级集成（对应产品 5 等级）

类似地，基于多产品集成的制造成熟度等级隶属向量：

$$\begin{aligned}
\text{RMRL} &= w^P \times \text{RMRL}_{n \times 10} \\
&= [w_1^P \quad w_2^P \quad \cdots \quad w_n^P] \\
&\times \begin{bmatrix} \text{RMRL}_1^1 \vee \text{RMRL}_1^2 \vee \text{RMRL}_1^3 & \text{RMRL}_1^4 \vee \text{RMRL}_1^5 \vee \text{RMRL}_1^6 & \text{RMRL}_1^7 \vee \text{RMRL}_1^8 & \text{RMRL}_1^9 & \text{RMRL}_1^{10} \\ \text{RMRL}_2^1 \vee \text{RMRL}_2^2 \vee \text{RMRL}_2^3 & \text{RMRL}_2^4 \vee \text{RMRL}_2^5 \vee \text{RMRL}_2^6 & \text{RMRL}_2^7 \vee \text{RMRL}_2^8 & \text{RMRL}_2^9 & \text{RMRL}_2^{10} \\ \vdots & \vdots & \vdots & \vdots & \vdots \\ \text{RMRL}_n^1 \vee \text{RMRL}_n^2 \vee \text{RMRL}_n^3 & \text{RMRL}_n^4 \vee \text{RMRL}_n^5 \vee \text{RMRL}_n^6 & \text{RMRL}_n^7 \vee \text{RMRL}_n^8 & \text{RMRL}_n^9 & \text{RMRL}_n^{10} \end{bmatrix}
\end{aligned}$$

(3-3)

基于多产品的制造成熟度等级为

$$\text{MRL} = \left\{ r \Big| \max_j (w^P \times \text{RMRL}_{n \times r}) \right\}, \quad 1 \leqslant r \leqslant 5 \tag{3-4}$$

C. 产品成熟度等级集成

产品成熟度隶属等级向量：

$$\text{RPRL} = \left(\frac{w_1^I}{w_1^I + w_2^I} \times \text{MTRL} \right) \vee \left(\frac{w_2^I}{w_1^I + w_2^I} \times \text{RMRL} \right) \tag{3-5}$$

根据最大隶属原则，产品成熟度等级为

$$\text{PRL} = \left\{ i \Big| \max_i (\text{RPRL}) \right\}, \quad 1 \leqslant i \leqslant 5 \tag{3-6}$$

3）产业成熟度等级集成

产业成熟度（industry maturity levels，IML）由市场成熟度和产品成熟度等级集成获得，等级分别为四个阶段（萌芽阶段、培育阶段、发展阶段、成熟阶段）。

产业成熟度隶属等级向量：

$$\text{RIML} = [(w_1^I + w_2^I) \times \text{RPRL}^4] \vee (w_3^I \times \text{RMML}) \tag{3-7}$$

这里 RPRL⁴ 是将 5 级产品成熟度 RPRL 的第 1 级和第 2 级等级合并后得到，合并原则同上。

$$\text{IML} = \left\{ i \Big| \max_i (\text{RIML}) \right\}, \quad 1 \leqslant i \leqslant 4 \tag{3-8}$$

产业成熟度等级集成如表 3-5 所示。

表 3-5 产业成熟度等级集成表

产品成熟度	技术成熟度	制造成熟度
PRL1 概念产品	TRL1	MRL1
	TRL2	MRL2
	TRL3	MRL3
PRL2 实验室产品	TRL4	MRL4
	TRL5	MRL5
	TRL6	MRL6

续表

产品成熟度	技术成熟度	制造成熟度
PRL3 小规模示范产品	TRL7	MRL7
		MRL8
PRL4 大规模示范产品	TRL8	MRL9
PRL5 市场产品	TRL9	MRL10

5. 成熟度评价产业选择

产业成熟度评价为聚焦具体的技术、制造、产品和市场来保证评价效果，适当地缩小了原新兴产业的范围，选择每个产业具有代表性的战略性新兴子产业为评估对象，其中从煤炭清洁高效转化与利用产业、非常规油气开发利用产业、智能电网与储能产业和核能产业各选取 1 个评估的新兴子产业，可再生能源产业选取 2 个评估的新兴子产业，包括 IGCC 产业、页岩气产业、电力电子装备产业、自主三代压水堆核能发电产业、下一代大容量智能化风力发电产业和玉米整株燃料乙醇生物炼制产业。

二、IGCC 产业成熟度评价

（一）IGCC 产业简介

煤炭清洁高效转化与利用产业选择了 IGCC 作为待评估的子产业。IGCC 是新一代清洁煤发电技术，具有发电效率高、污染物近零排放、节水、硫和灰渣可资源化利用、CO_2 捕集成本低等突出优点，是一条突破常规煤电发电效率提高受限、污染物难以实现近零排放和 CO_2 捕集成本高三大技术瓶颈的有效技术途径，是国际能源领域战略必争的核心技术。

IGCC 与常规火电相比较具有以下优势。

第一，效率优势。IGCC 采用联合循环发电技术，实现了煤基发电从蒸汽单循环到燃气-蒸汽联合循环的技术跨越，具有发电效率高的突出优势，可突破 50% 发电效率，与燃料电池相结合，发电效率可达到 55%～60%。

第二，环保优势。IGCC 电站在燃烧前实现污染物脱除，在转化过程中采用可循环再生的脱除工艺，回收单质硫和玻璃态灰渣，耗水量减少 1/2～2/3，可实现污染物近零排放。而且由于煤气流量小且 CO_2 浓度高，燃烧前 CO_2 捕集成本可减少 1/2～1/3。

第三，成本优势。IGCC 电站的电力生产模块与常规燃机电站相似，制气成本与当前天然气价格相当。IGCC 电站通过扩大规模和优化设计可以将建设成本控制在 1 万元/kW 以下。随着 IGCC 技术的日趋成熟，建设和运营成本还将进一步降低，其市场竞争力将会更加明显。

目前 IGCC 技术发展中也存在一些问题和困难：①气化炉性能有待进一步提升；②IGCC 负荷变动能力有待进一步提升；③系统集成优化难度大。

自 20 世纪 70 年代以来，IGCC 一直被人们认为是有发展前途的清洁煤发电技术之一，美国、日本、荷兰、西班牙等国家相继建成运行了 5 座 IGCC 电站。2012 年 11 月 6 日，我国首座 IGCC 示范机组投入商业运行，实现了煤电像天然气一样污染物达到近零排放，标志着我国 IGCC 取得零的突破。目前，美国、日本、韩国等国家均在继续推进 IGCC 技术的发展和商业化运营，在建 IGCC 电站 4 座，装机容量 1671MW，拟建设 IGCC 电站 4 座，装机容量大于 1480MW。

我国富煤、少气的能源禀赋决定了发展 IGCC 对我国煤基能源的变革和可持续发展、保障国家能源安全、治理大气污染和应对气候变化都具有重要的战略意义。

基于该领域专家对 IGCC 产业的分析，确定了产业的主要产品和关键技术（表 3-6）。

表 3-6　IGCC 产业的主要产品和关键技术

主要产品	关键技术
利用煤气化产生的合成气进行联合循环发电的动力系统，该产品可将煤炭的化学能转化为电能，并可实现化工能源产品的多联产	技术 1：大型高效煤气化及煤气净化关键技术 技术 2：煤气化合成气的 F 级以及 H 级燃气轮机技术 技术 3：低能耗制氧技术 技术 4：IGCC 系统集成优化技术

（二）IGCC 产业的关键技术评价

如表 3-7 所示，IGCC 产业主要有 4 项关键技术，其中煤气化合成气的 F 级以及 H 级燃气轮机技术困难程度最高，困难等级为 E 类（★）；其次是低能耗制氧技术，困难程度为很困难，困难等级为 D 类（★☆）；其他技术的困难等级均为 C 类（★★）。总体上技术的重要困难等级为 C 类（★★），对产业发展的重要程度是很重要，但技术难度为困难，处于中等程度，因此，一定时间内实现技术突破将有利于产业的发展。

表 3-7　关键技术重要性和困难程度评价（最大隶属原则）（一）

分类	名称	重要程度	难度程度	技术重要困难等级
技术 1	大型高效煤气化及煤气净化关键技术	很重要	困难	C 类（★★）
技术 2	煤气化合成气的 F 级以及 H 级燃气轮机技术	很重要	十分困难	E 类（★）
技术 3	低能耗制氧技术	很重要	很困难	D 类（★☆）
技术 4	IGCC 系统集成优化技术	很重要	困难	C 类（★★）
综合	—	很重要	困难	C 类（★★）

注：重要程度 5 个等级描述为很重要、重要、较重要、一般和不重要；难度程度的 5 个等级描述为一般、较困难、困难、很困难和十分困难；技术重要困难等级的 5 个等级描述为 A 类（★★★）、B 类（★★☆）、C 类（★★）、D 类（★☆）和 E 类（★）。下同，不再说明。

IGCC 产业的技术成熟度评价综合结果为 TRL8，其中煤气化合成气的 F 级以及 H 级燃气轮机技术和低能耗制氧技术成熟度等级达到最高级 TRL9，具体情况见表 3-8。

表 3-8　技术成熟度评价结果（一）

分类	名称	权重	TRL 等级
技术 1	大型高效煤气化及煤气净化关键技术	0.25	TRL8
技术 2	煤气化合成气的 F 级以及 H 级燃气轮机技术	0.25	TRL9
技术 3	低能耗制氧技术	0.25	TRL9
技术 4	IGCC 系统集成优化技术	0.25	TRL8
综合	—	—	TRL8

（三）IGCC 产业的产品成熟度评价

IGCC 产业的产品制造成熟度评价结果为 MRL8，由于技术和制造成熟度的制约，得到产品成熟度的综合评价为 PRL3，总体上产品已经基本进入小规模示范产品阶段，具体情况见表 3-9。

表 3-9　产品成熟度评价集成结果（一）

分类	权重	成熟度等级
技术成熟度	0.50	TRL8
制造成熟度	0.50	MRL8
产品成熟度	—	PRL3

（四）IGCC 产业的市场成熟度评价

根据指标权重，IGCC 产业中商品竞争的商业化能力是影响市场成熟的最重要指标。根据专家评估，IGCC 产业的市场结构、市场规模和商品竞争的成熟度最大，隶属等级均为 MML2（表 3-10），市场环境为 MML3，国内市场规模小，而市场环境在接受程度和规范方面具有一定的发展基础和优势。从总体上看，IGCC 产业（发电的动力系统）的市场成熟度在 MML2（产品导入与市场形成阶段）。

表 3-10　产业市场成熟度指标权重与评价结果（最大隶属程度）（一）

评价指标	二级指标权重	三级指标权重	MML 等级
市场环境	0.07	—	MML3
市场接受度	—	0.72	MML3
工业供应链	—	0.14	MML2
环境规范度	—	0.14	MML3
市场结构	0.07	—	MML2
市场占有率	—	0.11	MML2
产业集中度	—	0.11	MML2
进入壁垒	—	0.78	MML1
市场规模	0.25	—	MML2
市场收益	—	0.75	MML2
从业人数	—	0.25	MML2
商品竞争	0.61	—	MML2
竞争优势	—	0.13	MML2
商业化能力	—	0.87	MML2

（五）IGCC 产业成熟度评价与分析

1. 产业发展阶段评价

根据最大隶属原则，产业成熟度结果为萌芽阶段，其中技术和市场已发展到培育阶段，我国目前只有天津 IGCC 示范工程，并且制造方面成熟度为 8 级，总体上 IGCC 发电系统的制造能力是制约我国 IGCC 产业发展的关键问题，而煤炭清洁高效利用背景下具有一定的市场环境优势，有利于产业的发展。

2. 产业发展预测分析

如图 3-2 所示，根据专家问卷判断：我国 IGCC 产业与世界产业发展阶段的研判结论是同步的，预计产业进入成熟阶段所需的时间为 5 年（隶属程度为 0.9）；制造和法规政策是产业发展的主要影响因素。

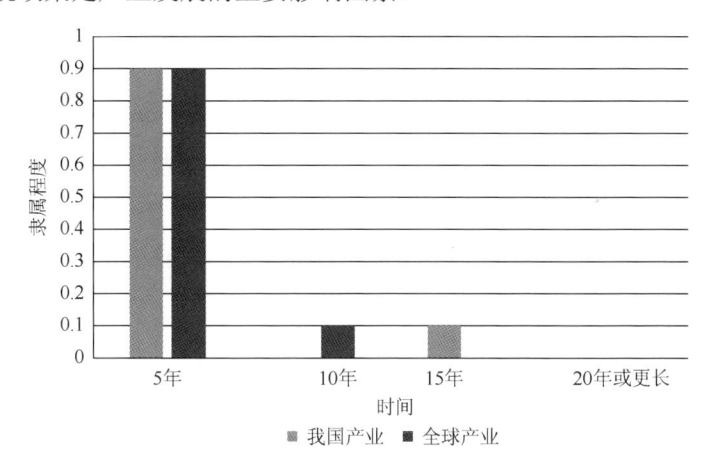

图 3-2 我国和世界 IGCC 产业进入成熟阶段所需时间预测

3. 产业发展建议

（1）在技术方面，加速技术 F 级、H 级燃机技术国产化，降低空分技术的能耗，进一步完善系统集成优化，提升 IGCC 的发电效率和运行稳定性，全面提高 IGCC 系统制造能力和电厂建设能力。

（2）在产品方面，需进一步加快国内 400~600MW 级 IGCC 示范项目的立项和建设，完善 IGCC 系统建设产业链，降低系统造价，提升 IGCC 的经济性和竞争能力。

(3)在产业方面,采取国家层面政策主导、大型企业联合体资金投入、研究机构参与的综合发展模式,明确 IGCC 的产业布局,加快 IGCC 在重点煤电区域内的发展。

(4)在政策方面,应有持续发展规划,制定技术发展与推广路线图,引导支持企业或企业联盟在现有基础上分阶段实施。基于清洁减排原则制定电价政策及优先上网的政策,提高清洁能源装备利用率,同时降低产品单位财务成本。

三、页岩气产业成熟度评价

(一)页岩气产业简介

非常规油气开发利用产业选择了页岩气产业作为待评估的子产业。以美国为代表的页岩气革命,已经形成了以水平井分段压裂技术为核心的技术体系,并实现美国天然气产量自给,且正在深刻地改变着世界能源格局。

目前我国已经成为世界第三个实现页岩气商业开发的国家,已经初步形成海相页岩气"甜点"识别技术、3500m 以浅水平井分段压裂技术、山地井工厂开发技术;与美国相比,在关键工具、装备方面存在差距,成本相对偏高。

基于该领域专家对页岩气产业的分析,确定了产业的主要产品和关键技术,见表 3-11。

表 3-11 页岩气产业的主要产品和关键技术

主要产品	关键技术
基于页岩气开发的天然气	技术 1:页岩气"甜点"预测技术 技术 2:水平井分段压裂技术 技术 3:页岩气井工厂开发技术

(二)页岩气产业的关键技术评价

页岩气产业主要有 3 项关键技术,其中水平井分段压裂技术困难程度等级最高,为 E 类(★),其他技术困难程度均为困难,困难等级为 C 类(★★),总体上技术的重要困难等级为 C 类(★★),对产业发展的重要程度是很重要,但技术难度为困难,见表 3-12。

表 3-12　关键技术重要性和困难程度评价（最大隶属原则）（二）

分类	名称	重要程度	难度程度	技术重要困难等级
技术 1	页岩气"甜点"预测技术	很重要	困难	C 类（★★）
技术 2	水平井分段压裂技术	很重要	十分困难	E 类（★）
技术 3	页岩气井工厂开发技术	很重要	困难	C 类（★★）
综合	—	很重要	困难	C 类（★★）

页岩气产业的技术成熟度评价综合结果为 TRL9，其中水平井分段压裂技术和页岩气井工厂开发技术已经成熟并达到最高级，具体情况见表 3-13。

表 3-13　技术成熟度评价结果（二）

分类	名称	权重	TRL 等级
技术 1	页岩气"甜点"预测技术	0.26	TRL8
技术 2	水平井分段压裂技术	0.41	TRL9
技术 3	页岩气井工厂开发技术	0.33	TRL9
综合	—	—	TRL9

（三）页岩气产业的产品成熟度评价

页岩气产业的制造成熟度评价结果为 MRL7，得到产品成熟度的综合评价为 PRL4，产品进入大规模示范产品阶段，具体情况见表 3-14。

表 3-14　产品成熟度评价集成结果（二）

分类	权重	成熟度等级
技术成熟度	0.33	TRL9
制造成熟度	0.67	MRL7
产品成熟度	—	PRL4

（四）页岩气产业的市场成熟度评价

根据指标权重，产业中商品竞争的商业化能力是影响市场成熟的最重要指标。根据专家评估，市场接受度和进入壁垒是产业成熟度等级最高的指标（表 3-15）。从等级分布上看，市场成熟度在 MML2（产品导入与市场形成阶段）隶属度最大，而 MML3（市场确立与发展阶段）的隶属程度也较大，说明新产品已被市场接受并逐步进入发展阶段。

表 3-15 产业市场成熟度指标权重与评价结果（最大隶属程度）（二）

评价指标	二级指标权重	三级指标权重	MML 等级
市场环境	0.33	—	MML4
市场接受度	—	0.25	MML4
工业供应链	—	0.25	MML2
环境规范度	—	0.5	MML3
市场结构	0.17	—	MML3
市场占有率	—	0.25	MML3
产业集中度	—	0.25	MML2
进入壁垒	—	0.5	MML4
市场规模	0.17	—	MML2
市场收益	—	0.5	MML3
从业人数	—	0.5	MML2
商品竞争	0.33	—	MML3
竞争优势	—	0.33	MML3
商业化能力	—	0.67	MML2

（五）页岩气产业成熟度评价与分析

1. 产业发展阶段评价

产业成熟度综合结果为培育阶段，其中市场为产品导入与市场形成阶段，由于传统的天然气市场成熟，为页岩气产业发展提供了基础。此外，其关键技术基本达到了最高成熟等级 9 级，制造成熟度达到了 7 级，具备了产业培养发展的条件。

2. 产业发展预测与关键制约因素分析

如图 3-3 所示，根据专家问卷判断：我国页岩气产业与世界产业发展阶段的研判结论是接近同步的，预计该产业进入成熟阶段所需的时间为 10 年（隶属度约 0.5）；技术、人才与科技资源和政策法规是产业发展的主要影响因素。

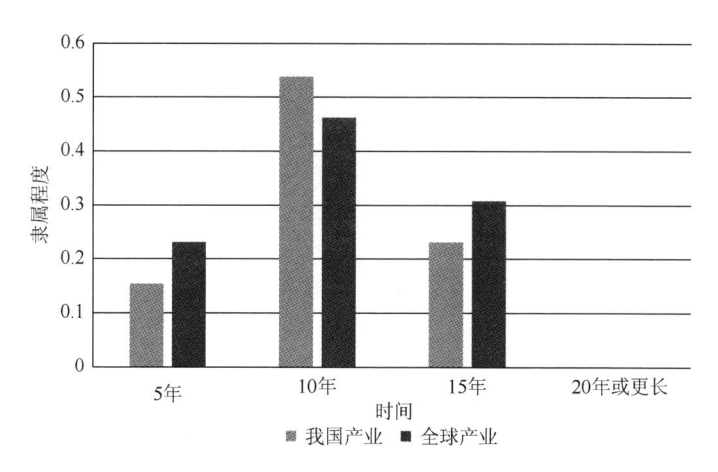

图 3-3 我国和世界页岩气产业进入成熟阶段所需时间预测

3. 产业发展建议

（1）发展技术多样化、自主化的产业结构。加强投放招标页岩气区块价值评估，形成页岩气产业发展的良好氛围。

（2）加大国家专项、基金投入，支持关键技术、新技术攻关、国际合作等。

（3）制定相应的政策法规，继续延长页岩气补贴政策，持续落实好相关激励政策，营造良好外部环境，针对页岩气发展过程中对健康、环境和安全的影响加强监管，从而可持续地对资源进行合理有效的开发利用。

四、电力电子装备产业成熟度评价

（一）电力电子装备产业简介

智能电网与储能产业选择了电力电子装备产业作为待评估的子产业。智能电网是在传统电力系统的基础上，集成新能源、新材料、新设备和先进传感技术、信息技术、控制技术、储能技术等而构成的新一代电力系统，可实现电力发、输、配、用、储过程中的全方位感知、数字化管理、智能化决策、互动化交易。电力电子装备在电力传输、变换和控制等方面起到越来越重要的作用，对电力电子器件的电压和容量等级也提出了更高的要求。这使高压大功率换流器的实现面临极大的挑战，包括超大电平数目换流器的复杂性，现有 IGBT（insulated gate bipolar transistor，绝缘栅双极型晶体管）等功率器件的电压电流水平相对不足，换流器面临更高的效率、成本、体积和各种故障穿越能力要求等。

现阶段，基于电力电子器件的可再生能源发电变流器基本实现国产化，高压直流输电换流阀和多端柔性输电技术取得突破，但关键技术指标与 ABB 公司等世界先进设备制造商仍有一定差距，电力半导体器件和核心控制芯片高度依赖进口。

基于该领域专家对电力电子装备产业的分析，确定了产业的主要产品和关键技术，见表 3-16。

表 3-16　电子电力装备产业的主要产品和关键技术

主要产品	关键技术
产品 1：电力电子变流器 产品 2：固态变压器 产品 3：电动汽车充电器	技术 1：新型高压大功率 IGBT 器件技术 技术 2：基于新一代半导体材料的新型开关器件技术 技术 3：高电压大功率换流器的新型拓扑与控制技术 技术 4：高压大功率电力电子装备技术

（二）电力电子装备产业的关键技术评价

如表 3-17 所示，电力电子装备产业主要有 4 项关键技术，对产业发展重要程度最高的技术是新型高压大功率 IGBT 器件技术，重要程度为很重要；困难程度最高的为基于新一代半导体材料的新型开关器件技术和高压大功率电力电子装备技术，困难程度等级为 C 类（★★），其他技术均为 B 类（★★☆），总体上技术的困难等级为 C 类（★★），对产业发展的重要程度是重要，技术难度为困难，均非最高等级。

表 3-17　关键技术重要性和困难程度评价（最大隶属原则）（三）

分类	名称	重要程度	难度程度	技术重要困难等级
技术 1	新型高压大功率 IGBT 器件技术	很重要	较困难	B 类（★★☆）
技术 2	基于新一代半导体材料的新型开关器件技术	重要	困难	C 类（★★）
技术 3	高电压大功率换流器的新型拓扑与控制技术	重要	较困难	B 类（★★☆）
技术 4	高压大功率电力电子装备技术	重要	困难	C 类（★★）
综合	—	重要	困难	C 类（★★）

产业的技术成熟度评价综合结果为 TRL6，其中高压大功率电力电子装备技术成熟度等级最高，达到 TRL7，而高电压大功率换流器的新型拓扑与控制技术成熟度相对较低，为 TRL5，具体各关键技术评价结果见表 3-18。

表 3-18 技术成熟度评价结果（三）

分类	名称	权重	TRL 等级
技术 1	新型高压大功率 IGBT 器件技术	0.25	TRL6
技术 2	基于新一代半导体材料的新型开关器件技术	0.25	TRL6
技术 3	高电压大功率换流器的新型拓扑与控制技术	0.25	TRL5
技术 4	高压大功率电力电子装备技术	0.25	TRL7
综合	—	—	TRL6

（三）电力电子装备产业的产品成熟度评价

电力电子装备产业具有 3 个主要产品，其中电力电子变流器产品制造成熟度最高，达到 MRL8，具体的制造成熟度评价结果见表 3-19。

表 3-19 主要产品的制造成熟度评价结果（一）

分类	名称	权重	成熟度等级
产品 1	电力电子变流器	0.34	MRL8
产品 2	固态变压器	0.33	MRL6
产品 3	电动汽车充电器	0.33	MRL7

根据表 3-19，得到总体上产业的制造成熟度的评价综合结果为 MRL8，电力电子装备产业的产品成熟度综合评价为 PRL2，已经基本进入实验室产品阶段，具体情况见表 3-20。

表 3-20 产品成熟度评价集成结果（三）

分类	权重	成熟度等级
技术成熟度	0.80	TRL6
制造成熟度	0.20	MRL8
产品成熟度	—	PRL2

（四）电力电子装备产业的市场成熟度评价

如表 3-21 所示，根据指标权重，二级指标中市场环境和市场结构的指标较重要；市场成熟度评价结果方面，各二级指标均处于 MML3，总体上看市场处于 MML3（市场确立与发展阶段）。

表 3-21　产业市场成熟度指标权重与评价结果（最大隶属程度）（三）

评价指标	二级指标权重	三级指标权重	MML 等级
市场环境	0.47	—	MML3
市场接受度	—	0.10	MML3
工业供应链	—	0.28	MML3
环境规范度	—	0.62	MML3
市场结构	0.39	—	MML3
市场占有率	—	0.47	MML3
产业集中度	—	0.47	MML3
进入壁垒	—	0.06	MML3
市场规模	0.04	—	MML3
市场收益	—	0.13	MML3
从业人数	—	0.87	MML3
商品竞争	0.10	—	MML3
竞争优势	—	0.83	MML3
商业化能力	—	0.17	MML3

（五）电力电子装备产业成熟度评价与分析

1. 产业发展阶段评价

产业成熟度综合结果为培育阶段。其中市场处在市场确立与发展阶段，成熟度等级达到了 3 级，技术、制造和产品的成熟度等级分别为 6 级、8 级和 2 级，产业发展的主要特征是在核心技术研发和核心装备或部件的制造方面落后于产业发展的需要。

2. 产业发展预测与关键影响因素分析

如图 3-4 所示，根据专家判断，我国电力电子装备产业与世界产业发展的研判结论是发展阶段接近，预测我国产业进入成熟阶段所需的数为 10 年（隶属度 0.8），但世界发展预期要乐观于我国产业的发展，5 年内成熟度隶属度为 0.4；技术、资金和人才与科技资源是产业发展的主要影响因素。

3. 产业发展建议

（1）进一步加大资金和科技资源投入，加强核心技术研发和提高制造工艺水

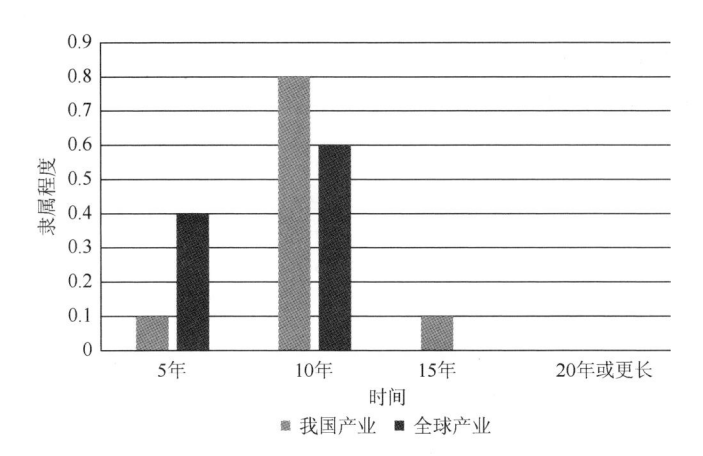

图 3-4 我国和世界电力电子装备产业进入成熟阶段所需时间预测

平。坚持创新驱动发展，加强相关人才培养，提高技术创新能力，强化创新体系建设。

（2）加大电力电子装备研发力度，通过加快重点企业和重点项目建设，提高核心关键装备的研发和制造水平。

（3）加强政策引导，合理规范市场。确立健康合理的市场机制，着力健全电力电子产业发展政策，进一步优化产业发展市场环境，扩大产业规模。

五、自主三代压水堆核能发电产业成熟度评价

（一）自主三代压水堆核能发电产业简介

核能产业选择了自主三代压水堆核能发电产业作为待评估的子产业。我国开发出自主创新的三代百万千瓦级压水堆核电技术——华龙一号。华龙一号充分借鉴融合了三代核电技术的先进设计理念和我国现有压水堆核电站设计、建造、调试、运行的经验，以及近年来核电发展及研究领域的成果；满足我国最新核安全法规要求和国际、国内最先进的标准要求，同时参考国际先进轻水堆核电厂用户要求，满足三代核电技术的指标要求。采用经过验证的技术，并充分利用我国目前成熟的装备制造业体系所具有的技术成熟性和完整的自主知识产权，满足全面参与国内和国际核电市场的竞争要求。

从中长期来看，在保障能源需求、调整能源结构、应对气候变化和保护环境的现实需求和压力下，世界核电发展的总趋势没有根本变化，核电仍然是理性、

现实的选择。根据国际原子能机构预测：对于 2030 年的全球核能装机容量，低预期值为 401GW，高预期值为 699GW。截至 2014 年年底，全球有 438 台核电机组在运行，运行装机容量 396GW，其中 63% 是压水堆；70 台机组在建，近 89% 是压水堆，其中近半数是三代压水堆，具备更好的安全性和燃料经济性。国际核电市场在未来相当长的时间内将保持增长，发展中国家将成为核电发展的主力，大型和超大型压水堆是核电新建及更新换代的主要机型选择，中小型模块式反应堆在综合利用核能方面存在很大市场空间。

我国经济社会发展对能源的需求持续增长，面临着国内资源环境制约日趋强化和应对气候变化减缓 CO_2 排放的双重挑战。核电是稳定、洁净、高能量密度的能源，发展核电将对我国突破资源环境的瓶颈制约、保障能源安全、减缓 CO_2 排放、实现绿色低碳发展具有不可替代的作用，核电将成为我国未来可持续能源体系中的重要支柱之一。我国开发出自主创新的三代百万千瓦级压水堆核电技术，能够满足目前市场需求。目标主要产品有 HPR1000 和 CAP1400。

其中，CAP1400 的总体设计思路是：提高电厂容量等级，优化电厂总体参数，平衡电厂设计，重新进行全厂安全工程设计和关键设备设计，全面推进设计自主化与设备国产化，积极应对福岛事件后的国内外技术政策，实现当前最高安全目标，满足最严环境排放要求，进一步提高经济性，从而使综合性能达到三代核电的世界领先水平。

CAP1400 通过堆芯功率增大、设计标准化、设备国产化和模块化施工等措施进一步提高经济性。同时设计考虑提高 CAP1400 的厂址适应性。采用固有安全、增大裕量、非能动理念以及纵深防御，进一步提高电厂安全裕量和延伸事故缓解能力。充分考虑辐射防护最优化和放射性废物最小化原则，提高环境友好性。充分利用可靠性设计理念确保在低维护要求下获取电厂较高的发电可靠性，充分考虑电厂的可维修性和可达性，考虑利用概率风险评价（probabilistic risk assessment，PRA）指导及平衡电厂设计。采用先进的一体化数字仪控系统，使系统高度集成化、保护功能多样化，控制室设计充分考虑人因并通过完整的功能需求分析和功能分配进行人机接口设计。

为提高型号的安全性，CAP1400 采用多层级的能动纵深防御设施和非能动的专设安全设施应对设计基准事故，实施系统性的严重事故预防和缓解策略。为了验证设计的合理性与程序的适用性，开展了包括非能动堆芯冷却系统综合性试验、非能动安全壳冷却系统综合试验、临界热流密度试验等在内的 21 项关键试验。

基于该领域专家对自主三代压水堆核能发电产业的分析,确定了产业的主要产品和关键技术,见表 3-22。

表 3-22 自主三代压水堆核能发电产业的主要产品和关键技术

主要产品	关键技术
产品 1:HPR1000 "华龙一号" 产品 2:CAP1400	技术 1:能动和非能动相结合的安全技术(自主研发) 技术 2:严重事故预防和缓解关键技术(自主研发) 技术 3:自主先进核燃料技术(自主研发) 技术 4:自主先进反应堆技术(自主研发)

(二)自主三代压水堆核能发电产业的关键技术评价

如表 3-23 所示,自主三代压水堆核能发电产业主要有 4 项关键技术,除自主先进反应堆技术重要程度为重要外,其他关键技术重要程度均为很重要;其中困难程度最高的是能动和非能动相结合的安全技术及严重事故预防和缓解关键技术,困难等级达到 D 类(★☆),其他技术困难程度均为困难,等级为 C 类(★★),总体上技术的重要困难等级为 D 类(★☆),对产业发展的重要程度是很重要,技术难度为很困难,技术突破是产业发展的关键问题。

表 3-23 关键技术重要性和困难程度评价(最大隶属原则)(四)

分类	名称	重要程度	难度程度	技术重要困难等级
技术 1	能动和非能动相结合的安全技术	很重要	很困难	D 类(★☆)
技术 2	严重事故预防和缓解关键技术	很重要	很困难	D 类(★☆)
技术 3	自主先进核燃料技术	很重要	困难	C 类(★★)
技术 4	自主先进反应堆技术	重要	困难	C 类(★★)
综合	—	很重要	很困难	D 类(★☆)

自主三代压水堆核能发电产业的技术成熟度评价综合结果为 TRL8,其中能动和非能动相结合的安全技术及自主先进核燃料技术已经达到技术成熟度最高级 TRL9,具体情况见表 3-24。

表 3-24 技术成熟度评价结果（四）

分类	名称	权重	TRL 等级
技术 1	能动和非能动相结合的安全技术	0.25	TRL9
技术 2	严重事故预防和缓解关键技术	0.13	TRL8
技术 3	自主先进核燃料技术	0.12	TRL9
技术 4	自主先进反应堆技术	0.50	TRL8
综合	—	—	TRL8

（三）自主三代压水堆核能发电产业的产品成熟度评价

制造方面，产业具有 2 个主要产品，其制造成熟度评价结果见表 3-25。

表 3-25 主要产品的制造成熟度评价结果（二）

分类	名称	权重	成熟度等级
产品 1	HPR1000	0.67	MRL9
产品 2	CAP1400	0.33	MRL8

制造成熟度综合评价为 MRL9，结合技术成熟度等级得到产品成熟度的综合评价为 PRL4，整体产业已经进入大规模示范产品阶段，具体情况见表 3-26。

表 3-26 产品成熟度评价集成结果（四）

分类	权重	成熟度等级
技术成熟度	0.25	TRL8
制造成熟度	0.75	MRL9
产品成熟度	—	PRL4

（四）自主三代压水堆核能发电产业的市场成熟度评价

如表 3-27 所示，指标权重方面，市场规模是市场成熟最主要的影响因素；成熟度评价方面，除了市场收益和竞争优势为 MML3 较低外，其他产业市场成熟度指标的最大隶属等级均超过为 MML4，整体上市场快速发展并趋向成熟。

表 3-27 产业市场成熟度指标权重与评价结果（最大隶属程度）（四）

评价指标	二级指标权重	三级指标权重	MML 等级
市场环境	0.17	—	MML4
市场接受度	—	0.6	MML4
工业供应链	—	0.2	MML4
环境规范度	—	0.2	MML4
市场结构	0.09	—	MML4
市场占有率	—	0.6	MML4
产业集中度	—	0.2	MML4
进入壁垒	—	0.2	MML4
市场规模	0.45	—	MML3
市场收益	—	0.83	MML3
从业人数	—	0.17	MML5
商品竞争	0.29	—	MML3
竞争优势	—	0.17	MML3
商业化能力	—	0.83	MML4

从等级分布上，市场成熟度的综合结果在 MML3 市场确立与发展阶段，但同时隶属于 MML4（市场快速发展阶段）的程度与之接近。其中，HPR1000 产品市场成熟度较高，最大隶属等级为 MML4，而 CAP1400 产品市场成熟度最大隶属等级仅为 MML2，处于产品导入与市场形成阶段。

（五）自主三代压水堆核能发电产业成熟度评价与分析

1. 自主三代压水堆核能发电产业发展阶段评价

产业成熟度结果为培育阶段，其中产业的技术、制造成熟度较高，成熟度等级分别为 8 级、9 级，产品处于大规模示范阶段，并实现了"走出去"，市场成熟度等级为 3 级，处在市场确立与发展阶段。

2. 产业发展预测与关键影响因素分析

如图 3-5 所示，根据专家问卷判断，我国自主三代压水堆核能发电产业与世界产业发展阶段的研判是接近同步的，预计产业进入成熟阶段所需的时间为 5 年（隶属程度为 0.9）；技术、制造、资金和政策法规是产业发展的主要影响因素。

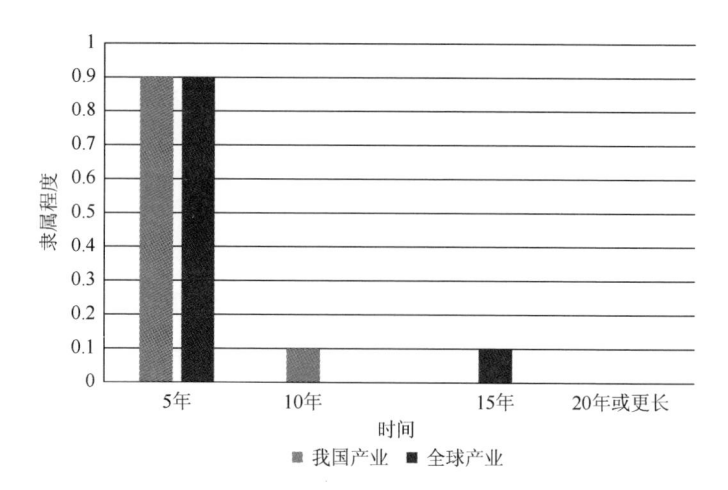

图 3-5　我国和世界自主三代压水堆核能发电产业进入成熟阶段所需时间预测

3. 产业发展建议

（1）核能发展仍处在培育阶段，需要示范工程和批量化建设。

（2）决定产业发展，更重要的是提高自主核电技术的经济性，实现能源供应的市场竞争力。

（3）持续应用先进技术和数据建模能力，不断提高核电技术水平，最终核安全技术取得突破。

六、下一代大容量智能化风力发电产业成熟度评价

（一）下一代大容量智能化风力发电产业简介

可再生能源的风电产业选择了下一代大容量智能化风力发电产业作为待评估的子产业。随着风电开发利用技术的不断进步，风电机组平均单机容量呈逐年增大态势。2016年，欧洲海上风电机组平均单机容量为4.8MW，较2015年提高了15.4%，超过半数新增装机并网的风电机组单机容量为6MW及以上，预计到2020年，欧洲风电机组的平均单机容量将再翻一番。目前，欧洲4～6MW风电机组已相对较为成熟并逐渐普及，7～10MW机组已在试验测试阶段，并将在未来几年内陆续实现商业化，10MW及以上机组已处于规划研制阶段。

2016年，我国海上风电新增装机154台，平均单机容量3.8MW，累计装机中单机容量为4MW和3MW的风电机组分别以45.5%和14%的海上装机容量位

列前两名。目前,国内单机容量最大的风电机组为7MW。据预测,到2030年,我国风电产业将进入海上风电大规模开发阶段,5~10MW风电机组将成为市场主流。

根据《风电发展"十三五"规划》技术创新要求,需突破10MW级大容量风电机组及关键部件设计制造技术,掌握风电机组的降载优化、智能诊断、故障自恢复技术,掌握基于物联网、云计算和大数据分析的风电场智能化运维技术,掌握风电场多机组、风电场群的协同控制技术,突破近海风电场设计建设成套关键技术等。《能源技术革命创新行动计划(2016—2030年)》及行动路线图指出,重点针对10MW级及以上风电机组,以及100m级及以上风电叶片、10MW级及以上风电机组变流器,以及高可靠、低成本大容量超导风力发电机等先进高端装备进行研制;针对大型风电场群优化调度运行技术、风电场群智能控制及电能质量控制技术、风电场群功率波动平抑技术、风电场群运行数据和气象数据的大数据平台技术等智能化风电技术开展重点研究攻关,掌握相关技术的核心自主知识产权,形成较强的国际竞争力。但由于目前国内设备研发能力滞后,技术创新动力不足,关键零部件质量和可靠性不能满足要求,部分关键核心装备和关键材料主要依赖进口,国产化程度相对较低等,大容量智能化风电技术与国际先进水平仍存在较大差距。

基于该领域专家对下一代大容量智能化风力发电产业分析,确定了产业的主要产品和关键技术,见表3-28。

表3-28　下一代大容量智能化风力发电产业的主要产品和关键技术

主要产品	关键技术
产品1:10MW级及以上超大型风电机组及关键部件 产品2:风电场智能化开发与运维装备系统 产品3:海上风电场(近海和深远海)设计建设成套设备	技术1:10MW级大容量风电机组及关键部件设计制造技术 技术2:风电场智能化开发与运维技术 技术3:海上风电场设计建设成套关键技术

(二)下一代大容量智能化风力发电产业的关键技术评价

如表3-29所示,产业主要有3项关键技术,除风电场智能化开发与运维技术重要程度为重要外,其他技术重要程度均为很重要;风电场智能化开发与运维技术、10MW级大容量风电机组及关键部件设计制造技术、海上风电场设计建设成套关键技术的重要程度依次升高,最高达到等级 D 类(★☆),总体上技术的重要困难等级为 C 类(★★),对产业发展的重要程度是很重要,但技术难度为困难。

表 3-29　关键技术重要性和困难程度评价(最大隶属原则)(五)

分类	名称	重要程度	难度程度	技术重要困难等级
技术 1	10MW 级大容量风电机组及关键部件设计制造技术	很重要	困难	C 类(★★)
技术 2	风电场智能化开发与运维技术	重要	较困难	B 类(★★☆)
技术 3	海上风电场设计建设成套关键技术	很重要	很困难	D 类(★☆)
综合	关键技术综合情况	很重要	困难	C 类(★★)

产业的技术成熟度评价综合结果为 TRL5,其中风电场智能化开发与运维技术成熟度等级最高,而 10MW 级大容量风电机组及关键部件设计制造技术发展则相对落后,具体各关键技术评价结果见表 3-30。

表 3-30　技术成熟度评价结果(五)

分类	名称	权重	TRL 等级
技术 1	10MW 级大容量风电机组及关键部件设计制造技术	0.17	TRL4
技术 2	风电场智能化开发与运维技术	0.17	TRL6
技术 3	海上风电场设计建设成套关键技术	0.66	TRL5
综合	—	—	TRL5

(三)下一代大容量智能化风力发电产业的产品成熟度评价

制造方面,各种产品的制造成熟度的评价结果一致,均为 MRL7,见表 3-31。

表 3-31　主要产品的制造成熟度评价结果(三)

分类	名称	权重	成熟度等级
产品 1	10MW 级及以上超大型风电机组及关键部件	0.13	MRL7
产品 2	风电场智能化开发与运维装备系统	0.60	MRL7
产品 3	海上风电场(近海和深远海)设计建设成套设备	0.27	MRL7

制造成熟度综合评价为 MRL7,结合技术成熟度等级得到产品成熟度的综合评价为 PRL2,整体产业产品为实验室产品阶段,具体情况如表 3-32 所示。

表 3-32　产品成熟度评价集成结果（五）

分类	权重	成熟度等级
技术成熟度	0.75	TRL5
制造成熟度	0.25	MRL7
产品成熟度	—	PRL2

（四）下一代大容量智能化风力发电产业的市场成熟度评价

如表 3-33 所示，指标权重方面，市场结构和商品竞争是主要影响因素；成熟度评价方面，市场结构、市场规模和商品竞争市场成熟度的最大隶属等级均为 MML2，而市场环境较好，达到 MML3。

表 3-33　产业市场成熟度指标权重与评价结果（最大隶属程度）（五）

评价指标	二级指标权重	三级指标权重	MML 等级
市场环境	0.14	—	MML3
市场接受度	—	0.11	MML2
工业供应链	—	0.26	MML3
环境规范度	—	0.63	MML3
市场结构	0.40	—	MML2
市场占有率	—	0.11	MML3
产业集中度	—	0.26	MML2
进入壁垒	—	0.63	MML1
市场规模	0.06	—	MML2
市场收益	—	0.83	MML1
从业人数	—	0.17	MML2
商品竞争	0.40	—	MML2
竞争优势	—	0.67	MML2
商业化能力	—	0.33	MML2

从等级分布上，产业市场综合成熟度的最大隶属程度在 MML2（产品导入与市场形成阶段），其中，风电场智能化开发与运维装备系统和海上风电场（近海和深远海）设计建设成套设备市场成熟度隶属于 MML2 和 MML3 等级较大，而产品 10MW 级及以上超大型风电机组及关键部件发展相对不成熟，主要集中在 MML1。

（五）下一代大容量智能化风力发电产业成熟度评价与分析

1. 产业发展阶段评价

产业成熟度结果为萌芽阶段，其中市场成熟度处在产品导入与市场形成阶段，技术、制造和产品成熟度分别为 5 级、7 级和 2 级。风电产业的发展，为下一代大容量智能化风力发电产业提供较好的市场基础。

2. 产业发展预测与关键影响因素分析

如图 3-6 所示，根据专家判断，我国下一代大容量智能化风力发电产业进入成熟的时间要落后于世界产业发展，预测我国产业进入成熟阶段所需的时间为 10 年（隶属度 0.75），而世界仅需要 5 年（隶属度 0.5）；其中技术、人才与科技资源、制造和法规政策是产业发展的主要影响因素。

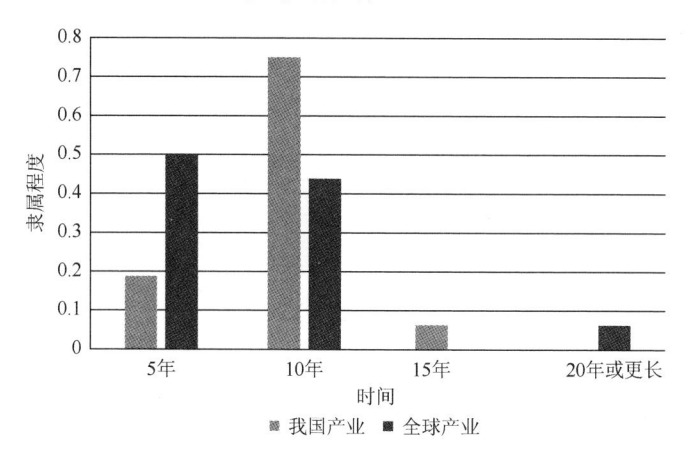

图 3-6 我国和世界下一代大容量智能化风力发电产业进入成熟阶段所需时间预测

3. 产业发展建议

（1）建议将下一代大容量智能化风力发电作为能源革命与转型的关键技术。

（2）通过设置专项高、精、尖设备技术的研发项目，提供平台、人员、资金和技术合作方面的支持。

（3）加强产业的基础研究和国家层面政策支持，推进风电核心设备设计、制造、维护的底层研发和攻关工作，注重高层次专业技术、管理技术人才的培养。

七、玉米整株燃料乙醇生物炼制产业成熟度评价

（一）玉米整株燃料乙醇生物炼制产业简介

可再生能源的生物质能产业选择了玉米整株燃料乙醇生物炼制产业作为待评估的子产业。燃料乙醇作为汽油添加剂，不仅可部分替代汽油，更有助于汽油的充分燃烧，有效减少 $PM_{2.5}$ 等污染物的排放，符合可持续发展的理念。2016 年全球燃料乙醇总产量达到 8050 万 t[75]，生产燃料乙醇的主要原料为玉米和甘蔗等，纤维素类原料不足 1%。燃料乙醇产量居首的美国有 95%的原料为玉米淀粉[76]，位居第二的巴西生产燃料乙醇的原料也由单纯的甘蔗转向了甘蔗（52.5%）和玉米（47.5%）两种原料[77]。我国燃料乙醇产量位于全球第三，生产原料也以玉米等陈化粮为主。

美国可再生燃料协会（Renewable Fuels Association，RFA）行业统计数据显示[75]，2016 年我国燃料乙醇产量为 255.9 万 t。中国产业竞争情报网数据显示[78]，2016 年我国汽油表观消费量为 11 983.1 万 t，按照 10%的添加比例，2016 年我国燃料乙醇的理论需求量为 1198.3 万 t，存在 942.4 万 t 的理论缺口。目前我国生产燃料乙醇的主要原料为玉米、小麦等粮食作物和高粱、木薯、甘薯、甘蔗、甜菜等非粮食作物，纤维素类原料贡献较小。然而，发展纤维素燃料乙醇是燃料乙醇行业发展的最终方向，符合国家能源发展需求和可持续发展要求。利用纤维素类废弃物制备燃料乙醇，不仅可以避免粮食燃料乙醇和非粮燃料乙醇与人争粮、争地的问题，还能将纤维素类废弃物转化为能源，避免了纤维素类废弃物堆积和直接燃烧等带来的环境问题，且提供了能源。

2016 年我国的玉米库存达 2.5 亿 t 左右，去库存成为玉米行业的主基调[79]。2016 年 12 月，商务部会同有关部门对《外商投资产业指导目录（2015 年修订）》做了修改，制造业重点放开准入限制领域中包括玉米深加工和燃料乙醇。

本项目提出的玉米整株燃料乙醇生物炼制的原料包括玉米粒、玉米芯和玉米秸秆。在玉米产区建设大型燃料乙醇生物炼制厂，以消耗陈化玉米为目的，生产燃料乙醇，同时开展玉米芯生产低聚木糖、纤维素燃料乙醇，玉米秸秆作为培养基生产纤维素酶并将纤维素酶提取后的固体残渣进一步制备成有机肥料，玉米及纤维固体残渣生产动物饲料，工艺废水制备沼气供热的整体生物炼制路线，实现

玉米整株在能源工业、种植业、养殖业的全方位利用。

如表 3-34 所示，基于该领域专家对玉米整株燃料乙醇生物炼制产业的分析，确定了产业的主要产品和关键技术，见表 3-34。

表 3-34　玉米整株燃料乙醇生物炼制产业的主要产品和关键技术

主要产品	关键技术
产品 1：燃料乙醇 产品 2：低聚木糖 产品 3：动物饲料	技术 1：玉米淀粉燃料乙醇及酒糟饲料生产技术 技术 2：玉米芯低聚木糖和纤维素燃料乙醇生产技术 技术 3：玉米秸秆纤维素酶制剂和有机肥生产技术 技术 4：纤维固残渣生产单细胞蛋白饲料技术 技术 5：废水处理产沼气技术

（二）玉米整株燃料乙醇生物炼制产业的关键技术评价

如表 3-35 所示，产业主要有 5 项关键技术，其中技术困难程度最高的是玉米芯低聚木糖和纤维素燃料乙醇生产技术，困难等级达到了 C 类（★★），玉米秸秆纤维素酶制剂和有机肥生产技术、纤维固体残渣生产单细胞蛋白饲料技术困难等级为 B 类（★★☆），其他技术困难等级仅为 A 类（★★★），总体上技术的重要困难等级为 A 类（★★★），对产业发展的重要程度是很重要，但技术难度为一般，即技术基本不是产业发展的阻碍，短时间内可实现技术突破。

表 3-35　关键技术重要性和困难程度评价（最大隶属原则）（六）

分类	名称	重要程度	难度程度	技术重要困难等级
技术 1	玉米淀粉燃料乙醇及酒糟饲料生产技术	很重要	一般	A 类（★★★）
技术 2	玉米芯低聚木糖和纤维素燃料乙醇生产技术	很重要	困难	C 类（★★）
技术 3	玉米秸秆纤维素酶制剂和有机肥生产技术	很重要	较困难	B 类（★★☆）
技术 4	纤维固体残渣生产单细胞蛋白饲料技术	很重要	较困难	B 类（★★☆）
技术 5	废水处理产沼气技术	很重要	一般	A 类（★★★）
综合	—	很重要	一般	A 类（★★★）

产业的技术成熟度评价综合结果为 TRL4，其中玉米淀粉燃料乙醇及酒糟饲料生产技术成熟度最高达到 9 级，而玉米芯低聚木糖和纤维素燃料乙醇生产技术最低，仅有 4 级，各技术评级等级差异性较大，具体情况见表 3-36。

表 3-36 技术成熟度评价结果（六）

分类	名称	权重	TRL 等级
技术 1	玉米淀粉燃料乙醇及酒糟饲料生产技术	0.07	TRL9
技术 2	玉米芯低聚木糖和纤维素燃料乙醇生产技术	0.44	TRL4
技术 3	玉米秸秆纤维素酶制剂和有机肥生产技术	0.25	TRL7
技术 4	纤维固体残渣生产单细胞蛋白饲料技术	0.18	TRL4
技术 5	废水处理产沼气技术	0.06	TRL9
综合	—	—	TRL4

（三）玉米整株燃料乙醇生物炼制产业的产品成熟度评价

制造方面，主要产品的制造成熟度评价结果见表 3-37，其中燃料乙醇的制造成熟度达到最高级 MRL10。

表 3-37 主要产品的制造成熟度评价结果（四）

分类	名称	权重	成熟度等级
产品 1	燃料乙醇	0.60	MRL10
产品 2	低聚木糖	0.30	MRL8
产品 3	动物饲料	0.10	MRL8

根据表 3-37，得到总体上产业的制造成熟度的评价综合结果为 MRL8，产业的产品成熟度综合评价为 PRL3，已经基本进入小规模示范产品阶段，具体情况见表 3-38。

表 3-38 产品成熟度评价集成结果（六）

分类	权重	成熟度等级
技术成熟度	0.25	TRL4
制造成熟度	0.75	MRL8
产品成熟度	—	PRL3

（四）玉米整株燃料乙醇生物炼制产业的市场成熟度评价

指标权重方面，产业中市场环境和商品竞争的商业化能力是影响市场成熟度的最重要指标。成熟度评价方面,产业的市场环境的成熟度最大隶属等级为MML3,但商品竞争的评级仅为MML1(表3-39)。

表3-39 产业市场成熟度指标权重与评价结果(最大隶属程度)(六)

评价指标	二级指标权重	三级指标权重	MML 等级
市场环境	0.36	—	MML3
市场接受度	—	0.09	MML3
工业供应链	—	0.59	MML3
环境规范度	—	0.32	MML2
市场结构	0.18	—	MML2
市场占有率	—	0.70	MML2
产业集中度	—	0.13	MML2
进入壁垒	—	0.17	MML2
市场规模	0.10	—	MML2
市场收益	—	0.83	MML2
从业人数	—	0.17	MML1
商品竞争	0.36	—	MML1
竞争优势	—	0.83	MML1
商业化能力	—	0.17	MML1

从等级分布上,市场综合的成熟度在 MML2(市场确立与发展阶段)。三种产品成熟度最大隶属等级各不相同,产品间的市场成熟度差异较大。

(五)玉米整株燃料乙醇生物炼制产业成熟度评价与分析

1. 产业发展阶段评价

产业成熟度结果为培育阶段,其中市场处在市场确立与发展阶段,技术、制造和产品成熟度分别为4级、8级和3级,核心技术发展相对比较滞后。

2. 产业发展预测与关键影响因素分析

如图 3-7 所示,根据专家判断,我国玉米整株燃料乙醇生物炼制产业与世界产业发展所需阶段的研判结果是接近同步的,预计世界该产业 10 年内可能进入成熟阶段(隶属度 0.7),而我国产业进入成熟阶段则可能需要 10 年或 15 年;技术和政策法规是产业发展的主要影响因素。

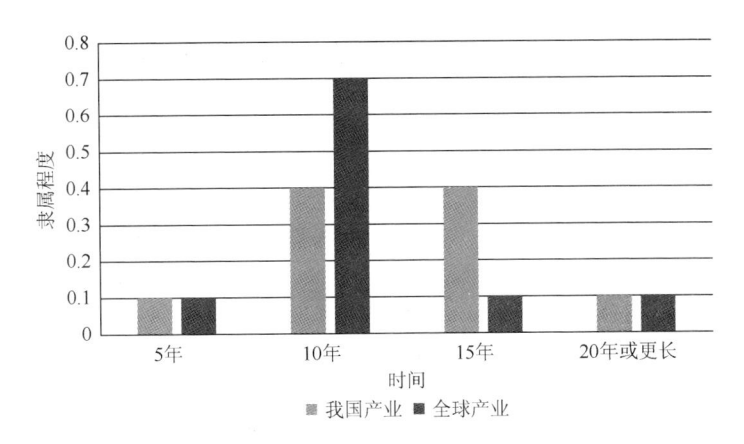

图 3-7　我国和世界玉米整株燃料乙醇炼制产业进入成熟阶段所需时间预测

3. 产业发展建议

（1）国家层面政策主导，制定技术发展与推广路线图，引导支持企业或企业联盟在现有基础上分阶段实施。

（2）加大资金投入，整合优质的智力资源，重点研发纤维素燃料乙醇高效转化技术及其副产物高效资源化利用技术，提升玉米整株生物炼制效率。

八、能源新技术产业成熟度评价结果分析

根据能源新技术领域 6 个新兴产业的成熟度评价结果（表 3-40），大部分（占比 2/3）新兴产业已经从"十二五"时期的萌芽阶段快速发展到培育阶段。其中，页岩气产业和自主三代压水堆核能发电产业的技术和产品成熟度明显高于其他评估产业发展和市场化的成熟水平；电力电子装备产业和玉米整株燃料乙醇生物炼制产业制造成熟度较高，但其不同关键技术间发展不协调，部分技术成熟度较低；而 IGCC 产业和下一代大容量智能化风力发电产业评价还处于萌芽阶段，其中 IGCC 产业技术已经趋向于成熟，综合等级达到了 TRL8，主要受限于制造和成本方面，特别是发电系统产品的自主制造能力方面；下一代大容量智能化风力发电产业是面向未来大容量和智能化风能发电新技术提出的新产业，在技术、制造、产品和市场等方面均处在起步阶段。整体上，除了部分产业发展还受限于技术和制造，我国能源新技术各产业未来 5~10 年均将重点转向通过加快产品和市场成熟来推进产业发展。

表 3-40　能源新技术产业成熟度评价结果统计表

产业名称	IGCC 产业	页岩气产业	电力电子装备产业	自主三代压水堆核能发电产业	下一代大容量智能化风力发电产业	玉米整株燃料乙醇生物炼制产业
技术成熟度	TRL8	TRL9	TRL6	TRL8	TRL5	TRL4
制造成熟度	MRL8	MRL7	MRL8	MRL9	MRL7	MRL8
产品成熟度	PRL3	PRL4	PRL2	PRL4	PRL2	PRL3
市场成熟度	MML2	MML2	MML3	MML3	MML2	MML2
产业发展阶段	萌芽阶段	培育阶段	培育阶段	培育阶段	萌芽阶段	培育阶段
我国产业进入成熟阶段所需时间（隶属度）	5年（0.9）	10年(约0.5)	10年（0.8）	5年（0.9）	10年（0.75）	10年或15年（各0.4）
世界产业进入成熟阶段所需时间（隶属度）	5年（0.9）	10年(约0.5)	10年（0.6）	5年（0.9）	5年（0.5）	10年（0.7）
产业发展的主要影响因素	制造、政策法规	技术、人才与科技资源、政策法规	技术、资金和人才与科技资源	技术、制造、资金和政策法规	技术、人才与科技资源、制造和政策法规	技术和政策法规

从我国产业和世界产业成熟度发展研判结果发现：我国各评估能源新技术产业基本与世界发展同步，进入成熟阶段所需的时间也基本接近。其中，IGCC 产业和自主三代压水堆核能发电产业在 6 个待评估产业中进入成熟时间是最短的（大概为 5 年的时间），由于其评价等级结果的隶属程度较高，说明专家判断的一致性和可信度较高。而目前 IGCC 产业发展还处于萌芽阶段，自主三代压水堆核能发电产业也仅处于培育阶段，因此，需要国家加快我国 IGCC 产业和自主三代压水堆核能发电产业的发展，未来 5 年时间内跨越新兴产业的培育阶段和发展阶段，以保持能源新技术与世界发展同步以及产业的国际竞争力。此外，通过对各评估产业的综合分析，能源新技术产业发展影响因素主要是技术研发、人才培养、科技资源投入、核心设备自主制造和法规政策。

第四章　煤炭清洁高效转化与利用产业重大行动计划

一、发展目标

煤炭清洁高效转化与利用技术的提升是我国"十三五"期间煤炭产业升级的关键。煤炭在未来很长一段时间仍然是我国的基础能源,煤炭的清洁高效转化与利用产业的发展将为我国能源安全与长远发展提供保障。

为了进一步推动煤炭转化与利用技术升级,煤炭清洁高效转化与利用产业的发展目标主要包括如下几个方面。

（一）系统提升我国清洁高效低碳煤基发电技术水平

在燃煤发电方面,"十三五"期间,预计全国将实施燃煤电厂超低排放改造4.2亿kW,30万kW级以上具备条件的燃煤机组全部实现超低排放,改造完成后主要污染物排放下降超过一半,燃煤发电机组平均供电煤耗低于310g标准煤/kWh,CO_2排放强度下降到865g/kWh左右;完成3~5座IGCC电站,1~3座百千瓦级IGFC电站,达到近零排放,具有经济竞争力;形成700℃关键热部件生产制造能力,完成电站总体设计。预计到2025年,我国燃煤机组全部实现超低排放;建成900MW等级IGCC清洁电站,供电效率大于50%;实现百兆瓦级IGFC电站工程示范,发电效率大于60%,实现CO_2近零排放,CO_2捕集率大于90%;700℃超超临界机组可以达到推广应用阶段。先进煤基发电产业的发展将大大推动煤炭产业的健康有序发展,全面提升我国燃煤发电水平,降低环境污染的影响,保障我国能源安全,为我国"十三五"的经济和能源发展提供支撑。

在碳减排方面，开发高效低成本的 CCUS 技术，推动该技术发展，实现大规模推广应用。2020 年前，集成、配套和完善 CO_2 综合利用与封存的产业化技术，初步建成涵盖石油、化工、电力、煤炭和生物工程等的 CCUS 技术示范工程。2025 年左右，煤化工 CO_2 捕集成本降低到 25 美元左右，建成百万吨级 CCUS 示范工程。

在粉煤灰综合利用方面，到 2020 年，"一步酸溶法"提取氧化铝工业示范装置实现安全稳定长周期运行，粉煤灰提取稀有元素钛、镓、锗等试验装置建成运行，研究镓的溶出机理与溶出性能，包括酸性介质和碱性介质以及镓的湿法冶金提取技术；到 2025 年，"一步酸溶法"提取氧化铝建成大规模工业示范装置，同时建成粉煤灰提取稀有元素的中试装置。

（二）推动现代煤化工产业实现"安、稳、长、满、优"运行

1. 产业规模目标

《煤炭深加工示范项目规划》（2016～2020 年）提出了 2020 年煤制油、煤制天然气的规模目标，在此基础上，本书根据煤制化学品的产业现状及在建拟建项目提出产业发展目标，如表 4-1 所示，提出到 2020 年，煤制油产能为 1300 万 t/a、煤制烯烃产能为 1000 万 t/a、煤制天然气产能为 170 亿 m^3/a、低阶煤分质利用产能为 1500 万 t/a（煤炭加工量）、煤制乙二醇产能为 400 万 t/a，力争建成 100 万 t/a 煤制芳烃工业化示范项目；到 2025 年，煤制油产能为 1800 万 t/a、煤制烯烃产能为 1300 万 t/a、煤制天然气产能为 250 亿 m^3/a、低阶煤分质利用产能为 1700 万 t/a（煤炭加工量）、煤制乙二醇产能为 500 万 t/a，煤制芳烃产能 200 万 t/a。

表 4-1　"十三五"现代煤化工产业规模目标

产品名称	单位	2020 年	2025 年
煤制油	万 t/a	1300	1800
煤制天然气	亿 m^3/a	170	250
煤制烯烃（不含甲醇制烯烃）	万 t/a	1000	1300
煤制芳烃	万 t/a	100	200
低阶煤分质利用	万 t/a	1500	1700
煤制乙二醇	万 t/a	400	500

2. 清洁转化目标

到 2020 年，煤制油、煤制天然气单位产品的综合能耗、原料煤耗、新鲜水耗至少达到表 4-2 中的基准值，力争达到先进值。到 2025 年，现代煤化工项目全面实现先进值指标。

表 4-2　资源利用效率主要指标

指标名称	煤制油（直接液化）		煤制油（间接液化）		煤制天然气	
	基准值	先进值	基准值	先进值	基准值	先进值
单位产品综合能耗/(t 标准煤/t)(千 Nm³)	≤1.9	≤1.6	≤2.2	≤1.8	≤1.4	≤1.3
单位产品原料煤耗/(t 标准煤/t)(千 Nm³)	≤3.5	≤3.0	≤3.3	≤2.8	≤2.0	≤1.6
单位产品新鲜水耗/(t/t)(千 Nm³)	≤7.5	≤6.0	≤7.5	≤6.0	≤6.0	≤5.5
能源转化效率/%	≥55	≥57	≥42	≥44	≥51	≥57

注：①同时生产多种产品的项目要求达到按产品加权平均后的指标；②以褐煤等劣质煤为原料的项目可适度放宽指标要求。

3. 创新目标

突破 10 项重大关键共性技术，完成 5~8 项重大技术成果的产业化，建成一批示范工程；建设一批高水平协同创新平台，大型现代煤化工示范工程项目投产 3 年内，基本达到设计指标，实现"安、稳、长、满、优"运行。示范工程和工业化项目的设备国产化率（按设备价值量计）不低于 85%。能效、煤耗、水耗和排放等指标全部达到或超过单位产品能源消耗限额的基准值。到 2020 年，现代煤化工产业与 2015 年相比，实现单位工业增加值水耗降低 10%，能效水平提高 5%，CO_2 排放降低 5%。到 2025 年，再建设一批优化升级后及个别新开发的大型煤化工项目，现代煤化工产业与 2020 年相比，工艺进一步优化，运行更加顺畅，实现单位工业增加值水耗降低 5%~10%，能效水平提高 5%~10%，CO_2 排放降低 5%~10%。

二、产业发展重点任务与实施途径

煤炭是我国的主体能源和重要工业原料，预计到 2030 年煤炭仍将占我国能源消费总量的 50%以上[80]，推动煤炭清洁高效利用是我国未来相当长时间内一项重点任务。结合《能源发展"十三五"规划》《煤炭清洁高效利用行动计划（2015—2020 年）》《煤炭深加工产业示范"十三五"规划》等国家政策文件对煤炭利用产业的目标要求和战略部署，"十三五"期间煤炭清洁高效利用要紧紧围绕"清洁、高效、低碳"三大主题，依靠科技创新驱动产业技术进步，在提高煤炭发电效率、推动现代煤化工产业升级示范以及燃煤污染物超低排放和 CO_2 减排、煤炭资源综合利用等方面取得突破性发展。

（一）大力发展高效燃煤发电与污染物超低排放控制装备

1. 燃煤电厂超低排放和管理减排

全面实施燃煤电厂超低排放，是推进煤炭清洁化利用、改善大气环境质量的重要举措，是煤电持续发展的关键因素。

多污染物深度净化技术是目前国内外研究的热点，投资更少、产出更高、综合经济效益更好。开发基于湿式电除尘的深度净化和协同控制技术，加强一体化协同控制的研发，如臭氧氧化技术、电催化氧化技术等，逐步推进单独的一体化联合脱除技术示范应用是多污染物控制技术的发展方向。

随着大规模集中工程建设的推进，工程减排所能产生的减排空间逐渐减小。要进一步减排，则管理减排的作用日益突出，一方面需要开展相应的配套法律、法规、政策、标准及环保激励机制研究，通过建立和完善市场手段，引导和激励企业自主自觉减排；另一方面，需要开展精细化运行管理技术的研究，通过精细化运行、规范化管理实现环保设施持续、可靠、达标、经济运行。

"十三五"期间，技术方面集中攻关污染物一体化脱除技术，包括研发具有同时吸附多污染物的新型高效吸附剂及高效、低成本氧化剂、氧化工艺与设备，以及高效催化剂等，研发多污染物一体化脱除技术工艺关键装置设计与制造技术，研究工艺流程优化技术等。对 30 万 kW 级以上具备条件的燃煤机组全部实现超低排放改造，改造完成后主要污染物排放下降超过一半。

2. IGCC 和 IGFC 产业升级示范

国内外处于商业示范运营的六座 IGCC 电站主要采用 E 级与 F 级燃气轮机，

电站容量在 20 万～30 万 kW，供电效率能达到 40%～43%，伴随 H 级燃气轮机研发制造，其联合循环效率可以达到 60%以上。

"十三五"期间，为进一步提升 IGCC 效率和经济性，需要结合我国在天津 IGCC 电站设计、建造与运营过程中积累的经验，开发新一代的 IGCC 及多联产、大型 IGFC 技术，重点开发大容量的煤气化技术，开发适用于 IGCC 的 F 级以及 H 级燃气轮机技术、低能耗制氧技术、煤气显热回收利用技术，进行高效、低成本 IGCC 工业示范，掌握和改进 IGCC 系统集成技术，降低造价，不断积累 IGCC 电站的实际运行、检修和管理经验。进行基于 F 级燃机的 400～600MW IGCC 技术的示范，供电效率达到 45%以上；基于褐煤气化的 400～600MW IGCC 技术示范，供电效率达到 43%以上，基于 H 级燃机的 600MW 级 IGCC 发电技术示范，供电效率达到 48%以上。电站排放技术指标达到 PM＜1mg/Nm^3、SO$_2$＜1mg/Nm^3、NO$_x$＜30mg/Nm^3、Hg＜0.003mg/Nm^3。

IGFC 是以气化煤气为燃料的高温燃料电池（包括 SOFC 和 MCFC）发电系统，除具备 IGCC 技术的优点外，其效率可达 60%以上，CO$_2$ 容易富集，可达到近零排放。IGFC 发展方面，美国、日本一直处于世界领先地位，正在进入商业化发展阶段。在国家的大力支持下，预计我国在 5 年内实现百千瓦 IGFC 发电系统的自主设计、制造，建立示范运行系统；在新材料、新工艺、新器件等基础技术研究方面取得一批重大成果；在 5～10 年内，建立一批重点示范工程，并投入运行，收到实效；最终掌握百兆瓦级 IGFC 发电技术，实现煤炭高效发电、近零排放。

3. 700℃超超临界高效发电持续验证试验

欧盟、日本和美国均采取由政府组织、材料供应商和设备制造公司联合开发的方式开展 700℃超超临界发电技术和设备研发。与 600℃等级超超临界燃煤发电技术相比，700℃技术的供电效率将由约 44%提高至 48%～50%，煤耗可降低 40g/kWh 左右，同标准情况下，粉尘、NO$_x$、SO$_2$ 等污染物以及 CO$_2$ 排放量可减少 14%左右。

700℃先进超超临界发电技术一直是燃煤发电进一步提高效率的主要技术方向。掌握和应用 700℃等级超超临界发电技术，可大幅度提升发电效率，大幅度降低温室气体与污染物排放浓度，是实现我国火力发电行业可持续发展的不可缺少的途径。在国家能源局、科学技术部的大力支持下，"十三五"期间，集中攻关并全面掌握 700℃等级高温材料制造和加工技术，完成电站总体设计。包括研发 700℃镍基合金高温材料生产和加工技术，耐热材料大型铸件、锻件的加工制造技术，高温部件焊接材料、焊接工艺及高温材料的检验技术等；研究 700℃机组主辅机关键部件加工制造技术，包括水冷壁、过热器、再热器、集箱及管件、汽轮机主轴及高/中/低压缸等；研发 700℃超超临界发电机组锅炉、汽轮机及关键辅机和阀门国产化制造技术。此外，还需重点研究 700℃机组系统设计优化，包括电站总体设计、锅炉和汽机总体设计、系统优化等方面，从而实现高超临界等发电技术的商业化大规模应用。

（二）积极推进 CO_2 捕集利用与封存产业的发展

CCUS 技术作为减缓温室气体排放和煤炭可持续利用的战略性技术选择之一，其技术成熟度和经济可承受性是该技术推广应用的重要前提。国外已有多套百万吨级全流程示范工程正在运行及建设中，我国示范工程规模还在 10 万～30 万 t 级，在大规模系统集成、管网运输和长期监测方面还存在差距。未来重点研发新一代高效低能耗的 CO_2 吸收剂和捕集材料，开展百万吨级全流程 CCUS 项目示范，使 CO_2 捕集成本小于 25 美元/t，达到国际领先水平。研发燃烧前捕集、燃烧后捕集、富氧燃烧捕集，CO_2 驱油及驱气，固体氧化物电解池等前沿新技术。加强电厂捕集与应用封存端深度整合、高参数大通量设备研制、地质封存长期监测等应用技术研究。

1. CCS 技术

CCS 是指从化石能源利用（如大型发电厂、钢铁厂、化工厂等）产生的尾气中捕集 CO_2，将其液化运输至埋存地，并注入地质结构中进行封存。CCS 是实现减少 CO_2 向大气中排放潜在的重要措施之一，被认为是未来 50～60 年减少温室气体排放的一种重要方式。CCS 技术包括 CO_2 捕集、运输及封存三个环节，可以使单位发电碳排放减少 85%～90%。全球有多个成功的 CCS 项目在进行中。2016 年，华能集团在天津 IGCC 示范电站建成我国首台 10 万 t/a 的燃烧前 CO_2 捕集系统，捕集的 CO_2 用于附近油田的驱油和封存试验。2011 年，神华集团承担的我国首个 10 万 t/a 全流程内陆咸水层 CCS 示范工程建成投运，并在鄂尔多斯盆地开始正式连续注入。

2. EOR 技术

CO_2 强化驱油（enhanced oil recovery，EOR）在北美已成功地应用于石油开采，可以显著增加枯竭油田的石油产量。2013 年 11 月 6 日，中国华能、神华集团、中国国电集团公司、中石油和中石化五家理事长单位，延长石油、中联煤、清华大学、北京大学、中国科学院武汉岩土力学研究所等 24 家理事单位组成二氧化碳捕集利用与封存产业技术创新战略联盟。2014 年 4 月，中国石油和化学工业联合会、中石油及神华集团联合成立了陕甘宁内蒙古地区二氧化碳捕集、驱油和封存工作领导小组，以加强对这些地区碳捕集、驱油和封存工作的组织领导和协调。

3. CO_2 重整煤循环技术

高温 CO_2 重整煤循环技术是通过由 IGFC 产生的高温、高浓度 CO_2 来重整煤或焦炭，产生高含量的 CO 气体，为下游煤化工的发展做准备。利用太阳能、风能、生物质能、地热能等可再生能源发电所产生的电，或者输电中峰谷富余的电，通过固体氧化物电解池电解还原 IGFC 在阳极产生的 CO_2 和 H_2O，制取合成气和氧气。一方面，把可再生能源作为能源资源的补充引入现有的能源和工业体系中，降低对煤炭主体能源的消费；另一方面，利用可再生能源生产合成气等产品，作为化工等其他工业的原料补充。

（三）加快粉煤灰"一步酸溶法"提取氧化铝工业化示范线建设

与传统的基于石灰石烧结碱法提取氧化铝技术相比，"一步酸溶法"提取氧化铝具有酸可循环利用、无废渣排放、流程短、成本低、技术条件宽泛、易于工业化和环保等优势。利用"一步酸溶法"粉煤灰提取氧化铝技术建设的年产 4000t 氧化铝中试装置已实现满负荷稳定运行，初步验证了技术的可靠性。"十三五"期间，应加快"一步酸溶法"提取氧化铝工业化示范线建设，建设 2×50 万 t/a 生产冶金级氧化铝工业化示范厂。

（四）推动现代煤化工产业升级示范

"十三五"期间现代煤化工处于升级示范阶段，为确保煤炭深加工产业规划的顺利实施,应重点开展煤制油、煤制天然气、煤制化学品、低阶煤分质分级利用和其他产业协调发展五类模式工艺技术研发及升级示范,通用共性技术装备升级示范。

1. 煤制油升级示范重点

煤制油包括煤直接液化和煤间接液化,其中我国煤直接液化技术相对成熟,处于国际领先水平,但仍然存在优化提升空间;而煤间接液化 16 万~18 万 t 项目运行稳定,但百万吨级项目运行时间相对较短,在长周期、满负荷及安全稳定运行方面仍需要下大力气付出更多努力。

煤直接液化方面,2020 年以前主要在总结中国神华煤制油化工有限公司鄂尔多斯煤制油分公司 108 万 t/a 煤直接液化装置运行经验的基础上,进一步优化和完善煤直接液化工艺技术,实施能量梯级利用,继续开发和试验特种油品,进行智能化改造,对油渣萃取工艺进行示范。适时启动煤直接液化第二、三条生产线的建设。到 2025 年,在二、三线建成投产形成规模效益的同时,继续调整产品结构,特种油品实现商业化;同时进行配套工艺技术及设备的研发及示范应用,智能化控制应用,对油渣进行高效利用如生产碳纤维等,进一步提高项目的经济效益和竞争力。

煤间接液化方面,2020 年以前主要是在推动兖矿榆林百万吨级和神华宁煤 400 万 t/a 煤间接液化示范项目实现安全、稳定运行的同时,进一步延伸产业链,开发和适时建设高温费托装置,实现产品由单一油品向油化并重或以化学品为主的方向转变。到 2025 年,采用更新的工艺和催化剂,建成并运行高温费托工艺,同时对产品结构进行适当调整,润滑油、液蜡、烯烃等商业推广,过程控制实现信息化、智能化。

煤油共炼技术,2020 年以前主要是对现有项目进行示范运行、总结、优化;2025 年前根据外部原料供应条件,适时推广应用。

2. 煤制化学品升级示范重点

煤制化学品以生产烯烃、芳烃、含氧化合物等基础化工原料及化学品为主,主要包括煤制烯烃、煤制乙二醇、煤制芳烃等。

煤制烯烃:2020 年以前,一是对现有装置进行优化,开发选择性更高的新一代 MTO 催化剂，同时实现 MTP 催化剂国产化，进一步降低能耗、水耗和生产成本；二是研究开发新一代甲醇制烯烃技术，进一步提升催化剂、反应器等关键技术；三是进行信息化、数字化和智能化改造；四是研究开发高端产品。2021~2025 年，进行新一代煤制烯烃工艺技术、设备及催化剂的工业化示范，实现产品高端化、差异化发展。

煤制乙二醇：2020 年以前，主要是对现有工艺进行优化（包括装置匹配性）、改造和完善，提升连续稳定运行能力；另外需要继续提高产品的品质，认真研究微量杂质的组成及对下游应用的影响，继续探索在长丝方面的应用（全部采用煤制乙二醇的可行性）。开发新型煤制乙二醇技术，提高产品质量和运行稳定性，研究非贵金属催化剂和更大规模反应器。2021~2025 年，建成新一代技术项目，在产品结构方面调整，进一步延伸产业链，适应市场。

煤制芳烃：2020 年以前，加强实验室研发，完善甲醇制芳烃技术、设备和催化剂，适时建设百万吨级工业化示范装置。2021~2025 年，根据技术成熟度和市场需求，推广煤制芳烃技术，同时开发和示范效率更高、选择性更高的新一代技术。

煤制其他化学品方面：2020 年以前，开发合成气制高碳伯醇等技术，研究高性能催化剂，提高目标产品选择性，开展相应的中间试验。加强合成气一步法制烯烃、乙醇等技术基础理论研究，攻克工程技术难题，推动工程放大和试验示范。2021~2025 年，视技术发展情况和市场需求，择机建设和推广相关技术。

3. 煤制天然气升级示范重点

煤制天然气项目总体集成方面处于国际先进水平，但甲烷化技术主要采用国外技术，仍有许多问题需要解决。

2020 年以前，对已建成的煤制天然气示范项目进行系统、设备优化及完善，国家政策予以鼓励不参与调峰，提高在高负荷条件下连续、稳定和清洁生产的能力。加大具有自主知识产权的甲烷化成套工艺技术、设备及催化剂开发力度，在新建煤制天然气项目中开展 10 亿 m^3/a 及以上规模的工业化示范及成熟后的推广应用。优化现有移动床气化技术，在新建项目上进行移动床和气流床组合气化技术的应用。研发先进高效的酚氨回收等污水处理等技术及示范应用。2021~2025 年，推广和建设一批效率更高的新项目，解决智能控制、水处理、天然气市场等问题，建设多联产项目。

4. 低阶煤分质分级利用及水处理技术研发及示范重点

2020年以前，以工业示范为主，尽管低阶煤的热解技术已经开发数十年，我国也有多种技术进行了中试和工业示范，但仍需进一步总结经验教训，对现有工艺和设备进行优化和完善。解决存在的气固液分离难、焦油品质不高、半焦合理高效利用、焦油加工延伸产业链等问题。建成并运行年处理煤量在千万吨级以上项目。另外，也需要开发新的高效、竞争力强的热解技术并进行工业化示范。2021~2025年，对相关技术继续进行研发示范，对工艺切实可行的技术推广应用，实现"安、稳、长、满、优"运行，择机建成大型多联产项目。

5. 现代煤化工共性技术研发示范重点

2020年以前主要是对现有技术进行总结、研发，对大型空分、气化等进行继续研发及工业示范；研发适用于现代煤化工"三废"特点的先进节水、环保治理技术和资源化技术，如移动床气化废水处理及资源化、低成本浓盐水处理及分盐技术等，体现循环经济理念。通过水平衡、蒸汽平衡和采用节水设备实施，进一步降低单位产品水耗。同时借鉴石油化工经验，加快信息化、智能化、数字化技术设备创新及应用。2021~2025年，继续优化和开发新一代公用技术，进一步降低能效、水耗和污染物排放。

三、西部煤炭绿色转化利用重大工程

西部地区是我国煤炭最大的主产区和煤炭净调出区，晋、陕、蒙、宁、甘、新等省区煤炭储量总和占我国煤炭总储量的70%以上。但西部地区水资源极度短缺，水资源量仅占全国的1.6%，生态环境十分脆弱，是制约煤炭就地利用的最重要因素。为推动西部地区煤炭利用方式转型升级，实现煤炭资源的大规模集中高效利用，促进区域经济发展，结合"十三五"煤炭清洁高效利用产业重点任务，重点推进IGCC电站示范工程和现代煤化工升级示范工程。

IGCC发电效率高、污染排放低，而且能大大降低用水量，较常规燃煤机组耗水量减少1/2~2/3，适合于在我国西部水资源短缺地区建设，将突破我国西部水资源对电站建设的限制，促进西部煤炭产业的发展。

西部地区是我国现代煤化工示范项目主要布局地区，"十二五"期间已建成煤制油、煤制天然气、煤制化工品等现代煤化工示范项目。"十三五"期间，在总结前期经验教训的基础上，继续推动低阶煤分级分质利用、煤制油、煤制天然气、煤制烯烃等技术示范，进一步提高现代煤化工示范项目技术水平和转化效率，实现项目"安、稳、长、满、优"运行。

（一）400～600MW 等级 IGCC 电站示范

以提高煤炭发电效率、实现煤炭发电近零排放、推动煤气化发电多联产产业化为目标，充分利用我国西部煤炭资源优势，在我国西部地区建成并示范 400～600MW 等级 IGCC 清洁电站。通过西部煤炭绿色转化利用重大工程的实施，进一步解决和突破制约我国煤炭清洁高效利用技术发展的瓶颈问题，集中攻克新一代 IGCC 的重大关键技术，进一步提升煤炭发电效率，全面提升煤气化发电清洁高效利用领域的工艺、系统、装备、材料、平台的自主研发能力，取得基础理论研究的重大原创性成果，实现工业应用示范，为实现煤气化发电多联产产业化提供技术支撑。

开发新一代近零排放的煤气化发电及多联产技术，重点突破新一代 IGCC 关键技术，实现煤炭清洁高效发电。目标是完成采用 F 级或 H 级燃气轮机的 400～600MW 级 IGCC 重大工程的示范，供电效率高于百万千瓦超超临界燃煤机组，进一步完善大型气化炉，提高气化装置运行的稳定性及经济性，带动 IGCC 相关发电设备制造产业与化工设备产业的发展。重点任务包括研究大规模高效煤气化及煤气净化关键技术，建立大规模煤气化系统能效分析、煤质关联表征新方法；研究煤气化合成气的 F 级以及 H 级燃气轮机关键技术，建立合成气燃烧室稳定燃烧、叶片冷却的新方法；研发大规模低能耗制氧技术，研究制氧技术能耗降低的新方法；研究 IGCC 及煤制清洁燃料系统集成技术。

在 IGCC 的具体实施路线中，充分利用我国首座 250MW IGCC 示范电站的设计、建设和运行基础，优化提升当前的 IGCC 电站设备，采用 F 型或 H 型燃气轮机，建成 400～600MW 等级的 IGCC 示范电站，逐步过渡为商业电站。技术及装备研发任务与示范工程建设完成后，推广大型化 IGCC 的关键单元技术与系统集成技术，形成完备的 IGCC 技术体系，摸索出不同等级不同配置 IGCC 电站的调试运行经验，建立配套设备的制造能力，实现大型化 IGCC 电站的经济效益与规模效应。

（二）现代煤化工升级示范工程

1. 百万吨级低阶煤分质利用示范工程

研发清洁高效的低阶煤热解技术，攻克粉煤热解、气液固分离工程难题，开展百万吨级工业化示范。研究更高油品收率的快速热解、催化（活化）热解、加压热解、加氢热解等新一代技术。加强热解与气化、燃烧的有机集成，开发热解-气化一体化技术和热解-燃烧一体化技术，配合中低热值燃气轮机或适应性改造后的燃煤锅炉，开展焦油和电力的联产示范。

研发煤焦油轻质组分制芳烃、中质组分制高品质航空煤油和柴油、重质组分制特种油品的分质转化技术，开展百万吨级工业化示范。开展 50 万 t 级中低温煤焦油全馏分加氢制芳烃和环烷基油工业化示范。

在各单项技术突破的基础上，加强系统优化和集成，开展油、气、化、电多联产的千万吨级低阶煤分质利用工业化示范。

2. 百万吨级煤制油技术升级示范工程

在总结中国神华煤制油化工有限公司鄂尔多斯煤制油分公司 108 万 t/a 煤直接液化装置（即第一条生产线）运行实践的基础上，进一步改进和完善煤直接液化技术，启动建设第二、三条生产线，改善循环溶剂油平衡，开发超清洁汽、柴油以及军用柴油、高密度航空煤油、火箭煤油等特种油品的生产技术，利用石脑油、液化石油气生产芳烃、丙烯等化学品，加强液化残渣的高效利用，建成煤基综合能源化工示范项目。

推动兖矿榆林和神华宁煤两个百万吨级煤间接液化示范项目实现"安、稳、长、满、优"运行。研发处理能力达 3000~4000t/d 的新型气流床气化技术，进一步提升气化效率，降低工程造价和废水排放。开展低温费托合成油生产高附加产品以及高温费托合成技术工业化示范，优化产品结构，更多地生产超清洁汽油以及高品质石蜡、溶剂油、α-烯烃、高档润滑油等高附加值产品。开发新型费托合成催化剂，提高目标产品选择性，简化后续产品加工流程。

加强煤直接液化和间接液化技术、低温费托合成和高温费托合成技术集成，实现各自优势互补，进一步提高能效，降低成本。

3. 110亿 m³/a 及以上煤制天然气技术升级示范工程

推动已建成的煤制天然气示范工程系统优化完善,在高负荷条件下实现连续、稳定和清洁生产。研发大型化环保型固定床熔渣气化技术,开展处理能力1500～2000t/d气化炉工业化示范。加快固定床和气流床组合气化技术的应用。开发具有自主知识产权的甲烷化成套工艺技术,开展10亿 m³/a 及以上规模的工业化示范。研发先进高效的酚氨回收、含酚废水生化处理、高盐水处理等技术,加强各单项技术的优化集成。开展煤制天然气联产油品和化学品示范,提高项目生产的灵活性和综合效益。以大幅提高合成气中甲烷比例为目标,推动多段分级转化流化床气化技术和催化气化技术的研发、试验示范。

4. 50万t及以上煤制烯烃升级示范工程

开发新一代甲醇制烯烃技术,进一步提升催化剂、反应器等关键技术,单系列甲醇制烯烃装置年生产能力在50万t及以上,适时启动百万吨级示范工程,整体能效高于44%,吨烯烃耗标准煤低于4t,吨标准煤转化耗新鲜水低于3t,废水实现近零排放,固体废弃物实现资源化利用。

第五章　非常规油气开发利用产业重大行动计划

一、发展目标

（一）页岩气

在政策支持到位和市场开拓顺利的情况下，2020年力争实现页岩气产量300亿 m^3，"十三五"期间实现产值1000亿元以上。在科技技术方面完善成熟3500m以浅海相页岩气勘探开发技术，突破3500m以深海相页岩气、陆相和海陆过渡相页岩气勘探开发技术；在"十四五"及"十五五"期间，我国页岩气产业加快发展，海相、陆相及海陆过渡相页岩气开发均获得突破，新发现一批大型页岩气田，并实现规模有效开发，2025年实现页岩气产量达到500亿～600亿 m^3，2030年实现页岩气产量800亿～1000亿 m^3。

（二）煤层气

到2020年，煤层气（煤矿瓦斯）抽采量达到240亿 m^3，其中地面煤层气产量100亿 m^3，利用率90%以上，"十三五"期间实现产值达到300亿元；2025年地面煤层气产量达到150亿 m^3。在沁水盆地、鄂尔多斯盆地东缘两大煤层气产业化基地的基础上，"十三五"期间，新增煤层气探明地质储量4200亿 m^3，建成2~3个煤层气产业化基地。初步形成不同煤质、不同地区煤层气高效开发技术体系。进一步完善煤层气产业政策体系，为煤层气产业快速发展创造条件。

二、产业发展重点任务与实施途径

（一）页岩气

"十三五"期间依靠政策支持、技术进步、体制创新，加大页岩气勘探开发力度，攻克页岩气勘探开发核心技术，尽快落实资源，形成规模产量，推动页岩气产业有序快速发展。坚持"科技创新、体制机制创新、常规与非常规结合、持自营与对外合作并举、开发与生态保护并重"的五项发展原则。

1. 统筹规划，分清层次，协调发展

第一层次：以四川盆地志留系为重点，在川渝地区形成页岩气商业开发阵地。重点在涪陵、长宁、威远、昭通、富顺—永川已经实现商业开发的地区，进一步扩大新建产能规模。力争在荣昌—永川、威远—荣县、宣汉—巫溪、荆门、丁山、武隆、南川等地加大页岩气勘探力度，实现突破，形成新的产能建设新阵地。

第二层次：以四川盆地寒武系，四川盆地周缘湘、黔、鄂地区海相页岩，鄂尔多斯盆地、四川盆地陆相页岩为重点，实现新层系、新地区商业化突破，形成"十四五"页岩气产业接替阵地。

第三层次：进一步落实我国其他地区页岩，形成页岩气远景目标。

2. 加快页岩气示范区建设，推动我国页岩气产业的快速、健康发展

一是通过"示范区"建设，在川渝地区形成一批页岩气商业开发阵地，实现页岩气产量快速上升。

二是通过"示范区"建设，开展页岩气地球物理评价及"甜点"预测、水平井钻完井、水平井压裂改造和页岩气开发优化等技术试验示范，形成适合我国地质条件的页岩气勘探开发关键技术及装备，形成我国页岩油气产业勘探开发技术的标准、规范。

三是通过"示范区"建设，形成低成本、市场化运作的综合利用模式，形成页岩气环境保护等可持续发展模式。

四是通过"示范区"建设，开展示范区体制机制试验。以合资合作开发为重点，完善和推广页岩气多元投资模式，降低页岩气投资压力，加快优质区块矿权

动用，改善地企关系等外部环境。

（二）煤层气

"十三五"期间，坚持创新、协调、绿色、开发、共享发展五项原则，依托国家各类科技计划（专项、基金等），突破煤层气（煤矿瓦斯）开发利用技术装备瓶颈，形成产、学、研、用相结合的科技创新平台；形成煤炭远景区先采气后采煤、煤炭生产规划区先抽后采和采煤采气一体化格局，促进形成资源勘查与开发、地面开发与井下抽采协调发展格局。推动地面开发基地化、井下抽采规模化，实现"安全—资源—环保"绿色发展。加强国际交流与合作，积极引进煤层气勘探开发先进技术和管理经验。建立煤层气、煤炭企业信息资源共享机制。加强煤层气（煤矿瓦斯）技术装备及创新成果的互用互通，实现共享发展。

1. 继续推进沁水盆地、鄂尔多斯盆地东缘两个煤层气产业化基地建设

以沁水盆地、鄂尔多斯盆地东缘实现规模化商业开发的地区为重点，进一步开展示范工程建设，加强潘庄、樊庄、郑庄、柿庄南、柿庄北、保德、韩城、延川南等项目生产建设，实现已有产区稳产增产；在马必、古交、三交、保德南、韩城南等新建产区增加储量，扩大产能，配套完善基础设施，实现产量快速增长。

2. 加快贵州织金—安顺构造煤、鄂尔多斯盆地低阶煤等新区、新层系开发试验，形成新的煤层气产业化基地

对贵州织金—安顺、贵州毕水兴、新疆准噶尔盆地南缘已经实现单井突破的地区，进一步开展开发试验攻关，探索不同井型、不同完井方式单井提高产能攻关试验、面积排采试验，实现新的突破，形成新的煤层气产业化基地。在内蒙古东胜、海拉尔、二连及四川川南等地区建设低煤阶、厚煤层、深部煤层气开发利用示范工程，形成若干个煤层气开发试验区。

3. 加大煤层气勘探，形成新的资源阵地

一是以沁水盆地、鄂尔多斯盆地东缘为重点，继续实施山西延川南、古交和陕西韩城等勘探项目，扩大储量探明区域；加快山西沁源、临兴、石楼等区块勘探，增加探明地质储量，推进已有产业化基地增储。

二是加快贵州、新疆、内蒙古、四川、云南等地区煤层气资源调查和潜力评价，实施一批煤层气勘查项目，在西北低煤阶地区和西南高应力地区实现新区储量的突破。

三、非常规天然气规模化开发重大工程

以页岩气为主的非常规天然气对国际天然气市场及世界能源格局产生重大影响，非常规天然气将在未来能源供给中占有十分重要的地位。党中央、国务院高度重视页岩气资源开发利用工作，国家能源战略已将页岩气、煤层气等非常规天然气开发摆到十分重要的位置，实施非常规天然气规模化开发对实现石油工业的技术突破与升级、为经济社会提供绿色清洁能源、保护生态环境具有重要意义。目前川渝地区的涪陵、长宁、威远等地 3500m 以浅龙马溪组页岩气已经实现了商业开发，2016 年页岩气产量达到 78 亿 m^3；煤层气已经在我国北方沁水、鄂尔多斯盆地形成煤层气规模开发基地，煤层气产量不断增长。在我国南方贵州织金、毕节、川南等地区煤层气已经取得单井的商业化突破，具备了实施非常规天然气规模化开发的物质基础和有利条件。我国川渝地区龙马溪组页岩气资源主要分布于 3500m 以深地区，但深层页岩气在水平井分段压裂技术方面尚未成熟；煤层气 1000~1500m 以深在鄂尔多斯盆地东缘乡宁地区取得了积极进展，展现了深层煤层气开发的积极前景，此外在滇东—黔西地区煤层气取得了新突破，为煤层气新区拓展奠定良好条件。为实现非常规天然气规模开发，设立以下攻关示范工程，突破技术瓶颈，推动页岩气、煤层气快速发展。

（一）川渝地区深层页岩气攻关示范工程

工作目标：以川渝地区威远、永川、东溪等地区为重点攻关区，开展 3500~4500m 埋深志留系龙马溪组页岩气技术攻关。到 2020 年，突破深层页岩气压裂技术攻关，力争实现商业开发，在川渝地区深层形成规模化页岩气商业开发基地，为实现"十三五"页岩气规划目标及"十四五"页岩气快速发展打下基础，实现深层关键装备-工具自主化生产。

根据总体目标和需要解决的关键问题，本工程确定了以下四个方面的重点攻关技术。

1. 深层页岩气藏地质综合评价技术

重点开展完成以下任务：深层富有机质泥页岩储集特征及评价技术研究，富有机质泥页岩含气特征及评价技术研究，页岩气赋存机理与富集规律研究，页岩气地质综合评价技术研究，页岩气可动用资源量及储量评价技术研究。

2. 深层页岩气藏产能评价及有效开发技术

重点完成以下任务：深层页岩气开发过程中渗流规律及影响因素研究；页岩气多段压裂水平井产能评价及预测技术研究；页岩气多段压裂水平井开采规律研究；页岩气合理开发技术研究；页岩气开发方案优化设计研究。

3. 深层页岩气水平井钻完井及增产改造技术

重点完成以下任务：针对埋深超过 3500m 页岩储层温度高、地应力高等因素导致的钻完井过程中井筒垮塌严重、套管变形，分段压裂过程中加砂困难、设备强度不够等问题开展研究，以实现 3500m 以深页岩气资源的有效开发。攻关长水平段井眼轨迹优化设计及控制技术、页岩水平井快速钻井技术；攻关深层分段压裂技术及工具。

4. 页岩气关键装备与工具研制

重点完成以下任务：井工厂钻井装备及工具研制；大型储层改造装备及工具研制；大容量连续油管装备及工具研制；带压作业装备及工具研制。

（二）煤层气新区产能建设示范工程

工作目标：2020 年，建成乡宁等地区深层煤层气、织金等滇黔桂地区煤层气勘探开发工程示范基地，建立中国南方构造煤、深层煤层气开发的技术标准与规范，实现新区煤层气开发的示范作用和工业化推广。

本工程重点攻关以下两项主要技术。

1. 深层煤层气开发技术

形成深层煤层气钻完井及增产改造技术系列，实现埋深 1000～1500m 煤层气资源的有效开发。重点开展深煤层可采性评价，煤层气高渗富集主控因素分析和深层煤层气有利区优选技术研究；开展井身结构和井眼剖面的优化设计、钻具组合优化、井眼轨迹导向控制和主水平井眼与裸眼洞穴的连通等技术研究；开展选区评价及储层改造技术优选、分段方式、射孔工艺、压裂工作液研究，并进行现场试验、压后生产动态分析。

2. 复杂储层煤层气高效增产技术

针对煤储层压裂效果不理想和专有装备尚处于研发起步阶段等难题，开展相关技术攻关，实现中低煤阶和构造煤、薄煤层（群）煤层气资源的有效开发。重点研究中低煤阶煤层气有效压裂技术、薄煤层（群）有效压裂技术、低透气性煤层气抽采开发利用技术、低浓度胍胶压裂液体系、多项裂缝监测评估技术相结合的煤层压裂裂缝综合诊断评估技术，以及煤储层脉冲致裂、高能气体压裂改造新技术研究。

第六章 智能电网与储能产业重大行动计划

一、发展目标

电力产业的创新发展是我国"十三五"期间能源结构转型的关键一环，在绿色能源体系建设、综合能效提升、智慧城市发展、用户优质服务等多方面均有着深刻内涵。建设以清洁能源为主导的新型智能电网，构建智能化的电力生产、输配和消费互动新体系成为现阶段电力产业发展的核心任务。围绕我国"十三五"能源产业相关政策与规划，智能电网与储能产业在本阶段的发展目标主要包括以下几个方面。

（一）发展全面可控的智能柔性电力输配平台

推广应用高压大容量柔性输电和协调控制技术，发展直流、交直流混合输配电等新型电网模式，推广电力电子变压器、馈线软开关等智能化输配电装备，建设全面电力电子化的智能电网，提升系统对源、网、荷的协调控制能力，提高电网在更大范围内实现能源资源有序配置的能力。带动电力电子器件与装备研发制造产业的发展，开发新型多端超大功率换流器、配网级高适应性电力电子变流器、新型电力电子材料与元件等。

（二）发展清洁可再生能源发电的高比例消纳平台

加快广泛互联的输电网、可靠灵活的主动配电网以及多种分布式电源广泛接入互动的微电网建设，建成适应新能源高比例发展的新型电网结构，建立适应新能源电力深度消纳的电网调度、运行与管理体系，消除分布式能源直供与灵活入网的政策与技术障碍，实现可再生能源发电比重大幅提高、弃风弃光率近零的目标。带动电力储能相关产业发展，示范分布式储能电站集群、吉瓦级化学储能系统、高性能储能装备等先进储能技术等。

（三）发展"互联网+智能电网"智慧能源服务平台

推广分布式储能、虚拟储能、智能微网等关键技术，构建信息化、智能化电力运行监测与管理技术平台，建设以可再生能源为主体、以智能电网为核心的"源—网—荷—储—用"协调发展、集成互补的能源互联网，建立信息高度共享的能源生产运行与消费的监测、管理和调度信息公共服务网络。带动电力系统智能芯片、智能装备等研发与制造产业的发展，持续开展并扩大电力智能终端、装备与系统运行的试点示范建设。

预计到2020年，基本实现全面可控的智能柔性电力输配和清洁可再生能源发电的100%消纳，供电可靠性达到99.999%；预计到2025年，初步实现"互联网+智能电网"智慧能源服务，为用户提供定制化的电力服务。

二、产业发展重点任务与实施途径

随着经济发展和人民生活水平的提高，社会对电力系统的可靠性、安全性、高效性、低成本、绿色环保等方面的要求日益提高，这就迫切需要全面提升电力系统智能化水平，实现电力系统的跨越式发展。在上述过程中，先进电力电子装备可在"发—输—变—配—用"不同环节支撑多样化交直流柔性电网发展，增强电力系统的灵活性，提升供电服务能力与可再生能源消纳能力；智能电力装备与系统可综合运用更加先进的芯片技术、更加智能化的系统部件及装备，以及更加优化的决策及控制支持技术，有效推动安全、高效、清洁、智能的现代电力系统体系建设；先进的储能技术则可进一步提升电力系统的柔性备用容量与调节能力，提升电力系统运行的安全性与可靠性。

上述三项关键技术是电力系统智能化建设的重要组成部分，可全面提升电网智能化水平，创新电网运行控制模式，为电能生产与消费的全面市场化改革、社会广泛参与的源—网—荷互动提供技术保障，为电力能源消费革命提供支撑。

（一）先进电力电子装备

先进电力电子装备是智能电网建设的重要组成部分。先进电力电子装备的实现需要融合先进的智能制造技术、电力半导体技术、实时控制技术、通信技术等。发展电力电子装备需面向电力电子的应用，实现电力电子核心器件的技术突破，在发输电、配电和分布式发电、用电和电能替代三大领域进行重点创新。

1. 大力发展大功率规模化新能源发电和新型高压直流输电装备

在发电和输电产业领域，应以可再生能源大容量并网变流器和新型高压输电换流器为核心。在规模化新能源发电领域，应当重点引导模块化大容量风电变流器和大容量光伏变流器的产业发展，提升设备运行效率，降低由设备故障引发的脱网事故。此外，还需积极促进送端电网储能和规模化电力电子发电设备的融合，提高电网对规模化可再生能源的消纳能力。在输电领域，应重点研究新型电力半导体器件与新型变流器结构在高压换流器的应用，突破高压电力电子器件直接串联的技术壁垒，提升换流阀的运行效率，增强高压输电网的故障隔离能力、容错运行能力和跨区域多端口柔性互联能力。

2. 积极推进配电网柔性化及装备电力电子化

在配电领域，应重点围绕智能柔性联络开关（soft open point，SOP）和电力电子变压器（solid state transformer，SST）两大核心电力电子装备实施能源电力产业升级，改变传统配电网闭环设计、开环运行的局限性，友好接纳分布式发电和分布式储能。在城市配电网中广泛部署柔性联络开关，根据不同需求灵活安排配电网的运行方式，智能感知配电网的运行状态，智能决策柔性联络开关的工作模式，优化系统潮流，降低配网运行维护成本，实现基于柔性联络开关的关键供电线路不间断供电。突破高压高频隔离电力电子变换器的工艺难点，研制容量10MW以上、35kV/110kV高压电力电子变压器并应用于智能变电站，实现智能变电站的测量、控制、保护、计量、状态监测等一次/二次功能高度融合。研制基于低压电力电子变压器的能量路由器核心装备，为分布式可再生能源、分布式储能、电动汽车等新兴电源提供即插即用的交/直流接口；实现电压变换、电压隔离、电能质量改善、能量双向流动的综合控制目标；开发新型电力电子、机械、燃气耦合接口，满足冷、热、电、气等综合能源系统接入智能配电网的需求。

在分布式发电、储能电源领域，应重点发展具有高度电网适应性的差异化、多功能电力电子能源装备。首先，随着分布式能源渗透率的不断提升，其相互作用和集群效应对配电网的安全稳定和优化运行带来了巨大挑战，由此暴露出目前分布式能源电力电子装备及其控制系统存在着许多技术问题。下一代分布式能源电力电子变流器需要能够正确感知外部电网的异常及故障状态，并智能化地实现功率调节，对配电网运行起到支撑作用。分布式电源电力电子变流器还应具备孤岛运行能力和并网/离网运行方式无缝切换能力，保障关键负荷在配电网故障情况下的不间断供电，减小配电网故障对关键设备的影响。此外，还应重点关注利用分布式电源实现无功补偿、谐波治理的能力，应大力推广多功能分布式电源，实现一机多用，降低配电网的设备投资。为了更好地促进新型分布式电源产业发展，应尽快制定相关产品标准和完善其并网标准，明确配电公司与含有分布式电源的用户之间的权利、职责和收益分配。

3. 积极拓展电力电子在智能用电和电能替代领域的应用

在智能用电和电能替代领域，需重点发展电力电子能源装备与节能建筑、智能家居、智能制造等新兴领域的融合。突破用户侧电力电子装置难以和电网协调配合的局限性，促进定制电力和互动性用电产业发展。开展定制化电力电子用电设备研制，改善用户体验，满足用户差异化需求。研制低成本、高性能、宽频带变频电力电子装置和基于直流变换器的新型用电装置，改善楼宇、石化、钢铁等大规模耗能企业的用电效率。引导新型电力电子用电装置纳入一体化售电平台，研制具有电能信息采集、负荷监测、计量计费管理、电力负荷控制等功能的一体化电力电子用电装置，实现负荷需求侧响应、优化运行和综合用能管理。

4. 大力发展和扶持自主电力电子半导体工业，突破技术壁垒

在装备设计与制造领域，应围绕核心半导体器件、磁性和容性元件以及数字控制芯片的低损高频化、智能化目标，实施电力电子功率器件和控制芯片的产业升级。开展相关基础材料和智能制造技术的基础研究，突破高压 SiC 以及 GaN 半导体功率器件和功率模块的技术壁垒，并降低相关半导体器件成本 30% 以上，以促进 SiC 功率器件在智能发电与用电、交直流配电网和高压大容量输电网系统中的推广应用；掌握超高频铁氧体磁性材料制造技术，发展智能制造技术在磁性元

件制造产业中的应用；突破高储能密度的膜电容和多层陶瓷电容材料制造技术，发展长寿命电容元件制备技术，为实现高可靠性、长寿命电力电子装备提供器件层面的支撑；突破片上系统（system-on-chip）等混合数字控制芯片技术，为电力电子装备的高频化、智能化提供支撑，同时为柔性交直流配电和智能用电产业提供支撑。

电力电子装备的发展建设需瞄准智能电网的发展需求和现代半导体技术的发展趋势，构建以市场为导向、产学研用相结合的技术创新体制，提升自主设计制造和系统集成能力，加快推进科技成果转化。

1）持续加大扶持力度，积极促进关键核心技术突破

明确电力智能化装备与系统产业发展长期坚持的战略任务，分步持续推进战略。制订电力电子装备产业发展长期规划，明确电力电子技术在智能电网发展中的重要地位，提出推进电力电子装备与系统产业发展的路线图。同时，进一步加大对电力电子产业核心技术，如半导体技术、核心控制系统技术研发的扶持力度，完善产业布局，加强产学研合作，加快结构调整。

2）加强统筹，在智能电网长期规划中融合电力电子技术发展需求

以实现整个电网系统高度灵活性、安全运行和效率优化为原则，制定满足智能电网发展需求的新型电力电子装备发展路线图。实现电力设备与智能电网系统在不同层面上的有机融合，高效发挥电力电子技术在智能电网中的作用和价值。

3）建立电力电子装备专项研究项目，推进电力电子装备的试点示范建设

将电力电子装备作为智能电网重点建设方向，从国家层面、区域层面结合自身特点和需求开展重点项目支持；持续开展新型电力电子装备与系统试点示范建设，试点示范建设范围需覆盖电力电子装备不同应用，形成可复制、可推广的发展模式，充分发挥试点工程的示范带动作用。

4）完善市场机制，建立优势产业集群，促进电力电子装备产业国际化

形成市场主导、政府引导模式的发展机制；根据区域特点和需求，建立若干各具特色的产业集群优势，增强产业集群的国际影响力，积极促进产业集群的国际化。进一步完善市场机制和准入制度，加快新型电力电子装备的应用和推广。探索智能电网中新型电力电子装备的产权和收益机制，提高社会各方的参与程度。

（二）智能电力装备与系统

智能化电力系统的实现需要融合先进的设备、采集、通信、决策和控制技术。如果把智能化电力系统比作完整的人，智能调度与运行系统相当于"智慧的大脑"与"敏捷的中枢神经"，遍布全网的智能芯片相当于"灵敏的感官"，无处不在的集成通信网络相当于"通畅的神经"，当然还需要"强健的机体"，也就是先进、灵活的智能终端、智能装备、智能主站技术。为此，发展智能电力装备与系统产业，需在智能芯片、智能装备、智能调度与运行技术三个领域展开重点突破。

1. 推动智能芯片在电力系统的应用与推广

智能芯片是智能电网传感、量测、控制和通信的硬件基础，可满足电力系统数字化、智能化、紧凑化、速度化、可靠性的运行需求。在量测芯片领域，发展智能量测、传感器群数据融合、感知传输一体化技术，智能装备与传感器集成技术、传感器自取能自组网技术，以及多功能集成传感技术；在控制芯片领域，发展智能化运行控制设备要求的主控芯片技术、多核高速主控芯片、半导体量子芯片与可信处理芯片技术；在通信芯片领域，发展适于电网复杂环境的信息通信芯片、5G/6G 电力专用通信芯片、微功率无线通信芯片、高速宽带电力载波芯片技术；在保护芯片领域，发展就地式芯片化快速保护技术、非接触式微传感量测技术、高精度保护控制用传感器技术。

2. 发展智能装备制造及应用技术

智能装备具备功能集成与数字化、控制保护智能化、网络分散化、模块标准化、小型化特征，可有效提升电力系统应对复杂运行环境的自适应能力。在智能终端领域，发展智能量测单元、智能测控与保护单元、智能监测终端、智能交互终端、需求响应控制器等技术；在智能装备领域，发展集采集、控制和保护多功能于一体的集成装备，如智能变电设备、柔性输电设备、智能断路器、智能同步相量测量单元等技术；在智能主站领域，发展广域同步相量测量、实时态势感知、自动需求侧响应等核心技术；在智能保护领域，发展含附加增值功能的智能化保护装置、广域保护技术、保护系统重构技术、直流保护技术。

3. 开展智能调度与运行技术的研发与应用

智能调度与运行技术依托大数据、物联网、地理信息系统（geographic information system，GIS）、云平台、信息通信等技术，实现现有的 EMS、DMS、SCADA、虚拟电厂、微网、主动配电网等技术的再升级和结合，具备可靠、弹性、协调、绿色、高效和智能等特征。在智能电网调度与运行控制系统领域，发展广域交直流互联电网安全防御系统、智能电网发电厂低碳经济调度系统、可再生能源功率预测与运行控制系统、配电网智能调度与控制系统、家庭能量路由与管理等系统的研发与应用；在大数据智能分析领域，发展广域分布式数据多级协同分析、高级数据挖掘分析、新型数据可视化、基于多源大数据的智能运行等技术；在信息物理融合技术领域，发展电网信息物理系统统一建模、智能传感器群数据融合、感知和传输一体化、多目标网络优化和主动服务等技术；在分布式云计算领域，发展高性能计算平台件架构及实现、电力可信服务器、可信操作系统、可信智能单元等可信云计算、海量数据处理的分布式计算等技术。

总体来看，智能化装备与系统的发展建设需瞄准国际创新趋势，在对现有技术进行集成创新的基础上，加强引进技术的消化吸收再创新；构建以企业为主体、市场为导向、产学研用相结合的技术创新体系，不断提升企业的自主研发能力；同时依托国家重大工程项目，提升自主设计制造和系统集成能力，加快推进科技成果转化；加快建设国家重点实验室、研发中心，发挥其在行业技术创新中的作用；加强新兴领域标准体系建设，争取国际标准话语权；加快创新人才和技能人才培养，推进管理创新，提升竞争软实力。

1）加强产业链顶层设计和统筹规划

明确智能电力装备与系统产业发展长期坚持的战略任务与分步持续推进战略。制订智能电力装备与系统产业发展规划，明确我国未来智能电力装备与系统产业发展的思路和目标，提出推进智能电力装备与系统产业发展的重点任务和相应的行动计划。同时，根据智能电力装备与系统上下游配套关系，加快结构调整、企业联合、产业重组和人才体系建设，向产业链的两端延伸，加快产业结构转型、完善产业布局。

2）建立智能电力装备与系统专项和创新发展模式

将智能电力装备与系统作为重点建设方向，从国家层面、重点区域层面结合自身发展需求开展重点项目进行支持；形成市场主导、政府引导、激励约束的工作机制，提高社会各方参与程度；采用以联合体方式推进智能电力装备与系统应用，促进相关装备制备技术突破，加快关键技术的集成应用。

3）持续推进智能电力装备与系统的试点示范建设

持续开展智能电力装备与系统试点示范建设，扩大行业和区域覆盖面，充分发挥试点工程的示范带动作用，推进智能电力装备与系统不断转型。通过政策引导和市场驱动塑造产业集群优势，建立具有国际竞争力的产业链和试点大型企业集团。试点示范建设范围要覆盖领域内不同行业、不同机构，依据区域发展特色形成鲜明互补分布，形成可复制、可推广的发展模式，带动芯片技术、装备制造技术、运行监控与仿真分析等领域的发展，推动电力系统同大数据、云计算、移动互联网等新一代信息技术以及机器人和智能制造技术等的集成创新。

4）扎实推进智能电力装备与系统标准化

有针对性地开展智能电力装备与系统标准化体系建设，标准体系要覆盖智能电力装备与系统关键核心技术，本着按照共性先例、急用先行的原则逐步开展。重点围绕智能电力装备与系统的互联互通以及多维度协同发展等瓶颈问题，启动该领域基础共建标准和行业应用标准的工作，该过程中要以试验验证为手段，推进智能电力装备与系统标准化，增强基础贡献和行业应用标准试验验证能力。

5）注重智能电力装备与系统领域新技术的融合与应用

智能电力装备与系统产业的发展过程中，需注重众多高新技术的融合与应用。如利用智能制造技术，提升装备的制备效率；利用信息化、智能化、大数据、云计算、信息物理融合技术，提升智能电力装备与系统的信息化、网络化、智能化。通过新技术的融合从传统量变发展思路向质变发展模式发展。

（三）规模化电能存储

能源是人类生存和文明发展的重要物质基础。当前，新一轮能源技术革命正在孕育兴起，智能电网技术作为能源技术革命的基础和创新驱动发展战略的重要引擎，对推动能源消费、供给、技术和体制革命，建设现代能源体系具有重要支撑作用。储能系统是上述过程实现的重要一环。储能包含多种形式，其技术发展需保持多元化格局。目前，大多数储能技术还处于技术完善、技术验证、技术示范阶段，但安全性好、循环寿命长、成本低、能效高一直是未来储能技术的发展方向与面临的共同挑战。针对不同的应用，各种技术面临的挑战也不尽相同，它们将不断地在研究试验中得到解决、在示范应用中得到验证，各类技术将发挥各自优势，并逐步走向成熟。

1. 压缩空气储能

压缩空气储能目前在我国处于初级发展阶段，有较大研发应用空间：①逐步完善透平、蓄冷/热换热器等核心技术，降低制造成本，提高系统效率，实现 10MW 级先进压缩空气储能系统的集成与示范，致力于实现其产业应用；②开展百兆瓦级先进压缩空气储能系统的研究与核心技术攻关工作，加速实现其集成与工程示范，最终向产业化方向推进。

2. 飞轮储能

适用于电网调频与改善电能质量，在我国仍处于研发阶段，与国外先进水平存在较大差距，相关问题亟待突破：①在飞轮的轴承、转子、飞轮阵列、材料等关键技术领域取得突破性进展；②大幅度提高比功率，保持能量转换效率在 95% 以上，实现兆瓦级飞轮系统在轨道交通、调频辅助服务等领域的示范，促进其商业化。

3. 铅蓄电池

铅蓄电池在功率密度、充放电速度、循环寿命上有所提升，开始向大容量储能发展，并已在大规模可再生能源并网、调频辅助服务和分布式微网等领域开展示范项目：①在板栅材料、隔膜材料、极板、替代材料等关键制造技术上取得更大突破；②提升比功率、比能量与循环次数等以提升电池性能，继续完善相关技术，推动新一代改性铅蓄电池在分布式微网、可再生能源并网领域由示范应用向商业化方向发展。

4. 锂离子电池

锂离子电池是现阶段国内装机规模最大且应用最为广泛的一类化学电池，具体包括可再生能源并网、电力调频、电力输配、分布式微网、电动汽车等领域：①完善锂离子电池各部件材料的研发与制备技术，并在电池组的安全性、一致性、续航能力、稳定性等方面取得突破性进展，实现高性能、长寿命锂离子电池的规模化批量生产；②探索先进的大容量储能用锂离子电池管理系统；③实现十兆瓦级到百兆瓦级储能系统的示范应用，并逐步向商业化过渡。

5. 全钒液流电池

全钒液流电池在我国电力系统中的应用主要集中在风电场储能，具体功能包括削峰填谷、跟踪计划出力、平滑风电输出、调频，促进风电消纳问题；锌溴电池主要集中应用在工/商业微网中，结合分布式可再生能源电源，帮助用户节省电费，并能通过参与需求响应等计划获取额外收益：①完善液流电池材料与电解液等关键技术，提高液流电池可靠性与工艺制造水平，以及与国际水平的竞争优势；②研发先进的大规模储能用液流电池管理技术，并取得突破性进展；③提高钒电池与锌溴电池的比能量和系统效率，持续进行兆瓦级系统的工程示范，致力于推广十兆瓦级至百兆瓦级储能系统的商业化应用。

6. 超级电容

超级电容在电子产品、交通领域等已得到成功应用，而在电力储能领域中尚不成熟。国内超级电容的研究起步较晚，与国外相比有较大差距：①逐步完善大规模电力电子接口技术、高能量电极材料关键技术与新体系大功率模块化技术；②持续进行百千瓦级、兆瓦级超级电容器的工程示范，推进其商业化应用。

7. 超导储能

从技术成熟度和安全性角度考虑，超导储能在我国还不具备大规模电力系统应用的可能，仅能应用于特殊场合：①研究并持续完善新型超导材料及其制备技术与液氮温区高温超导带材技术，提高储能的比功率，降低制造成本；②实现用于电力输配及电能质量控制系统的大型化及技术突破；③加强兆瓦/兆焦级定制电能质量超导产品等方面的研究，最终实现1～10MW/MJ级超导产品与适用于风电的超导储能装置的工程示范及商业应用。

针对储能在系统调频辅助服务、分布式发电及微网、可再生能源并网、延缓输配电设备投资等领域的应用需求，有必要通过开展以下任务来推动我国储能技术与产业的发展。

1）整体把握储能技术与产业发展方向，预先规划并拓展产业发展思路

结合我国的基本国情，规划并拓展具有前瞻性、战略性的储能技术与产业发展思路，认真制定产业发展计划与目标，并建立价格机制、设备投资激励政策、示范项目补贴政策以及相关的激励政策等，推动储能产业的快速发展。

2）综合考虑储能与电力系统规划，高效发挥储能在电网中的最大价值

将电网规划与电源发展对接，储能规划与电网、电源发展对接，以实现整个电网系统安全运行和效率最优为原则，在规划可再生能源发电和电网输送线路的同时，提出经济可靠的储能解决方案，明确储能发展的规模和建设区域等，实现整个电力链条与储能的有机融合。

3）充分发挥电力企业主导作用，积极推动储能在电力系统各环节的应用

电力企业应积极主动地配合政府推进市场化改革，鼓励相关企业在电网不同层面运用储能等相关技术和产品进行试点示范，协调政府制定激励机制鼓励电网企业自身履行必要的社会责任。在能源变革的大趋势下，特别是当前积极发展能源互联网的背景下，电力企业还要转变仅以投资建网获取收益的经营姿态，综合考虑多种社会因素优化电网建设和运行，鼓励多元化主体参与、多技术产品应用，形成多利益的分担机制。

4）加快关键技术的研发应用，促进储能技术的改进与创新

完善当前储能系统的关键制造技术并推动其改进；加强储能基础前瞻技术、产业关键技术的研究与开发；推动面向能源互联网、智能电网未来发展的储能系统创新集成和应用技术开发，提高能源的整体利用效率，改善电能质量，提升控制水平等；建立储能技术自主知识产权体系，重视储能原创技术的自主知识产权体系的建设及国际专利申请奖励机制的建立。

5）加快关键装备制造，鼓励储能产业示范试点项目应用

鼓励采用工业4.0、智能化制造、信息化制造等先进制造技术和理念，促进储能产业全链条自主装备的研发和产业化；积极部署国家重大专项、重点研发计划，引导储能产业关键装备和原辅材料的原创技术开发，通过全链条研发布局，实施积极的鼓励、奖励及合理的无形资产分配政策，促进产学研结合，加强自主创新能力、加速技术转移转化。

6）开展储能技术标准化工作，规范行业健康发展环境

建立涵盖储能规划设计、设备及试验、施工及验收、并网及检测、运行与维

护等各应用环节的标准体系,并随着技术发展和市场需求不断完善。实施储能装备性能、安全性等的强制第三方检测、认证;建设、完善国家级储能检测、认证、失效分析机构。加强和完善储能全链条产品全寿命周期的质量强制监管。建立和完善储能产品的召回制度。

7)上、中、下游企业协同发展,共同加快储能产业发展速度

全产业链上的储能企业要通力协同发展,首先,以技术为先导分享行业成长初期利润,对于极具产业化前景的新型技术,要抓住合适的时机切入产业关键环节;其次,以资本运作为手段做大做强,积极通过上市、并购、引入战略投资者等多种资本运作手段,积极扩大产能,分享行业成长所带来的投资收益;最后,关注发展产业下游的回收再利用环节,形成产业链回路,节约资源,保护环境。

三、面向新型城镇的绿色低碳能源智慧利用重大工程

(一)项目研究背景和意义

提高能源利用效率、发掘新能源、实现可再生能源的规模化开发,是解决人类社会发展过程中日益凸显的能源需求增长与能源紧缺、能源利用与环境保护之间矛盾的必然选择。而打破原有各供能系统单独规划、单独设计和独立运行的既有模式,进行社会供能系统的一体化规划设计和运行优化,并最终构建统一的社会智慧能源系统,则成为适应人类社会能源领域变革、确保人类社会用能安全和长治久安的必由之路。

1. 构建面向新型城镇的智慧能源系统,有助于可再生能源的规模化开发利用,有助于传统一次能源利用效率的提高

首先,从能源利用效率提高的角度考虑,无论常规一次能源还是可再生能源,进行能源梯级利用无疑是提高其综合利用率的一种有效途径。而能源梯级利用的过程,就是多种能源协同工作的过程,因此欲实现各类能源的梯级式开发,最大限度地提高其利用效率,无疑需要各供能系统的协调配合。

其次,可再生能源的规模化开发利用,更离不开智慧能源系统及相关技术的支持。在新型城镇建设发展规划的顶层设计中,可再生能源技术的推广应用是未

来重要的发展和投资方向。考虑到多数可再生能源具有能流密度低、分散性和间歇性强等特点，在进行风能、太阳能等可再生能源规模化开发时，首先需依托电力网实现高品位能源的远距离输送，较低品位能源则需实现就地消纳。在这一过程中，一方面，需要电力系统在规划、设计及运行过程中充分考虑可再生能源发电并网运行的要求；另一方面，间歇式可再生能源发电并网后引起电力系统的一系列问题，也希望通过不同能源系统间的有机协调，实现低成本地解决，如利用电力需求侧响应技术来协调大量电加热、储冷、储热设备，以抵消可再生能源发电波动的影响。上述过程就是多能源供应系统协同工作的过程。我国业已推行的"金太阳示范工程"，由于电网尚不能满足太阳能发电即插即用的并网要求，而限制了后者效能的充分发挥。因此，各供能系统彼此缺乏协调，已成为制约我国可再生能源规模化开发和利用的重要因素。

智慧能源系统相关技术有利于提高一次能源利用效率，有利于可再生能源的规模化开发利用，对减少温室气体及污染物排放、实现节能减排目标具有积极作用；对保证能源的可持续供应，实现社会经济健康、和谐和可持续发展，都有重要的战略意义。

2. 构建面向新型城镇的智慧能源系统，有利于提高新型城镇供能系统的安全性和自愈能力，有利于增强人类社会抵御自然灾害的能力

传统的社会供能系统，如供电、供气、供热、供冷等系统，单独规划、独立运行，彼此缺乏协调，从而造成系统整体安全性低、自愈能力差。如2008年年初我国南方的低温雨雪冰冻灾害，起初的电力故障引发了多米诺骨牌效应，不仅殃及其他供能系统，还引发交通、通信、金融、环境等多个要害部门瘫痪，不仅造成难以估量的社会经济损失，还危及国家和社会安全。这次灾难揭示出供电系统的一个致命隐患，即在大电网瓦解的极端情况下不具备足够的自愈能力，而电力供应是其他供能系统正常运行的前提，供电系统的这一缺陷直接导致整个社会供能系统整体安全性和自愈能力低下。相关研究表明，单纯通过加大某一供能系统的投入来提高其安全性与自愈能力，会面临难以承受的资金投入上的压力，并会造成社会资源的极大浪费。因此未来社会供能系统整体安全性和灵活性的提升，离不开彼此间的协调配合，更离不开智慧能源系统相关技术的支持，保障新型城镇供能系统的安全性对于社会经济发展至关重要。

3. 构建面向新型城镇的智慧能源系统，有利于提高社会供能系统基础设施利用率，有利于提高社会资金利用率，有利于构建"节约型社会"

社会各供能系统，如供电、供气、供热、供冷等系统的负荷需求均存在明显的峰谷交错现象，但目前各供能系统单独规划、单独建设、独立运行，各自只能按各自高峰负荷来设计，由此造成设备利用率极其低下。例如，我国的供电设备利用率极低，统计表明很多设备的平均载荷率不足30%。设备利用率低下的问题同样存在于供气、供热、供冷等其他社会供能系统，已造成社会资金和资源的巨大浪费，还加大了这些供能系统的运行维护费用。而这一问题完全可能通过各供能系统间的有机协调得以缓解，如可利用供电系统低谷时段过剩电能产生冷/热能并加以存储，在电力高峰时段使用，通过供电与供冷/供热系统的协调配合，实现同时提高供电与供冷/供热系统设备利用率的目的。而上述目标的实现，需打破原有各供能系统单独规划、单独设计和独立运行的既有模式，统筹考虑各系统在规划、设计和运行阶段的需求。新型城镇恰好符合上述模式建设的需求。

4. 开展面向新型城镇的智慧能源系统技术发展，符合我国重大战略需求

在我国《国家中长期科学和技术发展规划纲要（2006—2020年）》中，能源领域被放在特别突出的位置予以重点关注，明确提出要"提高能源区域优化配置的技术能力"，"形成基于可再生能源和化石能源互补、微小型燃气轮机与燃料电池混合的分布式终端能源供给系统"，并将与智慧能源系统密切相关的"能源梯级综合利用技术""分布式供能系统技术"列入优先发展的主题。因此，智慧能源系统既属于国际能源领域的技术制高点，也属于我国的重大战略需求，开展相关研究与示范具有重要的战略价值。我国虽然已支持了一些与智慧能源系统相关的研究和工程示范，但大多仅侧重于智慧能源系统的某个局部或某些关键设备的研发，尚缺乏着眼于智慧能源系统整体发展的系统化研究，如何协同发展智能电网与智慧能源系统的探讨更为缺乏。

（二）项目建设内容

1. 面向新型城镇的智慧能源系统规划理论体系研究与工程示范

智慧能源系统规划是一个十分复杂的多目标、多约束、非线性、随机不确定

混合整型组合优化问题，本质上属于非确定性多项式难题。鉴于其复杂性，单由规划人员依靠以往工作经验进行规划已无法满足实际工作的需求。

首先，智慧能源系统的规划不仅是一个多目标优化问题，还需考虑大量不确定、不精确和不可量化因素的影响，原因在于：①以往各能源系统的单独规划仅着眼于局部利益，而综合能源规划涉及诸多部门，彼此间存在复杂的耦合关系，规划方案在寻求整体目标优化的同时还需兼顾各方不同的利益诉求，须在全局与局部优化间寻找平衡。②智慧能源系统，能源受端存在特性各异且随机变动的不同负荷，能源输入端又存在大量风能、太阳能等间歇性能源，在规划过程中需综合考虑这些广泛存在的不确定性所造成的影响；同时，在进行规划方案优选时，还须综合考虑经济性、安全性、可靠性、灵活性、可持续性、环境友好性等诸多因素的影响，其中很多因素因涉及社会、经济、政策、人文约束而难以量化。③未来智慧能源系统的投资主体将呈现多元化，可能是政府或用户自身，也可能是独立的综合能源服务商及其组合形式，投资主体的不确定性会导致系统运营模式更为复杂多变，使得智慧能源系统的运营经济性难以精确考量。多目标协调优化的需要以及大量不确定、不精确和难以量化因素的存在，必将导致智慧能源系统的规划工作极其复杂。

其次，智慧能源系统的规划将是一个多层次、滚动优化的过程，需在空间及时间两个维度下实施协调优化。未来的智慧能源系统必将是用能环节广泛分散与供能环节适度集中的一个有机结合体：在系统中，将大量存在形式各异的终端综合能源单元，如微网、CCHP（combined cooling heating and power，冷热电联供）系统等，这些终端能源单元在进行自身优化的同时，还需要与广泛存在的、集中式的区域电力、热力和燃气网络互为支撑，以实现满足用户多样性能源需求、提高能源利用效率、提高供能系统安全性与灵活性等目的。因此，从空间维度上考虑，智慧能源系统规划将涉及能源供应网络规划、终端能源单元以及两者的协同规划三个层面的问题。而从时间维度上考虑，由于智慧能源系统的最终实现将是一个较长的过程，规划方案必将在一种滚动优化的过程中实现。而在不同的规划阶段，不仅要考虑终端能源单元与供能网络之间耦合程度的不断变化，还需兼顾长期愿景与短期利益间的有机平衡，更要考量规划方案不同实施阶段的前后衔接，再考虑到该过程中大量不确定性因素的影响，使得智慧能源系统规划必然呈现为一个随机的复杂动态优化过程。

最后，新型城镇用能环境、能源发展现状及所面临的问题独具特色，在关注不同智慧能源系统规划研究的共性发展的同时，还须考虑城镇自身的一些特殊地域特征。具体来说，①智慧能源系统规划算法和模型中应考虑能源分布与用能需求的分布。②在智慧能源系统规划计算模型中需要考虑用户差异化需求，设置不同的经济评价指标和可选方案；同时要从规划体量上，合理设计适合新型城镇智慧能源系统建设的规划模型。为此，紧密结合新型城镇的特点和未来需要，发展与之相适应的智慧能源系统规划理论与方法无疑具有重要的现实意义。

未来智慧能源系统优化规划设计的目的是：在满足差异化用户供电可靠性要求的前提下，科学地实现系统内各种分布式能源类型及容量、系统拓扑结构等的选择和设计。其核心包括优化规划设计方法、综合评价指标体系及规划设计支持系统。首先，构建一套科学的综合评价指标体系和评价方法，是进行智慧能源系统一体化设计和运行调控的关键；科学考虑电/气/冷/热负荷的时空分布特性和用户需求差异性，深入挖掘利用不同能源间的互补替代能力，是智慧能源系统一体化设计的核心工作。其次，智慧能源系统协同优化设计优选需要适于各种时空场景的运行模式和调控策略，以实现对不同运行场景的精确分析；需深入研究系统内各种设备和环节在不同场景下的工作特性，以获取系统不同工作模式下的运行约束；需在统一考虑系统设计方案的安全性、经济性、能源利用效率、用户舒适性和社会效益等因素的基础上，建立系统多目标优化设计模型；需基于全生命周期设计理念，综合考虑系统不同运行阶段特征，采用多场景协同优化分析方法实现问题的求解。最后，开发相应的规划设计支持软件平台，面向新型城镇智慧能源系统规划，向全国推广。

2. 面向新型城镇的智慧能源系统安全性分析、运行优化技术与工程示范

智慧能源系统的运行过程中，人们最为关注的是其安全性和经济性。其中，前者反映能源系统抗御各类干扰的能力，后者则反映能源系统在正常运行过程中的优化程度。因此，智慧能源系统的安全性分析和运行优化，是一个问题前后衔接的两部分。前者主要探讨智慧能源系统安全运行的机理，后者则重在寻求有效的运行控制手段，以提高其安全性和经济性。目前已有研究成果尚未从智慧能源系统全局角度考虑，因此，对其进行相关研究与工程示范具有重要的现实意义。

（1）智慧能源系统安全性分析：智慧能源系统将是一个具有超高维、多时标、强非线性和强随机性的复杂动力系统，其安全性理论研究将是一个极富挑战性的研究课题。首先，从时间角度考虑，智慧能源系统包含了大量特性各异的动态环节，且不同动态间的时间跨度极大。迄今，尚缺乏与之相适应的安全性分析理论与方法。其次，从安全性防御角度考虑，需要深入研究智慧能源系统连锁故障的演变机理和分析理论。

（2）智慧能源系统的运行优化：智慧能源系统可实现不同能源之间的优势互补，可提高能源的利用效率及供能系统的安全性、经济性和灵活性。系统运行优化技术是实现以上目标的行之有效的工具。首先，智慧能源系统运行优化的过程实际是一个能源综合调度的过程，需要考虑的能源种类、约束条件和目标函数更为复杂。其次，在智慧能源系统运行优化过程中，需要科学地平衡多种利益关系并考虑更多因素的影响。最后，智能电网作为智慧能源系统的基础，发展建设中的信息通信技术，将为其优化运行提供信息和通信支持。最近我国正从国家政府层面、电力公司角度不断尝试推动智慧能源、智慧城市、能源互联网的新兴理念和示范工程，把基于互联网、云计算等新一代信息技术以及大数据、社交网络等工具和方法充分运用于城市的各行各业中，实现全面感知、广泛互联、智能融合的新型城市形态，基于智慧能源系统的运行优化关键技术是智能能源管理的核心技术，将会受到越来越多的关注。

3. 面向新型城镇的智慧能源系统效益评估与运营机制研究及工程示范

智慧能源系统的健康发展，于外需要国家政策的持久支持与帮助，于内则需要与之相适应的运营模式作为支撑。国家政策的长久支持，需要对智慧能源系统相关技术对社会经济的贡献进行科学评估，为此需要建立相应的效益评估理论；而形成科学的运营模式无疑是支撑区域智慧能源系统持久发展的内生动力。为此，需要探索适用于新型城镇的智慧能源系统运营机制和运营模式。

首先，从新型城镇的角度考虑，应建立有效的效益评估分析模型，用于科学分析区域智慧能源系统在构建过程中的投资收益关系，以及对社会生活和经济发展的贡献，从而为各级政府机构制定相关政策提供决策依据。研究中如何科学地考量这一技术在提高社会用能效率、促进可再生能源开发、助推节能减排及提高社会供能系统安全性等方面的效益，如何分析其在不同发展阶段的投资收益情况，将成为研究的重点。

其次，从能源服务提供者的角度考虑，应建立适于新型城镇综合能源服务商良好发展的运营模式，同时考虑投资渠道、投资主体、盈利模式、服务定价机制及与之相配套的国家政策和税收支持等因素。

总之，以新型城镇发展为契机，开展智慧能源系统的规划、运行与商业模式研究，对我国的能源战略发展具有重要意义。

第七章　核能与可再生能源产业（新能源产业）重大行动计划

一、发展目标

本章所指的核能与可再生能源产业主要涉及《"十三五"国家战略性新兴产业发展规划》中表述的新能源产业，包括核电、风电、太阳能、生物质能和地热能等产业。为了实现2020年和2030年非化石能源占一次能源消费比重分别达到15%和20%的能源发展战略目标，进一步促进核能和可再生能源的开发利用，加快对化石能源的替代进程，改善经济性，已有的"十三五"规划均涉及核能和可再生能源发展的目标，并提出了明确的要求。

（一）2020年发展目标

根据《"十三五"国家战略性新兴产业发展规划》确立了新能源高比例发展的重大行动计划，提出上述能源占能源消费总量比例到2020年将达到8%以上，产业产值规模超过1.5万亿元。2017年1月，国家能源局发布的《能源发展"十三五"规划》提出，到2020年"能源消费总量控制在50亿吨标准煤以内"，与《中华人民共和国国民经济和社会发展第十三个五年规划纲要》保持一致。非化石能源消费比重提高到15%以上，天然气消费比重力争达到10%，煤炭消费比重降低到58%以下。按照规划相关指标推算，非化石能源和天然气消费增量是煤炭增量的3倍多，占能源消费总量增量的68%以上。清洁低碳能源将是"十三五"期间能源供应增量的主体。

（1）在"十三五"期间通过示范工程建设验证自主三代核电技术，通过技术反馈和优化实现三代核电技术规模化发展，到 2020 年，核电装机规模达到 5800 万 kW，在建规模达到 3000 万 kW，形成国际先进的集技术开发、设计、装备制造、运营服务于一体的核电全产业链发展能力，产值将达到 5000 亿元。

（2）《风电发展"十三五"规划》和《可再生能源发展"十三五"规划》分别对风电发展的总量目标、消纳利用目标、产业发展目标和经济性目标提出了明确要求。通过规划内容的实施，到 2020 年，风电新增装机容量达到 8000 万 kW 以上，累计并网装机容量确保达到 2.1 亿 kW 以上，其中海上风电新增装机容量达到 400 万 kW 以上，累计并网装机容量达到 500 万 kW 以上，据此装机规模估算，"十三五"期间风电建设总投资预计将达到 7000 亿元以上。同时，到 2020 年，风电年发电量确保达到 4200 亿 kW·h，约占全国总发电量的 6%，为实现非化石能源占一次能源消费比重达到 15% 的目标提供重要支撑，根据 2020 年风电发电量测算，相当于每年节约 1.5 亿 t 标准煤。到"十三五"末期，有效解决风电弃风问题，"三北"地区全面达到最低保障性收购利用小时数的要求。风电设备制造水平和研发能力不断提高，3~5 家设备制造企业全面达到国际先进水平，市场份额明显提升。到 2020 年，风电项目电价可与当地燃煤发电电价同平台竞争。"十三五"期间，风电将带动相关上下游产业显著发展，不断增加就业规模，新增就业人数将达 30 万人左右。

（3）到 2020 年年底，太阳能发电装机达到 1.1 亿 kW 以上，其中，光伏发电装机容量达到 1.05 亿 kW 以上，太阳能热发电装机容量达到 500 万 kW，太阳能热发电全行业总产值约为 1200 亿元。太阳能热利用集热面积达到 8 亿 m^2。到 2020 年，太阳能年利用量达到 1.4 亿 t 标准煤以上，发电量达到 1500 亿 kWh，约占全国总发电量的 2%，占非化石能源消费比重的 18% 以上，"十三五"期间新增太阳能年利用总规模折合 7500 万 t 标准煤以上，占新增非化石能源消费比重的 30% 以上。太阳能发电产业对我国经济产值的贡献将达到 6000 亿元，平均每年拉动经济需求 1200 亿元以上，同步带动电子工业、新材料、高端制造、互联网等产业，太阳能热利用产业对经济产值贡献将达到 5000 亿元。太阳能光伏产业继续扩大太阳能利用规模，不断提高太阳能在能源结构中的比重，提升太阳能技术水平，降低太阳能利用成本。完善太阳能利用的技术创新和多元化应用体系，为产业健康发展提供良好的市场环境。到 2020 年，光伏发电电价水平在 2015 年的基础上下降 50% 以上，在用电侧实现平价上网目标；太阳能热发电成本低于 0.8 元/kWh；

太阳能供暖、工业供热具有市场竞争力。先进晶体硅光伏电池产业化转换效率达到23%以上，薄膜光伏电池产业化转换效率显著提高，若干新型光伏电池初步产业化。光伏发电系统效率显著提升，实现智能运维。太阳能热发电效率实现较大提高，形成全产业链集成能力。

（4）生物质能产业。根据《生物质能发展"十三五"规划》，到2020年，生物质能基本实现商业化和规模化利用，生物质能年利用量约5800万t标准煤，生物质能产业年销售收入约1200亿元。生物质发电总装机容量达到1500万kW，年发电量900亿kWh，其中农林生物质直燃发电700万kW，城镇生活垃圾焚烧发电750万kW，沼气发电50万kW；生物天然气年利用量80亿m^3；生物液体燃料年利用量600万t，其中生物燃料乙醇400万t，生物柴油200万t；生物质成型燃料年利用量3000万t。"十三五"期间，坚持"以农林废弃物资源和新型生物质资源的开发并举，发展以生物质清洁燃料为主的综合炼制产业，适当发展生物质发电产业"的原则；加大技术创新和集成创新的投入力度，重点突破能源植物优良品种选育、边际土地的能源植物规模化种植、城镇生物质资源收集与管控、纤维素燃料乙醇生产、生物柴油清洁炼制、生物质合成燃料制备和高附加值化学品炼制等关键技术，建设示范工程。显著增加生物质能在清洁能源和交通燃料供应中的比例，体现生物质能源在CO_2减排及提供清洁液体燃料方面的优势，生物质能源作为战略性新兴产业初步形成。

（5）地热能利用产业。地热能利用包括地热供暖、地热利用、地热发电、干热岩发电等多种方式，其中地热供暖（地源热泵 + 常规地热）可替代标准煤1280.8万t，地热利用可替代标准煤746.1万t，地热发电相当于节煤35万t，加上干热岩试验发电节煤0.3万t，总计年替代标准煤2062.2万t，年产值约258亿元。

（二）2025年发展目标

到2025年，通过以自主快堆为代表的新一代核电及后处理示范工程的建设，建立核燃料闭式循环，为核能产业规模化、可持续发展奠定基础；推动快堆和高温堆示范工程，模块化小堆首堆示范工程开工，开展低温供热堆示范工程建设，实现核能多用途和高效利用；建设核燃料产业园，整合目前核燃料前段技术和能力，支撑核电规模化发展；到2025年实现耐事故燃料元件研发，应用在在役和新建压水堆核电站中，提升固有安全性；到2030年达到核电发电量占比10%以上的规模化发展目标，实现大规模提供能源并实现减排；立足于核能可持续发展，突破铀资源及废物处置的制约，实现资源利用最大化和废物最小化。

到 2025 年，全国风电新增装机容量达 2.55 亿 kW，累计装机容量达到 3.94 亿 kW，其中风电新增并网容量 2.63 亿 kW，约占全球新增并网容量的 43%。陆上风电度电成本最低有望达到 0.34 元/kWh，完成其在能源结构中的蜕变，真正具备经济性上的竞争力。

据英国研究咨询公司 GlobalData 最新数据，2025 年全球太阳能累计装机容量将超 756GW。中国将要继续保持世界太阳能总装机容量第一的位置，2025 年中国装机容量占世界总装机容量的比例将达 31.3%。

到 2025 年我国太阳能热发电累计装机容量达到 2000 万 kW，太阳能热利用集热面积达到 30 亿 m^2。

到 2025 年生物质能产业发展较为成熟，生物质能年利用量约 8500 万 t 标准煤，生物质能产业年销售收入约 1800 亿元。生物质发电总装机容量达到 2000 万 kW，年发电量 1000 亿 kWh，其中农林生物质直燃发电 900 万 kW，城镇生活垃圾焚烧发电 1000 万 kW，沼气发电 100 万 kW；生物天然气年利用量 400 亿 m^3；生物液体燃料年利用量 800 万 t，其中生物燃料乙醇 500 万 t，生物柴油 300 万 t；生物质成型燃料年利用量 3500 万 t。

2025 年，地热供暖（地源热泵＋常规地热）可替代标准煤 1919 万 t，地热利用可替代标准煤 1092 万 t，地热发电相当于节煤 70 万 t，加上干热岩试验发电节煤 26 万 t，总计年替代标准煤 3107 万 t，年产值约 388 亿元。

二、产业发展重点任务与实施途径

（一）核能产业

1. 自主先进压水堆技术实现规模化发展

大力支持核电三代技术自主品牌研发，把"华龙一号"等自主技术堆型作为国家当前及未来一段时间国内核电建设和核电"走出去"战略重点品牌，持续改进优化设计，提高安全性、经济性与成熟性，增强国际市场竞争力，实现"中国制造"到"中国创造"的跨越。

我国推出了以华龙一号和 CAP1400 为代表的自主先进压水堆系列机型，实现了"从设计上实际消除大规模放射性释放"，是核电规模化建设的主力机型，在"十三五"期间，做好示范工程建设，具备条件后尽快启动批量化建设；加强标准化建设，必须既能支持核电产品的形成，又能为出口对象国甚至国际业界所认同，即具有广泛适用性、成熟性和权威性。根据确定的进度，在 2020 年前后，形成自主三代核电技术的型谱化开发，拓展国际和国内市场，开展批量化建设，带动核电装备行业的技术提升和发展。

2. 模块化小堆示范工程探索核能多用途利用

国际原子能机构预测，在未来的 20 年，占能源消耗总量 50% 的供热领域——城市区域供热、工业工艺供热、海水淡化等对清洁能源的需求会快速增加，仅全球城市区域供热一项的采暖能耗约占能源消耗总量的 16%。供热市场规模约是电力市场的 1.7 倍。国际原子能机构于 2004 年 6 月启动革新型中小型堆的开发计划，成立"革新型核反应堆"协作研究项目，成员总数至今已达到 30 余个，涌现了 12 种以上的革新型中小型反应堆概念，主要用于发电，还可兼顾热电、水电联供以及其他特殊用途等。

面向城市区域供热、海水淡化、工业工艺供热等多用途利用，核能必须具有高安全性，场外应急简化甚至取消，才可能使核能靠近用户，按需生产。为实现压水堆的高安全性，与传统分散布置环路型压水堆不同，革新型中小型压水堆大都选择一体化反应堆技术路线，取消主管道，从而消除了反应堆冷却剂大破口失水事故。一体化反应堆具有高自然循环能力，事故下可依靠自然循环导出堆芯余热。采用固有安全加非能动安全的设计理念，从而使得压水堆的安全性进一步大幅提高，以满足核能多用途利用对高安全性的要求。为提高中小型堆的经济性，国际上大都采用模块化设计、建造，以期大幅缩短建造工期，降低财务成本。拉长反应堆换料周期，提高可利用率，减少大修次数，从而降低维修费用及人员的辐射剂量。

3. 低温供热堆示范工程发挥核能供热的优势

热力生产和热力供应属于供热地区冬季的生活必需品，我国北方每年的供暖是关系到国计民生的大事，需要采暖的范围遍布全国 17 个省（自治区、直辖市），占国土面积的60%以上，采暖人口达到7亿以上。随着中国农村城镇化发展，中国城市集中供热面积逐年增长，预计到2020年将达到129亿 m^2。

以化石能源为主的能源消费结构是我国北方大气污染形势严峻的主要诱因，其中燃煤供热带来的污染尤为突出。尽管我国积极寻求燃煤的清洁高效利用及清洁能源替代，但仍存在污染物绝对排放量大、"煤改气"后冬季气源不足等问题。因此，采用更为清洁的核能供热是解决环保问题的理想途径。

低温供热堆供回水温度为90℃/60℃，与全国现有城市热网及用户终端设备是能够匹配的，可以直接接入城市供热系统。以低温供热堆替代热电厂和区域锅炉房热源承担城市基本热负荷，以燃气锅炉等其他清洁能源作为调峰热源，是缓解化石能源环境污染理想的供热方案。单堆功率选择在400MW左右，与大中城市热电联产热网规模是匹配的；单堆功率选择在200MW，与小城市区域锅炉房热网规模是匹配的。

4. 建立核燃料闭式循环实现核能可持续发展

为解决制约中国核电发展的铀资源利用最优化和放射性废物最小化两大问题，中国已明确了"坚持核燃料闭式循环"的政策，通过后处理提取热堆乏燃料中的铀、钚，返回快堆复用，则可使铀资源的利用率提高60倍。同时，通过后处理分离出的长寿命、高放射毒性的次锕系元素和裂变产物，在快堆中以焚烧和嬗变等方式消耗，可使最终地质处置核废物最小化，不仅能够有效降低乏燃料对环境的影响，监管时间也能大幅缩短，降低经济和社会成本。

为实现第二步战略以保证中国核电可持续发展，中国统筹考虑压水堆和快堆及乏燃料后处理工程的匹配发展，开展部署快堆及后处理工程的科研和示范工程建设，以实现裂变核能资源的高效利用。

目前，我国在试验快堆设计、建造和试运行经验的基础上，已进入了第二阶段——设计、建造中国自主示范快堆工程。中国正在自主建设核燃料循环科技示范项目，建成后将初步形成工业规模后处理能力。

为了形成与核电发展相适应的可持续发展的后处理产业，中国正在积极实施大型后处理厂相关的先进工艺、关键设备、设计和安全等技术攻关；同时，积极推动国际合作建设大型商业化后处理厂。鉴于中国核能发展和后处理能力建设情况，积极完善乏燃料离堆储存技术体系，开展干法储存技术研究，形成一定规模的乏燃料离堆储存能力，确保核电站可持续安全稳定运行。在完成 MOX 燃料元件生产试验线研发的基础上，继续开展工业规模快堆 MOX 燃料元件生产线工艺及检测研发设计工作，建立与示范快堆匹配的 MOX 燃料生产线，实现核燃料的闭式循环，最终实现核能绿色低碳、可持续发展。

5. 核燃料产业园建设提升燃料产能，支撑核能规模化发展

在沿海地区建设高度聚集的核燃料产业园区，是深化国有企业改革、实现核燃料加工产业转型升级的重要举措。通过核燃料产业园区的建设，调整能力布局，聚集区位优势和资源优势，实现核燃料加工产业在高起点上规模化、集约化、国际化发展，全面提升核燃料加工产业的国际竞争力。

（1）总体思路：核燃料产业园区以转变经济发展方式、优化资源配置、提高产业发展质量和效益、实现产业转型升级为目标，集中建设铀纯化转化、铀浓缩、核燃料元件制造等核燃料循环前段加工设施，打造国际一流的核燃料加工产业集群，形成自我配套的沿海一体化核燃料供应保障链和出口核燃料加工基地，实现在高起点上规模化、集群化、国际化发展，全面提升核燃料加工产业的国际竞争力，为国内外客户提供"一站式"核燃料加工服务，逐步成为具有标志性的亚洲核燃料加工中心。

（2）建设规划：核燃料产业园区的建设，将统筹考虑国内核电发展需求和核燃料产业国际化经营战略，采取"一次规划、分步实施"的方式，逐步配套建设铀转化、铀浓缩、核燃料元件制造、贫铀处理等设施。

（二）风能产业

1. 积极推动风电技术自主创新和产业体系建设

（1）促进风电技术自主创新。深入开展陆上和海上典型风资源特性与风能吸收方法研究及资源评估；突破 10MW 级及以上海上风电机组及关键部件设计制造关键技术，包括风电机组、塔筒、基础一体化设计技术并开展应用示范；开发超大型风电机组先进测试技术与测试平台；研究基于物联网、云计算和大数据分析综合应用的风电场智能化运维技术，掌握风电场多机组、风电场群协同控制技术；突破近海和远海风电场设计建设成套关键技术；研究风电设备无害化回收处理技术。

（2）推动产业服务体系建设。优化风电技术咨询服务，提高咨询服务质量；积极发展风电产业运行维护、技术改造、电力电量交易等专业化服务；建立全国风电技术培训及人才培养基地，开展校企研联合人才培养，健全风电产业服务体系。

2. 提升中东部和南方地区风电开发利用水平

（1）完善风电开发发展规划和政策环境。根据《风电发展"十三五"规划》，到 2020 年，中东部和南方地区陆上风电新增并网装机容量达到 4200 万 kW 以上，累计并网装机容量达到 7000 万 kW 以上。中东部和南方地区已然成为我国"十三五"期间风电持续规模化开发的重要增量市场。中东部和南方地区进行风电开发利用时，应充分发挥风能资源分布广泛和应用灵活的特点，因地制宜推动分散式风电开发建设；按照"就近接入、本地消纳"原则编制风电发展规划和落实风电在电网中接入比例，提高风电开发利用效率；建立健全风电项目投资准入政策，保障风电开发建设秩序。

（2）提高低风速风电开发技术水平。由于中东部和南方地区地形复杂、风资源状况差异巨大，首先应加强风资源勘测和评估，提高微观选址技术水平；针对不同的资源条件，研究采用不同机型、塔筒高度以及控制策略的综合设计方案；探索对同一风电场不同机位点进行定制化机型开发的建设方案；推动长叶片技术在低风速风电开发建设中的应用。

3. 有效解决风电大规模并网和消纳难题

（1）合理规划电网结构，补强电网薄弱环节。大规模标准化开发的陆上风电主要集中在远离负荷中心和处于现有电网末端的"三北"地区，为实现到 2020 年"三北"地区基本解决弃风限电问题，应重点加强风电项目集中地区配套电网规划和建设，对重要送出断面、风电汇集站、枢纽变电站进行补强和增容扩建，完善和加强配电网和主网架结构；加快推动配套外送风电的跨省跨区特高压输电通道建设；统筹优化风电配置方案，有效扩大"三北"地区风电开发规模和消纳市场。

（2）优化调度运行管理，充分发挥系统接纳风电潜力。完善电力调度技术规范和输电规划建设；科学安排电网运行方式，实施灵活调度运行策略；

提高风功率预测精度，推动风电参与更大区域的电力电量平衡；制定电力市场运行机制和激励政策，调动整合系统资源，实现电力系统最大限度消纳大规模风电。

4. 加强风电产业技术质量监管

（1）完善风电产业标准检测认证体系建设。进一步完善风电标准体系建设；制定和修订风电机组、风电场、辅助运维设备的测试与评价标准；完善风电机组关键零部件、施工装备、工程技术和风电场运行、维护、安全等标准；加强检测认证能力建设，开展风电机组项目认证，推动检测认证结果与信用体系衔接。

（2）强化质量监督。建立健全覆盖设计、制造、运行全过程的质量监督管理机制；完善风电机组运行质量监测评价体系；落实风电场重大事故分析评价及共性故障预警制度；充分发挥市场调节作用，有效进行风电产业资源整合，提高市场集中度。

5. 完善风电产业管理体系

（1）完善海上风电产业政策。开展海上典型风能资源勘测，开发具有自主知识产权的风资源评估系统；加快海上风电项目建设进度，开展超大型海上风电机组示范项目建设和大型海上智能风电机组推广应用；完善海上风电价格政策；加强标准规程制定、设备检测认证、信息监测，形成覆盖全产业链的成熟设备制造和建设施工技术标准体系。

（2）全面实现风电产业信息化管理。完善对风电建设期和运行期的实时监管，加强对风电工程、设备质量和运行情况的监管；应用大数据、"互联网＋"、云计算等技术建立健全风电全寿命周期信息监测体系，全面实现风电产业信息化管理。

6. 加强国际合作

（1）稳步开拓国际风电市场。紧密结合"一带一路"倡议及国际多边、双边合作机制，把握全球风电产业发展趋势和国际市场深度合作的窗口期，充分发挥我国风电设备和开发企业的竞争优势，稳步开拓国际风电市场，形成多家具有国际竞争力和市场开拓力的风电设备骨干企业。

(2)积极参与国际技术合作和国际标准体系建设。通过开展国家级风电公共实验室国际合作、建立大型公共风电数据库共享、联合国外机构开展基础科学研究等方式,深化国际技术合作;积极参与国际风电技术标准制定和修订工作,增强技术标准交流合作与互认,推动我国风电认证的国际采信。

(三)太阳能发电产业

《太阳能发展"十三五"规划》提出了按照"创新驱动、产业升级、降低成本、扩大市场、完善体系"的总体思路,从大力推动光伏发电多元化应用、积极推进太阳能热发电产业化发展、加速普及多元化太阳能热利用三个方面对未来太阳能科技发展进行了阐述。其中太阳能光伏发电着重从以下七个方面开展重点任务[13]。

1. 推进分布式光伏和"光伏+"应用

(1)大力推进屋顶分布式光伏发电。继续开展分布式光伏发电应用示范区建设,到2020年建成100个分布式光伏应用示范区,园区内80%的新建建筑屋顶、50%的已有建筑屋顶安装光伏发电。

(2)拓展"光伏+"综合利用工程。鼓励结合荒山荒地和沿海滩涂综合利用、采煤沉陷区等废弃土地治理、设施农业、渔业养殖等方式,因地制宜开展各类"光伏+"应用工程,促进光伏发电与其他产业有机融合,通过光伏发电为土地增值利用开拓新途径。

(3)创新分布式光伏应用模式。结合电力体制改革开展分布式光伏发电市场化交易,鼓励光伏发电项目靠近电力负荷建设,接入中低压配电网实现电力就近消纳。

2. 优化光伏电站布局并创新建设方式

(1)合理布局光伏电站。综合考虑太阳能资源、电网接入、消纳市场和土地利用条件及成本等,以全国光伏产业发展目标为导向,安排各省(自治区、直辖市)光伏发电年度建设规模,合理布局集中式光伏电站。

(2)结合电力外送通道建设太阳能发电基地。在"三北"地区利用现有和规划建设的特高压电力外送通道,按照优先存量、优化增量的原则,有序建设太阳能发电基地，提高电力外送通道中可再生能源比重，有效扩大"三北"地区太阳能发电消纳范围。

（3）实施光伏"领跑者"计划。设立达到先进技术水平的"领跑者"光伏产品和系统效率标准，建设采用"领跑者"光伏产品的领跑技术基地，为先进技术及产品提供市场支持，引领光伏技术进步和产业升级。

3. 开展多种方式光伏扶贫

（1）创新光伏扶贫模式。以主要解决无劳动能力的建档立卡贫困户为目标，因地制宜、分期分批推动多种形式的光伏扶贫工程建设。

（2）大力推进分布式光伏扶贫。在中东部土地资源匮乏地区，优先采用村级电站（含户用系统）的光伏扶贫模式，做好农村电网改造升级与分布式光伏扶贫工程的衔接，确保光伏扶贫项目所发电量就近接入、全部消纳。

（3）鼓励建设光伏农业工程。鼓励各地区结合现代农业、特色农业产业发展光伏扶贫。

4. 推进太阳能热发电产业化

（1）组织太阳能热发电示范项目建设。按照"统筹规划、分步实施、技术引领、产业协同"的发展思路，逐步推进太阳能热发电产业进程。

（2）发挥太阳能热发电调峰作用。逐步推进太阳能热发电产业商业化进程，发挥其蓄热储能、出力可控可调等优势，实现网源友好发展，提高电网接纳可再生能源的能力。

（3）建立完善太阳能热发电产业服务体系。建立和完善相关产业服务支撑体系。加快建设产业政策管理体系，研究制定太阳能热发电项目管理办法，保障太阳能热发电产业健康有序发展。

（4）研发完成超临界 CO_2 太阳能热发电原理样机，建成可连续 24h 发电、单台装机容量不低于 50MW 的高参数太阳能热发电站。具备太阳能热发电站全系统自主开发能力，形成产业链；突破太阳能跨季储热技术，实现 20 万 m^2 以上建筑供暖，开辟太阳能热利用新领域，使我国太阳能低温热利用产业继续保持世界第一，同时大力推进太阳能中温系统在工农业的应用。

（5）以建筑供热及工农业热利用为应用背景，重点解决太阳能区域供热、中温工农业热利用以及太阳能海水淡化系统中涉及的关键技术问题。重点攻克大容量太阳能跨季储热技术，研究降低热损机理、大容量水体或复合型储热空间中的对流抑制和土壤传热与水体传热之间的耦合机制。在此基础上，研究带有跨季储热系统的太阳能热力站设计方法、系统集成及效能评价技术。重点开发户用型太阳能夏季制冷、冬季采暖一体化装置，适用于工业供热需求的低成本中温集热器，太阳能中温工业蒸汽热力系统。

（6）研发太阳能热法海水淡化高效集热器、储能器、蒸发器及淡化系统防垢、除垢方式和工艺，并开发基于传热优化的太阳能热驱动海水淡化装备。针对太阳能海水淡化，以提高单位集热面积产水率、降低耗电量为目标，研发一批适用于未来工业化推广的集热、储热以及蒸发器核心产品，以及高效系统控制技术。

5. 加快技术创新和产业升级

（1）建立国家级光伏技术创新平台。依托国家重点实验室、国家工程中心等机构，推动建立光伏发电的公共技术创新、产品测试、实证研究三大国家级光伏技术创新平台，形成国际领先、面向全行业的综合性创新支撑平台。

（2）实施太阳能产业升级计划。以推动我国太阳能产业化技术及装备升级为目标，推进全产业链的原辅材料、产品制造技术、生产工艺及生产装备国产化水平提升。

（3）开展前沿技术创新应用示范工程。结合下游应用需求，国家组织太阳能领域新技术示范应用工程。

6. 提升行业管理和产业服务水平

（1）加强行业管理和质量监督。科学、公正、规范地开展太阳能项目主体工程及相关设备质量、安全运行等综合评价，建立透明公开的质量监督管理秩序，提高设备产品可靠性和运行安全性，确保工程建设质量。

（2）提升行业信息监测和服务水平。通过信息化手段，为行业数据查询和补助资金申请提供便利，规范电价附加补助资金管理，提高可再生能源电价附件补贴资金发放效率，提升行业公共服务水平。

（3）加强行业能力建设。鼓励国内科研院所、中介机构、行业组织等的产业研合作，提高整个行业健康发展水平。

7. 深化太阳能国际产业合作

（1）拓展太阳能国际市场和产能合作。构建全产业链战略联盟，持续提升太阳能产业国际市场竞争力，实现太阳能产能"优进优出"。

（2）太阳能先进技术研发和装备制造合作。推动我国太阳能设备制造"走出去"发展，鼓励企业在境外设立技术研发机构，实现技术和智力资源跨国流动和优化整合。

（3）加强太阳能产品标准和检测国际互认。逐步完善国内太阳能标准体系，积极参与太阳能行业国际标准制定，加大自主知识产权标准体系海外推广，推动检测认证国际互认。

（四）生物质能产业

生物质能产业发展重点：大力推动生物天然气规模化发展，加快生物质成型燃料工业化进程，加快生物液体燃料示范与推广，稳步发展生物质发电[2]。

1. 大力推动生物天然气规模化发展

构建以生物天然气为核心的农业循环经济体系和城市有机垃圾综合利用处理体系，建设一批村镇级集中供气、兆瓦级热电联产及分布式能源系统、百辆级纯化车用、万方级纯化入网、兆瓦级生物燃气燃料电池、千方级混氢天然气利用、年产万吨级沼渣沼液高端利用、年产千吨级生物燃气化工产品等生物燃气示范工程，通过分布式能源系统、管道车用天然气替代、混氢天然气利用、生物燃气平台化工等技术体系，实现生物质天然气的高值、高效综合利用；研究沼液沼渣制备复合有机肥、有机培养基、植物营养液等技术，实现沼渣沼液的安全高值综合利用。到 2020 年，初步形成一定规模的绿色低碳生物天然气产业，年产量达到 80 亿 m^3，建设 160 个生物天然气示范县和循环农业示范县。在粮食主产省（自治区、直辖市）以及畜禽养殖集中区等种植养殖大县，按照能源、农业、环保"三位一体"格局，整县推进，建设生物天然气循环经济示范区。推动全国生物天然气示范县建设，以县为单位建立产业体系，选择有机废弃物丰富的种植养殖大县，编制县域生物天然气开发建设规划，立足于整县推进，发展生物天然气和有机肥，建立原料收集保障、生物天然气消费、有机肥利用和环保监管体系，构建县域分布式生产消费模式。加快生物天然气技术进步和商业化。探索专业化投资建设管理模式，形成技术水平较高、安全环保的新型现代化工业门类。建立县域生物天然气开发建设专营机制。加快关键技术进步和工程现代化，建立健全检测、标准、认证体系。培育和创新商业化模式，提高商业化水平。推进生物天然气有机肥专业化、规模化建设，以生物天然气项目产生的沼渣沼液为原料，建设专业化、标准化有机肥项目。优化提升已建有机肥项目，加强关键技术研发与装备制造。创新生物天然气有机肥产供销用模式，促进有机肥大面积推广，减少化肥使用量，促进土壤改良。建立健全产业体系，创新原料收集保障模式，形成专业化原料收集保障体系；构建生物天然气多元化消费体系，强化与常规天然气衔接并网，加快生物天然气市场化应用；建立生物天然气有机肥利用体系，促进有机肥高效利用；建立健全全过程环保监管体系，保障产业健康发展。

2. 加快生物质成型燃料工业化进程

健全原料供应体系，建立生物质资源理化特性数据库，开展成型燃料工业化生产关键技术研发与应用，研发成型燃料规模化替代化石能源的关键技术并推进其示范工程建设，加快推动生物质成型燃料在商业设施、公共设施与居民生活中的应用，建成一批以生物质成型燃料供热为主的工业园区；制定出台生物质供热工程设计、成型燃料产品、成型设备、生物质锅炉等标准，加快制定生物质供热锅炉专用污染物排放标准，加强检测认证体系建设，强化对工程与产品的质量监督。在具备资源和市场条件的地区，特别是在大气污染形势严峻、淘汰燃煤锅炉任务较重的京津冀鲁、长三角、珠三角、东北等区域，以及散煤消费较多的农村地区，加快推广生物质成型燃料锅炉供热，为村镇、工业园区及公共和商业设施提供可再生清洁热力。

积极推动生物质成型燃料在商业设施与居民采暖中的应用。结合当地关停燃煤锅炉进程，发挥生物质成型燃料锅炉供热面向用户侧布局灵活、负荷响应能力较强的特点，以供热水、供蒸汽、冷热联供等方式，积极推动在城镇商业设施及公共设施中的应用。结合农村散煤治理，在政策支持下，推进生物质成型燃料在农村炊事采暖中的应用。

加快大型先进低排放生物质成型燃料锅炉供热项目建设。发挥成型燃料含硫量低的特点，在工业园区大力推进 20 蒸吨/h 以上低排放生物质成型燃料锅炉供热项目建设，污染物排放达到天然气水平，烟尘、二氧化硫、氮氧化物排放量分别不高于 20mg/m^3、50mg/m^3、200mg/m^3，替代燃煤锅炉供热。建成一批以生物质成型燃料供热为主的工业园区。

加强技术进步和标准体系建设。加强大型生物质锅炉低氮燃烧关键技术进步和设备制造，推进设备制造标准化、系列化、成套化。制定出台生物质供热工程设计、成型燃料产品、成型设备、生物质锅炉等标准。加快制定生物质供热锅炉专用污染物排放标准。加强检测认证体系建设，强化对工程与产品的质量监督。

3. 加快生物液体燃料示范与推广

以生物液体燃料为核心产品，根据原料特点，综合多元化利用技术，建成生物质原料全成分制取高品位液体燃料的技术示范；建立健全生物柴油产品标准体系，提升生物柴油项目质量，满足交通燃料品质需要，开展市场封闭推广示范。

在玉米、水稻等主产区，结合陈次和重金属污染粮消纳，稳步扩大燃料乙醇生产和消费；根据资源条件，因地制宜开发建设以木薯为原料，以及利用荒地、盐碱地种植甜高粱等能源作物，建设燃料乙醇项目。加快推进先进生物液体燃料技术进步和产业化示范。到 2020 年，生物液体燃料年利用量达到 600 万 t 以上。

推进燃料乙醇推广应用，大力发展纤维素燃料乙醇。立足国内自有技术力量，积极引进、消化、吸收国外先进经验，开展先进生物燃料产业示范项目建设；适度发展木薯等非粮燃料乙醇。合理利用国内外资源，促进原料多元化供应。选择木薯、甜高粱茎秆等原料丰富地区或利用边际土地和荒地种植能源作物，建设 10 万 t 级燃料乙醇工程；控制总量发展粮食燃料乙醇。统筹粮食安全、食品安全和能源安全，以霉变玉米、毒素超标小麦、"镉大米"等为原料，在"问题粮食"集中区，适度扩大粮食燃料乙醇生产规模。

加快生物柴油在交通领域中的应用。对生物柴油项目进行升级改造，提升产品质量，满足交通燃料品质需要。建立健全生物柴油产品标准体系。开展市场封闭推广示范，推进生物柴油在交通领域的应用。

推进技术创新与多联产示范。加强纤维素、微藻等原料生产生物液体燃料技术研发，促进大规模、低成本、高效率示范应用。加快非粮原料多联产生物液体燃料技术创新，建设万吨级综合利用示范工程。推进生物质转化合成高品位燃油和生物航空燃料产业化示范应用。

4. 稳步发展生物质发电

在农林资源丰富区域，统筹原料收集及负荷，推进生物质直燃发电全面转向热电联产；在经济较为发达的地区合理布局生活垃圾焚烧发电项目，加快西部地区垃圾焚烧发电发展；在秸秆、畜禽养殖废弃物资源比较丰富的乡镇，因地制宜推进沼气发电项目建设。

积极发展分布式农林生物质热电联产。农林生物质发电全面转向分布式热电联产，推进新建热电联产项目，对原有纯发电项目进行热电联产改造，为县城、大乡镇供暖及为工业园区供热。加快推进糠醛渣、甘蔗渣等热电联产及产业升级。加强项目运行监管，杜绝掺烧煤炭、骗取补贴的行为。加强对发电规模的调控，对于国家支持政策以外的生物质发电方式，由地方出台支持措施。

稳步发展城镇生活垃圾焚烧发电。在做好环保、选址及社会稳定风险评估的前提下，在人口密集、具备条件的大中城市稳步推进生活垃圾焚烧发电项目建设。鼓励建设垃圾焚烧热电联产项目。加快应用现代垃圾焚烧处理及污染防治技术，提高垃圾焚烧发电环保水平。加强宣传和舆论引导，避免和减少邻避效应。

因地制宜发展沼气发电。结合城镇垃圾填埋场布局，建设垃圾填埋气发电项目；积极推动酿酒、皮革等工业有机废水和城市生活污水处理沼气设施热电联产；结合农村规模化沼气工程建设，新建或改造沼气发电项目。积极推动沼气发电无障碍接入城乡配电网和并网运行。到2020年，沼气发电装机容量达到50万kW。

（五）地热能产业

1. 查明地热资源质和量

在全国地热资源开发利用现状普查的基础上，查明我国主要水热型地热区（田）及浅层地热能、干热岩开发区地质条件、热储特征、地热资源的质量和数量，并对其开采技术经济条件做出评价，为合理开发利用提供依据。支持有能力的企业积极参与地热勘探评价并优先获得地热资源特许经营资格，将勘探评价数据统一纳入国家数据管理平台。

2. 统一开发水热型地热和浅层地热能

积极推进水热型地热供暖在京津冀鲁豫和生态环境脆弱的青藏高原及毗邻区集中规划，统一开发。大力推广浅层地热能利用。在西藏、川西等高温地热资源区建设高温地热发电工程；在华北、江苏、福建、广东等地区建设若干中低温地热发电工程。建立、完善扶持地热发电的机制和政策体系，加强关键技术研发，加强信息监测统计体系建设，围绕地热能开发利用产业链、标准规范、人才培养和服务等，完善地热能产业体系。

3. 加强干热岩资源勘查和示范工程建设

应率先在东南沿海地区开展增强型地热系统建设，随后在藏南地区开展工程型地热系统研发，通过建立干热岩野外示范基地，逐步实现干热岩开发商业化。针对不同类型的干热岩资源靶区，我国干热岩地热资源勘查应遵循以下原则：重点勘查东南沿海地区干热岩；大力开发西南藏滇地区干热岩；尝试开发沉积盆地型干热岩；探索开发近代火山型干热岩。

结合干热岩示范工程的各个阶段具体工作和任务，应该制定合理持续的政府投入模式。在干热岩示范工程上，应该发挥我国宏观调控的优势作用，持续支持建立干热岩野外示范基地，推动干热岩资源开发。充分利用已有的技术方法，促使其在干热岩资源开发上更新发展，最终形成我国自有的干热岩开发相关关键技术，开展示范工程建设。

三、需重点攻关的工程科技项目

（一）10MW 级及以上大容量海上风电机组示范工程

海上风电虽然起步较晚，但是凭借着丰富稳定的海风资源以及大容量单机功率的特点，海上风电正在全球范围内快速崛起。2016 年，欧洲海上风电机组平均单机容量为 4.8MW，比 2015 年提高了 15.4%。同时，丹麦 Dong Energy 公司开发的 8MW 海上风电机组已经在英国顺利完成吊装并实现并网发电；Vestas 开发的 9MW 海上风电机组已经投入市场，并将其再次升级扩容为 9.5MW；德国风电整机商 Senvion 正式宣布将发展生产 10＋MW 级海上风电机组，进一步提升其在海上风电领域的实力；GE 也表现出发展 12MW 级风电机组的计划；位于德国的欧洲首个零补贴海上风电场甚至将采用 13～15MW 海上风电机组。全球海上风电正在逐步迈入大机组时代。

2016 年我国海上风电新增装机容量 59.2 万 kW，平均单机容量为 3.8MW。据预测，到 2030 年，我国风电产业将进入海上风电大规模开发阶段，5～10MW 风电机组将成为市场主流，并满足年供应能力达 8600 万 kW 的生产需求。为了顺应海上风电机组单机容量大型化发展趋势，抢占海上风电技术和市场制高点，10MW 级及以上大容量海上风电机组示范工程项目，成为大机组时代的引领者，实现新能源高比例发展。

10MW 级及以上大容量海上风电机组示范工程研究内容主要包括：研究适合我国海况和海上风资源特点的风电机组精确化建模和仿真计算技术；研究 100m 级及以上海上风电机组叶片设计制造技术；研究 10MW 级及以上海上风电机组整机设计技术，包括风电机组、塔筒、基础一体化设计技术，以及考虑极限载荷、疲劳载荷和整机可靠性的设计优化技术；研究高可靠性传动链及关键部件的设计、制造、测试技术；研究适用于我国深远海的大容量风电机组海上基础结构形式；研究大容量海上风电机组智能化控制技术和极端工况下载荷安全控制技术；研究大容量海上风电机组中高压变流技术、新型变流器冷却技术；研制具有自主知识产权的 10MW 级及以上海上风电机组及其轴承和发电机等关键部件。同时，开展与超大型海上风电机组相关的运输、施工、并网、运维等技术与装备的研发，支撑风电产业的高比例可持续发展，从而形成完整的风能利用自主创新体系和产业体系，成为风电技术创新和产业发展强国。

（二）太阳电池技术和实证技术公共研究平台

自 20 世纪 90 年代前后以来，经历近三十年发展，各种新型太阳电池在材料制备、工艺优化以及电池效率等方面均取得了突破性进展，其技术也出现了新的发展趋势：①结构日益相似；②电池部分关键材料相同；③活性层或电极的制备工艺十分相似，如染料敏化太阳电池、有机无机杂化太阳电池、量子点和钙钛矿电池等均采用了"三明治"的结构，而且以上几类电池都使用纳米半导体 TiO_2 作为活性层材料。这类电池在不远的将来，都将面临大面积制备和中试技术研发。目前，国际上已经成功建立了类似较为完善的研发平台，如美国的 NERL 和中国台湾工业技术研究院等。因此，为了进一步推进新型太阳电池的技术研发、完善电池的评估体系、避免重复建设，从而有效推动新型太阳电池的产业化进程，我国有必要建立成套具有普适性、规模化、集成化、智能化等特点，并兼顾新型太阳电池的多元化需要的公共研究平台，从而为上述电池产业化进程提供有力的前期技术保证和支撑。

光伏发电并网逆变器的结构与技术特征不断变化，大容量逆变器和组串型逆变器技术路线并存的局面将长期存在，同时随着分布式及户用光伏系统的发展，微型逆变器也将逐步得到推广并占有一定比例；在应用上，逆变器除承担系统发电功能外，也将承担无功支撑、电能质量治理等更多角色，应用形式与系统结构将更加复杂；在电站运行方面，电站安全事故频出，造成严重损失的概率较大。

目前对于集中型逆变器及单个组串型逆变器的技术规范、测试方法及标准体系相对完善，但是对于集成度进一步提高、容量进一步增大的逆变器缺乏有效测试手段；对于组串型逆变器及微型逆变器大量组合使用的并联特性及其引起的问题研究不够深入，测试方法和标准尚不够完善；对于兼具调节与治理功能的光伏逆变器测试与评价方法研究不够深入。因此，随着光伏发电技术的不断进步与装机容量的不断增加，建立光伏部件技术与试验检测技术公共研究平台，研究适应技术发展趋势和新型光伏发电产品的光伏发电检测技术，研究复杂光伏发电系统的并网特性与检测技术，研究直流打弧发生机理与防护手段，拓展光伏发电试验与检测能力，对于应对光伏发电技术的快速与多元发展、提高光伏发电电网适应性和友好性具有重要意义。

中国光伏应用区域具有多元化特点，有高寒气候如青藏高原地区，具有低气压环境、高辐照度、紫外线强的特点；有干热气候如西北部的沙漠、戈壁地区，具有气温高、紫外线强的特点；有亚湿热气候如南方沿海各省市，具有湿度大、盐雾环境的特点；有暖温气候如华北、华中等地区，具有气候温和、平原和丘陵的地域特点；有寒温气候如黑龙江、内蒙古等地区，年平均气温低且湿度很低。目前我国尚未建立各种典型环境下光伏部件、电站实际公共实证技术研究平台，缺失各种典型环境下光伏电站实际运行性能数据、档案、气象数据等关系到电站的设计、安装、施工、运行、维护等重要参数的数据库，从而影响了光伏电站快速发展和技术进步。

我国高能效、高比例光伏系统关键技术公共研究测试平台落后。发达国家在光伏系统关键技术研究平台方面进行了多年部署，例如，美国国家可再生能源实验室的兆瓦级可再生能源系统集成研究平台、美国圣地亚国家实验室的智能发电系统研究平台和太阳能并网集成系统研究平台、德国风能与能源系统研究所的 SYSTec 实验室和 DeMoTec 实验室、丹麦电力与能源研究试验平台 PowerLabDK 等。当前，光伏系统正在从单一小规模系统向着高比例、规模化方向发展，并已出现以光伏发电为主的电力系统，发达国家拥有世界一流的研究测试平台，正在形成技术创新的先发优势。我国光伏系统关键技术研究刚刚起步，针对光伏系统效率提升的关键技术处在研发阶段，亟须建立高能效、高比例光伏发电系统关键技术研究平台，为我国光伏系统集成研究和关键设备研制提供创新支撑条件和先进技术。

综上所述，由于太阳能部分技术具有共通性，各种电池并网逆变系统及不同典型环境气候条件下光伏电池、电站、高比例高能效系统关键技术等具有公共特性，因此，建立太阳能电池技术和实证技术公共研究平台是解决上述问题的有效途径。平台应包括新型太阳电池技术和薄膜电池技术公共研究平台、光伏电站直流电弧防护技术及检测平台、光伏发电并网研究试验平台、光伏关键设备可靠性评估测试平台、国家级典型地域气候条件下的实证技术研究平台。通过该平台的建设，将大大节约各种新型太阳电池研发费用，在一个统一的平台下，评估各种类型太阳电池在各种典型气候条件下的性能，为大规模光伏发电接入电网等提供技术保障。

（三）太阳能热发电与热利用技术

1. 太阳能热利用

实现超临界参数太阳能热发电原理机；建成可连续 24h 发电的容量不低于 50MW 的高参数电站，具备太阳能热发电站全系统自主开发能力，形成产业链；突破太阳能跨季储热技术，实现 20 万 m^2 以上建筑供暖，开辟太阳能热利用新领域，使我国太阳能低温热利用产业继续保持世界第一，同时大力推进太阳能中温系统在工农业中的应用。

2. 太阳能热发电技术

①提出高参数太阳能热发电的新思路，在超临界水蒸气和超临界 CO_2 为工质

的太阳能热发电基础研究方面取得重大突破。②集热/储热耦合，可灵活调度，探索适应电网调峰需求的太阳能电站设计和控制技术，研制 560℃高温真空管，建立太阳能热电联供系统示范。③探索研究无水动力循环太阳能热发电技术，对 PV/T 耦合发电供暖的分布式太阳能综合利用技术进行研究。④针对太阳能热利用关键装备可靠性研究及检测平台，研发太阳能聚光器和吸热涂层性能及衰减检测设备，研制非稳态系统效率检测方法与全套设备，对热发电所用到的主要材料进行全寿命周期研究，并编制相应的回收处理规范。

（四）玉米整株燃料乙醇生物炼制工程和大型沼气工程

1. 玉米秸秆纤维素燃料乙醇示范工程

玉米整株生物炼制工程中玉米燃料乙醇、玉米芯燃料乙醇、玉米芯低聚木糖和动物饲料的生产已经形成商业化规模，技术相对成熟。玉米秸秆是木质纤维素原料的一种，虽然纤维素燃料乙醇的中试示范工程已建成一些，但是由于预处理和酶水解存在技术瓶颈，尚未实现产业化。因此开发低耗高效的预处理技术和低成本高效纤维素酶生产技术是纤维素燃料乙醇亟待解决的关键问题，在此基础上形成的示范工程能为纤维素燃料乙醇产业化提供关键工艺参数，加速其产业化进程。

2. 大型沼气工程

我国户用沼气技术已经发展成熟，农村联户集中沼气供气已经进入大规模推广应用阶段，但是规模化生物燃气工艺技术尚不成熟，生物燃气工程装备存在整体效率较低、配套性较差、不能稳定运行等问题，因此研发高效工程装备和沼气提纯技术可有效推进沼气生产的规模化。

（五）干热岩发电示范工程

1. 干热岩资源发电总目标是最终实现我国干热岩开发利用的商业化

建立不同类型的干热岩示范基地，形成具有中国知识产权的干热岩勘查开发关键技术，最终实现我国干热岩开发利用的商业化。

2. 综合调查我国干热岩资源赋存的地热地质背景

基本掌握干热岩资源赋存分布状况，评价重点地区干热岩资源数量与品级，选定干热岩开发利用有利地区，初步建立干热岩勘查开发试验研究基地；建立干热岩室内模拟实验室，开展高温钻探、人工热储建造、热能交换利用等关键技术前期研究，为我国干热岩资源科学开发利用提供技术储备。

3. 评价全国干热岩资源数量和品级，提出我国干热岩开发利用规划

完成干热岩示范场地人工热储建造、循环试验、开采井布设和钻井等工作和研究，建成我国第一个干热岩发电与关键技术研究示范基地；研究干热岩相关基础理论，解决干热岩勘查开发中的关键技术问题，评价干热岩开发的经济效益、社会效益和环境影响，形成我国干热岩勘查开发指导方案。

4. 建立不同类型的干热岩示范基地

建立不同类型的干热岩示范基地可以指导我国干热岩合理有效开发，形成具有中国知识产权的干热岩勘查开发关键技术，大力提高干热岩储层性能并降低干热岩发电成本，逐步推进干热岩工程由公益性投资为主转为商业投资为主。

四、新能源高比例发展与集成创新示范区

在《"十三五"国家战略性新兴产业发展规划》中，提出了高比例新能源发展重大工程。"为实现新能源灵活友好并网和充分消纳，加快安全高效的输电网、可靠灵活的主动配电网以及多种分布式电源广泛接入互动的微电网建设，示范应用智能化大规模储能系统及柔性直流输电工程，建立适应分布式电源、电动汽车、储能等多元化负荷接入需求的智能化供需互动用电系统，建成适应新能源高比例发展的新型电网体系。"其中，实现高比例可再生能源全额消纳是实现大规模可再生能源并网的重点。当前，随着电力系统中风电、光伏等可再生能源发电比例的大幅增加，实现大规模可再生能源并网消纳，需克服如下技术难题。

1. 千万千瓦以上可再生能源基地电力接入送出

大型可再生能源发电基地能够聚集优势的自然资源和电网资源，发挥规模效应，极大降低发电成本。我国已建成酒泉、哈密等千万千瓦级风电基地，2020年还将建立数千万千瓦的海上风电，在青海等省区建立千万千瓦级光伏发电基地。然而，大型可再生能源基地面临着更高的并网稳定性和并网功率调控要求，亟须解决次同步振荡、故障穿越等新问题；采用中高压直流进行汇集接入是一个新技术方向，高压直流变换器等关键装备研制刚刚起步，系统集成、控制保护等关键技术尚不成熟。

2. 分布式可再生能源系统大规模、高比例灵活并网

分布式可再生能源发电是在用户侧就近安装的可再生能源发电系统，电力可实现就地消纳，已经在发达国家大规模推广应用。我国分布式光伏开发利用起步较晚，但是发展速度极快，2020年预计达到7000万kW。我国分布式光伏发电主要集中在工业园区和农村牧区，具有"大规模、高比例、区域性、集中化"特点，在一些区域出现了电压分布失衡、功率因数超标、谐波含量增加等电能质量问题，以及继电保护误动、孤岛检测失效等故障保护问题，区域性大规模、高比例分布式可再生能源发电系统并网集成和控制保护研究亟待加强。

3. 面向高比例消纳可再生能源的智能电网调控和保护

为了应对风电、光伏等可再生能源发电的波动性、间歇性和季节性，需要在更大时空尺度上进行电网资源的优化调控，欧美正在探索基于电力市场的不同电源和可调负荷的灵活调控。随着可再生能源发电规模和比例的不断扩大，如何充分利用电网可调控资源，实现可再生能源发电的全额消纳，将是智能电网面临的重大挑战。

此外，选择适宜区域开展分布式光电、分散式风电、生物质能供气供热、地热能、海洋能等多能互补的新能源综合开发，融合应用大容量储能、微网技术，构建分布式能源综合利用系统，引领能源供应方式变革。研究认为，泛雄安地区和粤西地区较具典型性与代表性，符合开展新能源高比例发展与集成创新示范的需要，特提出在上述两个区域开展示范区建设。

（一）泛雄安地区新能源高比例发展与集成创新示范区

1. 必要性与可行性

泛雄安地区，以雄安新区（雄县、容城、安新）为中心，包括周边部分区域，地处北京、天津、保定腹地，规划建设以特定区域为起步区先行开发，起步区面积约100km^2，中期发展区面积约200km^2，远期控制区面积约2000km^2，囊括保定、沧州等地区。中共中央、国务院于2017年4月1日下发通知，决定设立雄安新区。雄安新区定位于比肩深圳、浦东，承接北京非首都功能的新区。旨在通过非首都核心功能的集中疏解，带动河北南部地区，乃至华北腹地的发展，重构整个华北地区的城市格局。该任务明确要将雄安建设成为绿色智慧新城，打造生态城市，发展高端高新产业。

雄安新区位于京津冀地区的中心位置，长期以来，该地区化石能源比重偏高，煤炭消费量占消耗能源总量的90%左右，而作为我国地热等可再生能源资源丰富的地区之一，可再生能源消费占一次能源消费比例仅为5%左右，能源结构性矛盾问题十分突出。大力发展可再生能源是调整优化能源结构的主攻方向。

《京津冀协同发展规划纲要》明确指出：推动京津冀协同发展，要求在交通、生态环保、产业升级转移三个重点领域集中力量推进，力争率先取得突破。雄安新区作为未来京津冀发展的龙头地区，"生态环境保护"也是要率先突破的领域之一，重点是区域联防联控环境污染，建立一体化的环境准入和退出机制，加强环境污染治理，大力发展循环经济，推进生态保护与建设，积极应对气候变化，这是地热资源开发利用的新机遇。

雄安新区现有开发程度较低，发展空间充裕，具备高起点、高标准开发建设的基本条件。将地热资源的开发利用融入未来城市规划中，可在更大程度上发挥本区的资源优势，也可以为节能减排贡献更大的力量。雄安新区的建设，将需要庞大的能源来支撑。泛雄安地区具有丰富的太阳能和风能资源。地热资源清洁可再生，应用广泛，是一种良好的替代能源，可产生巨大的节能减排效益。与风能、太阳能相比，地热不受季节、气候、昼夜变化等外界因素干扰，储量大，分布广，开发利用简便，是一种现实并具有竞争力的新能源。开发利用地热能，实现采暖、供冷以及其他应用，已成为改善城市大气环境、减少温室气体排放的有效途径，但目前地热的供暖能力与需求仍有很大差距。因此，开发利用浅层地温能，是继续深化雄安新区能源结构改革、推广地热资源开发利用的必要手段。雄安新区地热资源丰富，回灌条件下，地热流体可开采热量为 1.98×10^{14} kJ/a，折合标准煤 675 万 t，相当于京津冀水热型地热资源总量的 7.6%。丰富的资源储量，为该区开发利用地热资源奠定了基础。此外，该地区既有地热资源开发利用已卓有成效，地热开发理念深入人心，在此基础上进一步发展地热经济，具有他处无法比拟的技术优势与应用优势。

电力消纳将遵循"就地消纳为主，外送为辅"的消纳原则，通过自发自用、就地消纳，结合抽水蓄能、天然气、太阳能热发电等为主的储能技术，实现就地消纳。加快开展易县 120 万 kW、抚宁 120 万 kW 抽水蓄能电站前期工作，确保在"十三五"期间核准并开工建设。2016 年 12 月，蒙西—天津南 1000kV 高压交流输变电工程投入商业运行，位于河北保定定兴县的 1000kV 高压变电站顺利投运。河北省可因此每年接受省外电力约 150 亿 kWh。这些工程的实施，将在一定程度上解决可再生能源消纳问题。

2. 工程目标

该示范区建成以后，有望实现 60%~80% 的能源由可再生能源供给，实现可再生能源全部并网消纳。其中风电新增装机容量 1120 万 kW，太阳能光伏新增装机容量 1000 万 kW。到 2020 年，新增生物质发电量 50 亿 kWh，燃料乙醇年产 56 万 t，沼气年产 15.4 亿 m³，建成玉米燃料乙醇生物炼制工程。

坚持以地热田为基本单元，因地制宜进行勘查开发。按照雄安新区不同区域地热资源储量和分布特征，以现有的牛驼镇地热田与容城地热田为基本单元，进行统筹规划，合理布局地热勘查与开发工程；因地制宜确定开发利用地热资源类型与开发方式，对地热资源进行有序、有度的开发，促进地热资源的高效利用与可持续利用。

3. 工程任务

1）完成新建核电厂的供热总体规划方案及泳池式低温供热堆

在确保核电厂安全、稳定运行的情况下，提升核电厂综合能源利用效率，实现在运核电厂向周边区域供热的目标。通过核能供热及海水淡化技术，为雄安新区提供淡水资源，解决当地缺水的现状。拟选定中国核工业集团公司海兴核电厂作为示范厂址。泳池式低温供热堆技术采用成熟的池式研究堆技术，具有"零堆熔、零排放、易退役、实现消除放射性大规模释放"的安全特点，可接近供热用户实现清洁能源的应用。建议在雄安建设泳池式低温供热堆。

2）加快推进风电开发与配套电网建设协调发展

坚持"集中与分散开发并重、就地高效消纳利用"的风电开发原则，充分利用泛雄安地区丰富的风能资源，稳步有序地推进保定、衡水、沧州、邢台、廊坊、石家庄等地区的陆上风电开发建设和沧州沿海地区的海上风电开发建设，加快推进泛雄安地区风电规模化协调发展的同时鼓励开展低风速风电分散式开发建设。合理规划新区电网结构，加强风电项目集中地区配套电网建设和输电通道建设，优化电网调度运行方式，推进新区内风电资源优化配置，促进风电就地高效消纳利用。

3）加速推动太阳能利用产业的协调发展

泛雄安地区年总辐射量在 1450~1500kWh/m^2，属于太阳能资源"很丰富区"，具备发展太阳能发电的良好资源条件。同时，拥有包括晶澳太阳能有限公司、英利绿色能源控股有限公司等大型光伏企业，具有发展太阳能光伏的技术条件。在泛雄安地区，大规模加强包括分布式光伏、渔光互补、农光互补（光伏大棚）、风光互补、光伏建筑一体化（building integrated PV，BIPV）等，鼓励自发自用、余量上网，有望在"十三五"期间实现 1000 万 kW 的太阳能光伏装机。保定市 2020 年的太阳能集热累计面积规划已经达到 221 万 m^2，占全省开发面积的 1/8。在泛雄安地区，选择适当的地点建设太阳能热发电示范项目，在发挥发电作用的同时，参与大规模可再生能源调峰。

4）稳步发展生物质发电，建设玉米燃料乙醇和沼气生物炼制工程

详细调研泛雄安地区生物质资源，发展分布式生物质能发电体系，若将农作物秸秆的 30%用于发电，可产电量 168.4 亿 kWh，若将畜禽粪便的 30%用于产沼气发电，可产电量 43.8 亿 kWh。推进大型沼气生物炼制工程建设，提炼沼气作为车用燃气，若将畜禽粪便的 30%用于产沼气提炼车用燃气，可产燃气量 4.4 亿 m^3，替代 36.6 万 t 汽油，配套开发沼液、沼渣高值化利用技术。建设年产 50 万 t 玉米燃料乙醇生物炼制工程，配套年产 10 万 t 玉米芯低聚木糖、年产 5 万 t 玉米芯燃料乙醇、年产 1 万 t 玉米秸秆燃料乙醇示范工程和年产 45 万 t 动物饲料。

5）重点突破规模化分布式可再生能源并网技术与装备

针对规模化、高渗透率分布式可再生能源并网消纳需求，重点突破分布式光伏直流并网集成、控制和保护技术，重点发展大规模、高渗透率分布式发电并网集成和灵活控制技术，建立分布式可再生能源发电实证环境。掌握电力市场条件下分布式能源与可调负荷灵活运行调控技术，研制出大功率光伏直流并网变流器、分布式可再生能源发电变流器等关键设备。

6）地热资源以浅层地热供暖（制冷）为主，浅层低温能发电为辅的发展战略

在《河北省地热能开发利用"十三五"规划》中，地热资源优势突出的保定市所规划的地热面积最大。规划表示，到2020年年末，保定市将新建水热型地热供暖面积1100万 m^2，完成新建和改造建筑项目浅层地热能供暖（制冷）面积265万 m^2。

其中，在地热供暖示范工程中，将"以保定地区东部地热重点开发带为核心，重点开发雄县—容城—安新—博野—蠡县—安国等地地热资源"。

7）加大勘查力度，重点开展雄安新区多层水热型热储综合利用

在水热型地热资源热储层多、地热水开发利用方式较多、开发利用条件较好的大型人口聚居区［如雄县县城（雄州镇）、安新县城（安新镇）馆陶组热储与基岩热储均有分布，地热资源赋存条件较好的地区］，重点勘查，开展多层水热型热储综合利用。此类地区对地热资源的需求主要为集中供暖、洗浴、疗养及生活用水。应以地热集中供暖为主，多种利用方式共同开发。采暖方式有两种不同的选择，温度较高的热水可以采用暖气片方式提供高层供暖，温度较低的热水可以提供地板辐射采暖。同时，可通过梯级利用与地热回灌的方式将开采的地热水纳入循环，提高热量利用效率，节约水资源。

4. 需着力解决的关键问题与相关保障措施

（1）建议将泛雄安地区能源新技术战略性新兴产业发展纳入京津冀一体化及雄安相关发展规划。将地热资源开发纳入城市建设规划，只有使地热资源的开发利用融入未来雄安新区的城市规划中，才能最大限度地将地热资源清洁供能、节能减排的效果发挥出来。在"采灌平衡""取热不取水"的原则下，优先在县域、乡镇、美丽乡村以及城市郊区开展地热能替代燃煤供暖示范项目建设，逐步推进地热资源在雄安新区各区域、各行业的大范围应用。

（2）扶持泛雄安地区能源新技术战略性新兴产业，提供政策支持。城市供热是公用事业，建议国家投入资金开展有关提高核能供热堆技术、效能和经济性等方面的研发工作，以及核制冷、利用现有热网集中供冷的研发工作。在核供热价格及运行成本上，建议政府制定相应的优惠政策，既有利于公众购买核能供热服务，又能够促进核供热企业的健康发展。通过多能互补、就地消纳的方式，大力发展分布式光伏。加强发电端和用电端的智能互联，鼓励企业、个人通过多种方式发展分布式光伏。通过"领跑者"计划等，加强技术创新对产业发展的带动作用。

（3）及早试点新能源高比例示范，逐步推广应用。按照"政策引领、市场运作"的原则，遵循"提早规划，有效沟通，先行先试，加快建设，促进转型，尽早见效"的发展思路，以低温供热示范工程为核心，组建核能供热开发公司。选定示范区，确定用户集群，按照安全性、经济性、可行性原则，以泳池式低温供热堆机组建设为突破口，积极稳妥推进核能供热示范项目建设落地。

（4）重点解决风电开发建设与平衡消纳之间的难题。通过深入落实简政放权总体要求，优化简化风电项目核准程序；加强风电项目配套规划建设和并网运行方案研究制定，优化风电调度运行和促进风电高比例消纳；创新泛雄安地区新能源高比例发展重大工程政策环境、体制机制和商业模式，优先执行国家有关新能源项目的灵活价格政策、激励政策和改革措施；加快完善风电项目开发建设投融资机制，降低企业发展成本；加强高级人才引进工程建设，构建产学研用相结合的技术研发创新体系。

（5）结合城市规划，加强顶层设计，大力推动光伏建筑一体化的产业在泛雄安地区的示范推广。随着泛雄安地区的发展，将开发数亿平方米的新建建筑面积，在这些新建建筑上，大力推进光伏建筑一体化技术的推广，制定建筑利用太阳能光伏、节能技术等的应用比例，有望为我国未来分布式光伏发电技术创造一个良好的市场氛围，创新相关项目的产权、收益共享机制和商业运行模式，制定执行灵活的价格、税收等激励政策，完善项目投融资机制，降低成本，形成产权明晰的分布式光伏发展"雄安模式"。

（6）新建玉米燃料乙醇炼制工程需要国家政策支持。由于粮食燃料乙醇会产生与人争粮的问题，国家原则上不再批准新的粮食燃料乙醇生产厂。京津冀地区尚未有粮食和非粮食燃料乙醇生产厂，且该地区为玉米主产区，由于近年来玉米陈化粮库存量巨大，去库存成为新形势下的迫切需求，在泛雄安地区建设玉米燃料乙醇生物炼制工程，可以消纳玉米陈化粮库存和玉米秸秆、玉米芯废弃物，为京津冀地区提供燃料乙醇，缓解大气污染，符合新形势下的政策需求。新建玉米燃料乙醇炼制工程势必要突破既定制度的限制范围，需要获得国家政策扶持。

（二）粤西地区新能源高比例发展与集成创新示范区

1. 必要性与可行性

广东省是我国光、热和水资源最丰富的地区之一，是海上丝绸之路最早的发源地。21世纪海上丝绸之路重点方向是从中国沿海港口过南海到印度洋，延伸至欧洲；从中国沿海港口过南海到南太平洋[81]。粤西地区为广东省西南沿海区域，包括湛江、茂名和阳江，为21世纪海上丝绸之路必经之地，其中湛江被列为国家"一带一路"海上合作战略支点城市，更成为首批国家海洋经济创新发展示范城市和联合国SUC可持续发展先锋城市[3]。粤西地区毗邻广西和海南，将其作为推进新能源高比例发展重大工程示范区，可辐射带动广西和海南沿海城市及港口的能源供给模式变革，营造良好的投资环境，促进面向东盟区域国际通道的快速构建，形成西南、中南地区开放发展新的战略支点，对建设"一带一路"尤其是21世纪海上丝绸之路沿海港口的低碳经济发展圈具有重要的示范效益和推动作用，同时对我国南海海域岛礁的能源供给模式提供借鉴，助力我国南海海域资源开发。

为响应国家"一带一路"倡议号召，广东省颁布了《广东省海洋经济发展"十三五"规划》[82]，指出重点优化海岸带布局，积极推进"六湾区一半岛"（环珠江口湾区、环大亚湾湾区、大广海湾区、大汕头湾区、大红海湾区、大海陵湾区和雷州半岛）生态建设，着力加强"五岛群"（珠江口岛群、大亚湾岛群、川岛岛群、粤东岛群和粤西岛群）保护利用；建设珠江三角洲海洋经济优化发展区和粤东、粤西海洋经济重点发展区，构建粤港澳、粤闽、粤桂琼海洋经济合作圈，打造海洋供给侧改革示范基地和海洋"走出去"基地；同时指出在粤西建设临海清洁能源等海洋特色产业园区，粤西港口群以湛江港为中心，以发展能源、原材料等大宗物资运输和集装箱支线运输为主。粤西地区在构建粤桂琼海洋经济合作圈的地位举足轻重。

粤西地区处于亚热带，雨量充沛，水利资源丰富，日照时间长，自然资源优势明显，发展新能源等产业具有得天独厚的条件。粤西近海原油储藏量丰富，濒临湛江的南海北部大陆架盆地是世界四大海洋油气聚集中心之一，北部湾已探明石油储量接近 5000 万 t，远景储量预计可超过 10 亿 t，天然气资源量 1000 亿 m^3，有油页岩 1 处，在第四系松散岩层覆盖之下，分布面积约 2km^2，焦油率 4.2%～7.2%，开采困难，茂名油页岩探明储量约 54 亿 t，位居全国探明储量的第二位；湛江有煤矿产地 8 处，多为第三、第四系褐煤，总资源量 3240 万 t，煤质差，煤层薄，开采价值不大，茂名已探明褐煤储量 8700 万 t，阳江已探明煤储量 753.6 万 t；湛江以市区为主体的半岛东北部有目前全国面积最大、热流体储量最大的低温地热田，达到 4245km^2，共有三个热储层，可采热能 3.1 kW，600m 以下未作地质评价，茂名共有地下热水矿产地 15 处，经地质工作探明允许开采量 6543.2m^3/d，阳江地下热水经初步探测储量较为丰富[83-85]。粤西地区热带、亚热带作物资源极其丰富，其中湛江、茂名和阳江的农、林废弃物资源可利用量分别达到 629 万 t、217 万 t 和 115 万 t，合计占全省资源量的 30.0%，湛江、茂名和阳江的畜禽粪便干物质量分别为 165 万 t、228 万 t 和 71 万 t，合计占全省资源量的 29.5%[86]。此外，湛江、茂名和阳江分别拥有海洋滩涂面积 148.7 万亩①、94.2 万亩和 19.7 万亩，合计占全省的 84.8%[83-85]。丰富的水、风、光照、地热、油气、生物质和滩涂资源，使得粤西地区非常适合作为示范区建设核能、风能、太阳能、地热能和生物质能等新能源高比例发展工程。

目前粤西地区利用自身的优势，建成和发展了多种形式的新能源产业。湛江市建成投产了 2×50MW 生物质发电厂、年产 15 万 t 木薯燃料乙醇项目和一批风电项目，清洁能源在能源消费中的比例由 2010 年的 6.4%提高到 2015 年的 10.0%[87]。茂名沿海已建成了大唐电白岭门风电场、粤电电白热水风电场、粤电电白白马风电场 3 个沿海风电场，合计装机容量 14.9 万 kW[88]。阳江已建成大、中、小型水电站 499 座，装机 1054 台，装机容量 29.6 万 kW，核电站 1 座，其中 1 号、2 号、3 号、4 号机组已实现商业运营，5 号、6 号机组正处于设备安装及系统调试阶段，机组全部建成运营后年发电量将达到 480 亿 kWh，风力发电并网容量为 36 万 kW，光伏发电并网容量为 18 万 kW，位居全省各地市风力、光伏发电

---

① 1 亩≈666.67m^2。

容量首位[89]。基于良好的区域优势和新能源产业基础,在粤西地区建设新能源高比例发展工程示范区非常契合国家和地方政策需求,具备可行性。

2. 工程目标

到2020年示范区建成后,将实现粤西地区80%～90%能源来自新能源和可再生能源,其中核电装机新增容量250万kW,风电装机新增容量260万kW,光伏发电装机新增容量65万kW,新增非粮燃料乙醇15万t,建成年产1万t纤维素燃料乙醇示范工程,沼气年产量8.4亿m^3,生物质能发电量新增1亿kWh,完成地热资源勘探及开发潜力分析,建成地热利用示范工程。

3. 工程任务

(1) 完成现有核电机组建设,同时选址新建核电项目。完成阳江核电站5号和6号机组的设备安装和调试工作,实现并网发电。利用阳江核电站建设经验,在湛江选址新建2×125万kW核电站。

(2) 积极有序推进陆/海上风电开发建设,促进风电就地就近消纳利用。积极研发适应粤西地区山地运输、安装和使用的陆上紧凑型风机技术、低风速风机技术和适应沿海抗台风型风机技术;因地制宜创新陆上风电分散式开发建设模式和海上风电规模化、集约化开发建设模式,大力支持湛江、阳江等地发展陆/海上风电项目,促进粤西地区风电产业快速发展;积极探索深远海离岸式大型海上风电场建设和微电网形式风能资源在海岛、海礁上的开发利用。坚持集中开发与分散开发并举的原则,统筹规划风电开发与配套电网建设协调发展,通过优化电网调度与风电协调运行管理机制,促进风电就地就近消纳。

(3) 光伏产业与其他产业互为补充,多种形式发展太阳能发电。坚持"太阳能光伏开发与电网协调,以分布式光伏为主,光伏与农业、渔业、露天矿业等相结合,就近与并网相结合"的原则,发展建设光伏发电项目。因地制宜,在适宜发展光伏的地区开展农光互补、渔光互补、光伏海水淡化、光伏农业与旅游业综合利用项目,利用盐厂盐光互补、露天矿场的光伏项目等多种方式,发展以分布式光伏为主,兼顾分布式与大型电站的光伏发展模式,积极探索多种形式的综合利用,促进光伏产业的大规模发展,优化能源供给产业结构。预期通过3～5年的建设,粤西地区的光伏产业规模将达到500～1000MW。光伏发电和光热发电产业的发展,将带动光伏建筑一体化、太阳能热发电相关设备及技术发展,进一步拓展太阳能应用领域。

(4) 稳步发展生物质能发电,开发燃料乙醇生物炼制工程和沼气炼制工程。在粤西地区开展详尽的生物质资源调查,依托该地区已有的纤维素类生物质发电技术,在湛江选取 4~5 个点,茂名选取 2~3 个点,阳江选取 1~2 个点建设分布式生物质能发电厂,若粤西地区 30%纤维素生物质用于发电,发电量可达到 58.6 亿 kWh,可替代 72 万 t 标准煤;依托现有的沼气发电技术,在湛江选取 2~3 个点,茂名选取 4~5 个点,阳江选取 1~2 个点建设分布式沼气发电厂,若粤西地区 30%畜禽粪便用于产沼气发电,发电量可达 23.9 亿 kWh,可替代 29.4 万 t 标准煤;同时在湛江选取 1~2 个点,茂名选取 2~3 个点,阳江选取 1 个点发展大型沼气炼制工程,提纯沼气用作车用燃气,若粤西地区 30%畜禽粪便用于产沼气提纯车用燃气,可生产车用燃气 2.4 亿 m^3,替代约 19.8 万 t 汽油,配套开发沼液、沼渣高值化利用技术。就地开发海洋滩涂、荒山荒地等闲置土地用于种植木薯等非粮淀粉类作物,保证非粮燃料乙醇生产的原料供给,在湛江现有非粮燃料乙醇规模的基础上新增 15 万 t 燃料乙醇产能,可替代 15 万 t 汽油,同时建成 1 万 t 纤维素燃料乙醇示范工程,配套动物饲料、低聚糖等高附加值产品开发技术。

(5) 勘探地热资源及分布特点,建成地热利用示范工程。在粤西全境开展地热资源勘探,分析地热资源储存形势及其分布特点,建立地热资源利用数据库。以地热资源丰富区为核心,根据温度高低及资源量正确评估地热资源开发利用形式,建成以地热资源为驱动力,集工农生产、水产养殖、商业旅游为一体的综合示范区。

(6) 重点突破规模化分布式可再生能源并网技术与装备。粤西地区可再生能源资源丰富,利用形式多样,新能源和可再生能源产业发展良好,发展了核电等新能源发电产业,形成了水电、风电、光伏发电、生物质发电等较为成熟的可再生能源发电产业,实现规模化、高渗透率分布式新能源和可再生能源发电并网是粤西地区新能源与可再生能源产业发展的主要方向(图 7-1),重点发展大规模、高渗透率分布式发电并网集成和灵活控制技术,建立分布式可再生能源发电实证环境。掌握电力市场条件下分布式能源与可调负荷灵活运行调控技术,研制出大功率光伏直流并网变流器、分布式可再生能源发电变流器等关键设备。

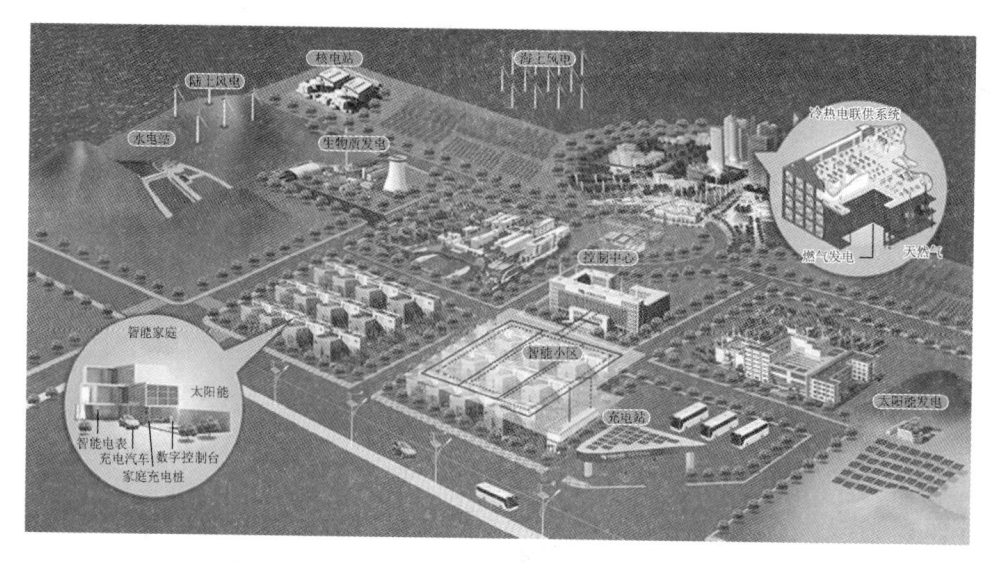

图 7-1　分布式新能源和可再生能源发电并网示意图

资料来源：中国南方电网有限责任公司

4. 需着力解决的关键问题与相关保障措施

（1）全面勘探地热资源量及分布特点，研究地热资源利用方法和途径。粤西地区虽有丰富的地热资源，但是其资源量及其分布特点尚未有全面翔实的数据，需由政府牵头，组织专家进行全面的地热资源勘探，掌握地热资源量及分布特点，拓宽地热资源利用方式和途径，实现粤西地区地热资源的高效合理利用。

（2）保障土地供给，避免生物质原料竞争，保证燃料乙醇和生物燃气顺畅消纳。利用海洋滩涂种植木薯等非粮作物会与渔业争地，政府需出台相关政策规划部分滩涂用于种植非粮淀粉作物，同时鼓励、引导农民开垦荒山荒地种植非粮淀粉作物。木质纤维素类生物质发电厂和沼气发电厂的选址应布局在生物质资源丰富区，且同类发电厂的布局应保持合理的距离，避免产生原料竞争。政府需出台政策保证燃料乙醇能顺利配入汽油，同时匹配建设生物燃气加气站，合理定价，保障生物燃气的顺畅消纳。

（3）因地制宜推进分布式新能源和可再生能源并网消纳的建设。以发电并网和消纳为主，将新能源和可再生能源的电力规划与主体功能区规划、土地利用总体规划、城乡规划、环保规划、林业规划、旅游规划等进行科学合理有序的衔接，实现新能源和可再生能源电力开发与环境保护协调发展。落实电网全额保障性收购制度和国家对新能源企业的税收优惠政策。根据区域资源特点，以一种或两种新能源或可再生能源发电为主，其他形式新能源或可再生能源发电为辅的模式推进分布式能源工程建设，采用就地消纳结合对外配送的方式消纳产生的分布式能源。

第八章 保障措施与政策建议

（1）以宏观调控为导向推动能源新技术新兴产业的合理布局，逐步改善能源产业内各领域发展不均衡的问题。加强顶层设计，规范能源产业各领域的科学有序发展，统筹制定能源新技术新兴产业中长期发展战略，明确能源产业各领域的战略布局、结构布局、区域布局和产业链布局，设计能源产业各领域协同发展模式，加强政策规划对产业合理布局的优化引导和调节作用。确立战略性新兴产业重大行动计划对能源新技术产业发展的指导作用，明确行动计划的时间表、路线图、责任状，细化实施主体，相关地区地方政府和有关企业要切实领会和贯彻本行动计划意图，实行目标责任管理，落实行动计划提出的主要目标和任务。能源新技术战略性新兴产业发展需要持续稳定的产业政策环境。近十年来，国家出台了一系列能源产业政策，这些政策推动了产业发展，但其政策本身也呈现出时松时紧、前后矛盾等情况。能源项目投资规模大、建设周期和投资回收期较长，产业政策的忽冷忽热不利于产业健康快速发展、不利于地区战略规划和发展布局、不利于市场科学传导信息、不利于企业投资和决策。同时，加强政府对能源项目审批的科学管理和动态监控，明确政府部门间的责任分工，加强监督考核，强化专项监管，确保能源规划有效实施，建立规范政府行为和市场行为的法制体系；加强简政放权后续监管，组织开展能源投资项目简政放权专项监管；坚持规划评估制度，严格评估程序，委托第三方机构开展评估工作规划；落实情况及评估结果纳入地方政府绩效评价考核体系。

（2）加快重大示范工程建设速度，推动我国能源新技术产业的引领发展；加强产业发展的预见与成熟度评价工作，实现我国能源新技术产业的差异化管理。通过对全球能源新兴产业的技术、制造、产品、市场、政策等全球动态监控，建立能源产业及产业内各能源领域的产业成熟度评价指标体系和综合评价及发展预测方法，预判能源颠覆性新技术的发展趋势及产业成熟时间，准确评估我国能源领域产业发展的成熟度和竞争力，为制定能源新兴产业的发展战略服务。通过能源新技术的重大工程示范建设，建立相关产业扶植政策，加速推动其产业发展和成熟，特别是以加快重大工程示范为推手，重点发展全球将在短时间内进入成熟阶段的能源新兴产业，如本书预测全球 IGCC 和三代压水堆核能发电产业需要 5 年进入成熟阶段，根据成熟度评价结果需要重点加快发展我国 IGCC 和自主三代压水堆核能发电产业，以保证我国与世界发展同步或实现引领发展。要根据产业发展的时间急迫性程度，对能源新技术战略性新兴产业不同的发展阶段采取差别化的扶植政策。对于已经实现工业示范，但尚未取得成功运行的项目，建议根据其面临的环保问题，给予针对性税收扶持政策；对列入行动计划的重大工程在土地预审、资源配置、环境影响评价、水资源论证、项目审批融资等方面应给予政策支持。对于已经实现工业示范，正在进行升级示范的项目，建议根据其项目特点，给予个别税种的税收减免；对于急需实现工业化示范的项目，建议通过政府招投标模式，给予大力税收扶持政策。研究将列入能源新技术战略性新兴产业重大行动计划的重大工程纳入国家专项建设基金支持范围，对其中首台（套）设备应用、重点示范的单项工程、环保工程等给予专项资金支持。加大政策性金融、开发性金融的支持力度，采用多种融资方式，拓宽企业融资渠道，降低融资成本。

（3）充分发挥能源新技术战略性新兴产业链长、技术路线复杂、多学科交叉和多种创新要素的集聚作用，积极推动大数据、人工智能和互联网与能源经济的深度融合及信息化技术在能源领域的应用。建立能源新技术战略性新兴产业信息统计体系，构建关于能源新技术战略性新兴产业的技术、制造、产品、市场的全球信息数据库，加强产业现状发展的分析和预测工作，各地方主管部门和企业要建立统计报告制度，逐步实现能源新技术战略性新兴产业的信息化管理，具备信息统计、标准化管理、技术市场大数据运用的能力。积极推进人工智能和互联网新技术与能源新技术和地区经济的融合发展，加强研发具有人工智能和网络化功能的能源新产品，积极建设新能源高比例发展与集成创新示范区及能源互联网，推动能源产业与人工智能和互联网战略性新兴产业的经济合作发展。大力发挥行业协会等中介组织作用，建立产学研用相结合的多渠道人才培养体系，注重培养跨能源专业和数据分析、人工智能、计算机等信息技术专业的交叉人才。

一、煤炭清洁高效转化与利用产业

（一）提高电煤消费比例，提升煤电技术装备水平，加大清洁高效煤电技术研发力度与应用示范

对煤炭开发利用过程中的重大技术方向和关键科技问题开展科技攻关，积极鼓励发展煤炭清洁高效发电技术和多联产技术。不断提高电煤消费比例，加快开展燃煤电站超低排放、IGCC/IGFC、700℃超超临界、CCUS等先进技术的研发和示范，并在产业政策上给予支持。在"十三五"期间，设立西部煤炭绿色转化与利用重大工程，系统提升煤炭开发利用的科技创新能力。

（二）科学规划现代煤化工产业布局

总结煤制油、煤制烯烃、煤制气等示范工程取得的经验，深入研究煤质与气化炉的适用性，开展低阶煤提质、煤炭气化、新型催化剂等关键技术攻关，提高设备运行的稳定性和可靠性，有序建设一批大型煤制油、煤制烯烃、煤制气等示范项目。

建立现代煤化工产业合理布局的综合评价指标体系，科学评价现代煤化工路线的竞争力，如现代煤化工技术路径选择、输煤输电路线选择等。简化现有项目核准流程，试点招投标立项模式，建立由国家发展和改革委员会、国家能源局负责，涉及环保、水利、财税、国土、金融等的跨部门协调机制，为现代煤化工项目建设在煤炭资源和水资源配置、排污指标置换等方面提供服务。补充完善现代煤化工标准规范。

（三）强化政府监管

协调监管地方政府，科学合理建设现代煤化工项目。加快淘汰落后的传统煤化工产能，加强水资源管理和水权置换，为煤炭清洁高效转化与利用产业示范项目建设腾出容量，为示范项目建设在煤炭资源和水资源配置、排污指标置换等方面提供服务。特别是规范地方政府在现代煤化工示范项目建设的权责，杜绝不顾当地资源条件"逢煤就地必化"情况的再度发生。

二、非常规油气开发利用产业

继续落实"十二五"已经形成的页岩气产业化优惠政策，适时推进页岩油开发利用优惠政策的制定。坚持按照科学有序、安全环保的原则进行页岩油气的开发和利用。鼓励常规与页岩油气开发利用相互兼顾，科学有序，实现效益互补，逐步推动页岩油气资源的有效开发与利用。鼓励院校、企业开展无水、少水压裂等超前技术的研发。

进一步落实已有煤层气产业优惠政策。根据不同地区煤层气资源具体特点，加快煤层气示范区建设，并给予示范区以政策扶持，支持其快速发展，同时围绕示范区建设，建议设立重大专项等国家项目加大煤层气科技攻关力度。按照"先采气后采煤""采煤采气一体化"的原则，促进煤层气、煤炭协调发展。以煤层气、煤炭矿权协调管理为核心，坚决贯彻执行煤层气相关政策和法规，切实加大行业监管力度，坚持"先采气后采煤"，理顺煤炭和煤层气开采关系，提升煤层气资源的综合利用。鼓励煤层气开发企业与煤炭企业合作，充分发挥各自优势，实现煤层气和煤炭行业的良性发展。

三、智能电网与储能产业

发挥政府在智能电网与储能产业技术创新体系中的主导作用，组织制定智能电网及相关技术、产业的发展战略、中长期规划及其保障措施。强化相关政策和技术标准的制定，完善电价和相关财政补贴、税收机制，适时出台终端用能电能替代、电动汽车充电网络建设等鼓励政策。

加强电力领域基础科学研究，注重多学科的交叉融合，推动重大原创性科学成果产出。重视信息化和通信技术向电网的延伸，注重通信系统、自动化体系架构、规约和规范的制定；重视用电侧智能电网关联产业的发展，包括智能家电、智能电表、物联网、低成本小型储能设备等研制和应用；重视供电可靠性、电能质量和电网与用户的互动；重视电网公司运营效率的提高和降低电价。

大力推动智能电网商业模式创新，促进科技成果转化，服务实体经济转型升级，逐步建立科学完善的电价体制，以用户侧分布式发电和热电联产、广泛的需求侧管理和实时的电价信息发布为中心构筑更灵活的电力市场，积极引导用电方、供电方及第三方主动参与电力需求侧管理，探索电网、社会企业、用户多方合作共赢的建设运营模式。

四、核能与可再生能源产业

（一）核能产业

（1）需要论证、开展内陆核电建设，解决核电和核燃料产业发展不均衡问题，完善我国核电布局。

核电发展目前集中于沿海地区，核燃料和后处理发展基本位于内陆地区，存在着运输风险和产能的差异。特别是内陆地区发展面临着能源安全和环境污染的双重压力，核电作为一种安全、清洁和高效的能源形式，对于提高空气质量、应对气候变化、加速我国能源低碳转型、建设生态文明，以及优化产业结构、推动地区经济发展起着重要的作用。根据自然资源部对我国备选厂址的分类评价和研究，我国目前比较成熟的备选厂址中有近四成是内陆厂址，内陆核电厂是我国核电规模化发展的重要组成部分；而且随着内陆地区经济加快发展，未来电力供需缺口较大，特别是湘鄂赣三省，目前能源供应成为制约发展的瓶颈，能源消费总量及人均能耗在数量上需有显著提升。三省能源供应特点是大中型水电基本开发完毕，火电受煤炭储量限制，电煤对外依存度超过80%；石油、天然气也基本依赖从省外调入，仅依靠远距离输电和长途运煤难以保障用电安全；受资源和经济等因素影响，可再生能源发展仍受制约。因此在核电布局上，我国需要在沿海核电建设的基础上，进一步发展内陆核电。

（2）推动核能领域更好应用大数据、人工智能和互联网技术，实现数字化、信息化技术与自主核电技术融合。

实现实体化和数字化核电站同时建造、交付运营，更好地建设数字化反应堆、数字化核电站平台，集成数字研发设计、智能制造和建造、运营资源，确保实现核电站全寿期安全高效的目标。同时发挥模块化小堆、供热堆、四代核电等先进技术在微网及供热等局域管网，或者分布式能源的作用。

（3）国家和行业政策方面，建议核能推广重视规划编制和与其他规划的对接。例如，将发展核能，特别是低温供热堆列入相关发展规划。明确发展核能的指导思想、规划原则、主要目标、重点任务、实施路径，提早推动实施勘测选址工作。同时建议将核能供热纳入城市供热规划中，明确核能作为基本供热的定位，做好管网对接工作。核能供热属于城市供热系公用事业，建议国家投入资金开展有关提高核能供热堆技术、效能和经济性等方面的研发工作，以及核制冷、利用现有热网集中供冷的研发工作。在核供热价格及运行成本上，建议政府制定相应的优惠政策，既有利于公众购买核能供热服务，又能够促进核供热企业的健康发展。

（二）风能产业

（1）加强行业监管和政策引导，合理优化产业空间布局。督促各级政府主管部门在编制地区年度发电计划和电力电量平衡方案时，优先为风电预留充足的电量空间，在保障电力系统安全稳定的前提下，严格落实可再生能源全额保障性收购制度，通过提高电力运行调度灵活性等手段切实提高电网对风电的接纳能力。加强风电产业信息管理和监测体系建设，通过建立风电开发监测预警机制优化产业空间布局，对弃风限电问题突出、无法完成最低保障性收购小时数的地区实施一票否决制度，引导风电产业合理布局规划。

（2）完善年度开发方案管控，创新价格补贴机制。通过风电项目核准计划实现年度开发规模管控，保障风电产业稳定有序发展，适度简政放权，鼓励以市场化方式优化配置风能资源，对风电发展较好、不存在限电问题的地区放开年度建设规模指标。逐步改变目前分区域标杆电价的风电定价模式，建立在市场竞价基础上的固定补贴价格机制，推动可再生能源发电配额考核和绿色电力证书交易制度的实施，逐步减少对财政直接补贴资金的需求，建立市场化的长效价格补贴机制。

（3）完善科技创新发展环境，加强关键核心技术攻关。建立健全风电领域相关法律法规、科技成果转化、知识产权保护、技术标准体系等配套政策措施，加快推进风电信息监测体系、检测认证体系、质量监督管理体系建设，完善骨干技术人才培养体系建设和评价激励机制。依托重点企业、科研院所和高等学校联合组建产、学、研、用一体的国家级风电技术创新平台，开展风能利用基础理论研究、关键共性技术研究和重大战略研究，提升原始创新能力，解决关键技术、核心装备问题，借助物联网、云计算、大数据等新兴信息技术，推动风电产业向高端、高效、高辐射方向发展。

（4）加强国际合作交流，提升技术装备国际竞争力。把握全球风电产业发展大势和国际市场深度合作的窗口期，积极开展全方位、多层次、高水平的风电技术国际合作交流，通过加强国外先进风电技术装备的引进消化吸收再创新，实现知识产权自主化，提升国产化水平和核心技术市场竞争力，鼓励风电企业、高等学校和科研机构与国外相关机构开展联合技术创新，结合"一带一路"建设，依托国际重大合作项目，推动我国先进风电技术装备"走出去"。

（三）太阳能发电产业

（1）加速推进太阳电池技术和实证技术公共研究平台建设。尽快落实推进太阳能光伏"十三五"规划相关政策，促进太阳能光伏的快速健康发展。建立健全技术标准体系，加强市场监管，对关键设备实行强制检测和认证，这些对扩大我国太阳能应用市场、规范产业发展秩序至关重要。

（2）统筹规划，合理布局，促进太阳能发电和其他能源形式协调快速发展。健全技术标准体系，加强太阳能热发电产业布局的统筹规划，合理安排大型太阳能热发电在高比例可再生能源系统中的基本负荷电力特征，妥善处理太阳能发电与电网建设的关系。根据当地资源、能源、配套产业、人才等条件，科学规划新兴能源设备制造产业的布局。将太阳能热利用纳入基础设施建设规划和管理，并完善热利用价格政策，建立支持太阳能热利用的热价补贴机制。

（3）推动"互联网+"和"光伏+"基于大数据的深度融合。集中攻关关键技术、材料等的突破，建立大规模太阳能技术发电系统并网接入技术标准和规范；研究基于天气数据的精确预测技术，统筹太阳能发电发展规模、当地负荷消纳能力、电源调节能力、电网承载能力四者之间的关系。

（4）加强国际合作。要加强与联合国及所属机构、国际能源署、国际电工委员会、美国电气和电子工程师协会等国际组织的交流合作，联合举办全球能源互联网国际会议和论坛。对全球太阳能光热能源资源总量、分布、利用条件和开发现状进行全面梳理和信息收集，加强信息共享，结合相应的国家规划目标，梳理出近期可实现大规模太阳能光热资源开发的目标区域。参与相关国际规则制定，建立会员沟通交流机制，实现优势互补、协同发展。

（四）生物质能产业

需要完善生物质能开发政策，建立健全生物质能产品技术开发标准体系，合理布局生物质能产业，避免行业内的原料竞争，探索分布式生物质能源商业化开发利用途径，加大生物质能尤其是以木质纤维素为原料的生物质能源技术的研发力度，建立木质纤维素全组分高效利用的系统工程。

（1）加大政府管控力度，合理布局生物质能源产业，推进生物质能源产业的健康有序发展。生物质资源可转化为固态、液态和气态燃料，若在一个区域过多地布局同类或不同类的生物质能源产业，势必造成原料资源的竞争，最终导致生物质能源生产成本上升，不利于其参与同类能源产品的市场竞争。政府部门应因地制宜，根据当地生物质资源种类及特点，选择合适的能源转化技术，合理布局相应的生物质能源产业，保障当地生物质能源产业蓬勃向上的发展态势。

（2）加大关键核心技术的研发力度，加快生物质能源产业化步伐。生物质能尤其是木质纤维素类生物质能的产业化发展受阻，主要是因为关键核心技术尚未取得突破，包括低耗高效的预处理技术、高效低成本酶的生产技术、高选择性的定向转化技术等。通过拨付专项科研经费，引导高校、科研机构之间的强强联合，针对关键核心技术进行联合攻关，取得重大突破，推进生物质先进能源产业的工业化。

（3）健全生物质原料供应体系，保障生物质能源产业的持续性运行。针对废弃的生物质资源，推行最低价格保护措施，建立废弃物资源集散地，保障供应与需求之间的顺畅渠道。建立当地荒山、荒地、边际土地、重污染土地等的土地资源库，根据土地类型，合理推广种植能源植物，改善土地资源利用现状，保障生物质资源的持续供给。

（4）合理定价生物质能源产品，完善生物质能源产品市场准入机制。生物质能源产品除了本身的能源属性外，通常在形成产品及使用过程中具有良好的环境效益，生物质能源产品的定价机制应体现出其环境效益，有针对性地制定补贴政策，并注重补贴力度的时效性。构建生物质能源产品标准体系，加强产品质量监管，严格生物质能源产品的市场准入制度，放开市场准入限制，打破个别企业垄断，引导生物质能源产品良性的市场竞争。

（五）地热能产业

1. 增强地热资源利用集约化，推动地热产业合理布局

政府、企业和科研机构要密切合作，在地热资源丰富的重点地区开展以"地

热供暖/制冷—地热干燥—地热洗浴—地热热泵"为核心的地热综合梯级利用集成示范系统,将显著提升资源利用率,带动地热能领域的新兴产业,并且可以大大促进当地旅游业和农产品加工业的迅速发展,为偏远地区居民脱贫致富创造有利的环境。

我国是地热资源直接利用量第一的国家。在地热产业发展过程中,要逐渐形成并继续增大地源热泵、温泉洗浴旅游等地热资源直接利用方式市场化、商业化程度;地热温室种植、养殖的规模逐年增长,技术水平稳步提高;以西藏羊八井为代表的地热发电、以天津和西安为代表的地热供暖、以东南沿海和中部为代表的疗养与旅游,以及以华北平原为代表的种植和养殖业平稳提升的开发利用格局。

具体表现:地热资源分布与城市经济规划相匹配;地热温度分级与综合开发方式相符合;浅层地热能开发迅速发展,在供暖、温泉洗浴、温室、种植、养殖及工业应用等方面均达到一定规模,初步形成具有我国特色的地热产业。

2. 着力加强干热岩发电工程示范建设

掌握干热岩稳定运行条件和热能产出的优化控制技术,形成工程化技术体系,建立兆瓦级干热岩开发利用的示范工程是今后研发的关键。要在"十二五"成果的基础上继续研发单项技术中的核心技术,分项技术集成和整体技术测试,主要包括:①深化干热岩基础理论研究和高温浅位选址技术;②掌握干热岩储层建造与人造热储监测验证技术;③人造热储的生成及优化控制;④CO_3^{2-}干热岩发电技术及设备研发;⑤干热岩发电及配套工艺与设备的国产化;⑥干热岩系统优化及预测技术,干热岩勘查技术集成和整体测试技术;⑦示范基地建设、环境评价技术及整体综合评价技术等。

3. 重点开展地热综合开发利用信息集成技术研究

推行地热资源高效和集约化利用,重点是根据不同开采区地热水的可采水量、温度、供暖负荷,用负荷和现场具体条件研究开采规律,对于已具有一定开发规模的地热项目,重新调整开采布局,因地制宜、合理地确定方案,推行梯级利用和采灌结合、联采联灌和动态监测等措施,对动态监测网进行改造升级,提高地热动态监测水平。尽可能降低尾水温度和减少尾水排放,提高资源利用效率,最大限度地利用热能，保障资源的可持续利用，实现规模效应，核心技术包括：①热泵循环工质特性研究及CO_2热泵技术；②地热发电循环系统仿真与优化设计研究；③地热发电系统及检测平台；④地热防腐防垢、新材料技术；⑤地热储层改造及回灌技术。

4. 在立法、财税制度、资金投入等方面对地热产业加大支持力度

首先，我国应尽快借鉴国外立法经验，结合我国目前生态文明建设新形势，建议在《中华人民共和国矿产资源法》的基础上制定"中国地热资源开发利用管理办法（条例）"[以下简称办法（条例）]。办法（条例）要明确地热资源的法律属性；要厘清地热、地热资源、地下水、地下淡水、地热水、矿泉水等相关概念，解决实际管理过程中由于这些术语的界限模糊而产生的管理混乱问题；同时要明确地热资源的矿产资源属性，明确国土资源部门是地热资源的主管部门，以解决地热资源多头管理、政出多门等问题。办法（条例）应包括财政支持政策、地热资源勘查、开发利用管理和规划、地热资源保护措施、奖励与处罚等方面内容，应注重对地热资源开发利用的引导性、鼓励性和约束性，从而促进地热产业的快速、健康、可持续发展。各级政府和国土资源主管部门可以在办法（条例）的基础上出台配套的部门规章和规范性文件，从而使办法（条例）能真正得以落实。

其次，落实利用地热资源（包括浅层地热资源）供热制冷的项目运行电价严格按照居民用电价格（实行阶梯电价的按照基础电价）执行。建议国家出台地热发电优先上网政策。

最后，将地热发电、地热供暖等地热开发利用项目纳入我国可再生能源基金补贴范围，设立地热资源开发利用专项补贴基金，用于扶持地热资源开发利用。

参 考 文 献

[1] 王志峰，杨铭，詹晶，等. 2016 中国太阳能热发电及采暖行业发展蓝皮书[J]. 太阳能，2017，（7）：5-22.
[2] 国家能源局. 国家能源局关于印发《生物质能发展"十三五"规划》的通知[EB/OL]http://www.gov.cn/xinwen/2016-12/06/content_5143612.htm [2016-12-14].
[3] 卢志民. 湛江机遇：用发展解决发展中存在的问题[EB/OL]. http://news.gdzjdaily.com.cn/zjxw/content/2017-08/16/content_2236851.shtml [2017-09-18].
[4] BP 集团. BP 世界能源统计年鉴 2017[G]. 2017.
[5] BP 集团. BP 世界能源展望 2017[G]. 2017.
[6] 刘红艳. 南非萨索尔公司煤基产业链对中国煤炭企业的启示[J]. 煤矿现代化，2002，（2）：7-9.
[7] 吴春来. 南非 SASOL 的煤炭间接液化技术[J]. 煤化工，2003，（2）：3-6.
[8] BP. BP statistical review of world energy [R]. 2016.
[9] EIA. International energy outlook 2017[R]. 2017.
[10] 白优，黄平良，樊莲莲，等. 国内外煤层气资源开发利用现状[J]. 煤炭技术，2013，32（3）：5-7.
[11] GWEC. Global wind report：annual market update 2016[R]. 2017.
[12] 北极星风力发电网. 全球风电报告：年度市场发展[EB/OL]. http://news.bjx.com.cn/html/20170426/822374.shtml [2017-08-26].
[13] 国家能源局. 国家能源局关于印发《太阳能发展"十三五"规划》的通知[EB/OL]. http://zfxxgk.nea.gov.cn/auto87/201612/t20161216_2358.htm [2017-11-08].
[14] 吴创之，周肇秋，阴秀丽，等. 我国生物质能源发展现状与思考[J]. 农业机械学报，2009，40（1）：91-99.
[15] 袁振宏，罗文，吕鹏梅，等. 生物质能产业发展现状及发展前景[J]. 化工进展，2009，28（10）：1687-1692.
[16] REN21. Renewables 2017 global status report（Paris：REN21 secretariat）[R]. 2017：45-49.
[17] International Energy Agency. Technology Roadmap Solar Thermal Electricity [R]. 2014：5.
[18] 贾敬敦，马隆龙，蒋丹平，等. 生物质能源产业科技创新发展战略[M]. 北京：化学工业出版社，2014.
[19] 袁隆平"海水稻"今日测产，未来在中国 2.8 亿亩盐碱地推广[EB/OL]. http://news.163.com/17/0928/17/CVEGB38500018AOP.html [2018-01-09].

[20] Akhtar N, Gupta K, Goyal D, et al. Recent advances in pretreatment technologies for efficient hydrolysis of lignocellulosic biomass [J]. Environmental Progress & Sustainable Energy, 2016, 35（2）：489-511.

[21] U.S. Department of Energy, Pacific Northwest National Laboratory, National Renewable Energy Laboratory. Top value added chemicals from biomass, Volume Ⅰ：results of screening for potential candidates from sugars and synthesis gas [R]. 2014：11.

[22] U. S. Department of Energy, Pacific Northwest National Laboratory, National Renewable Energy Laboratory. Top value added chemicals from biomass, Volume Ⅱ：results of screening for potential candidates from biorefinery lignin [R]. 2007：16-30.

[23] 汪集旸. 能源环境危机下的地热能开发[J]. 科技导报，2012，30（4）：3.

[24] 全球风能理事会. 全球风电发展展望 2016 [R]. 2016.

[25] 北极星风力发电网. 2016年全球海上风电15国发展哪家强[EB/OL]? http://news.bjx.com.cn/html/20170308/812657.shtml [2018-03-08].

[26] 龙涎香. 2016-2017年全球风电并购Top10 [EB/OL]. http://news.bjx.com.cn/html/20170605/829222.shtml [2018-04-05].

[27] IEA. Sustainable production of second-generation biofuels [R]. 2010：29.

[28] Bertani R. Geothermal power generation in the world 2005-2010 update report [J]. Geothermics, 2012：41：1-29.

[29] 电力规划设计总院. 中国电力发展报告 2016 [R]. 2017.

[30] 中国电力企业联合会. 2016年全国电力工业统计快报[R]. 2017.

[31] 中华人民共和国环境保护部. 2016年中国环境状况公报[R]. 2017.

[32] 谢克昌，等. 中国煤炭清洁高效可持续开发利用战略研究[M]. 北京：科学出版社，2014.

[33] 中国工程院，中华人民共和国工业和信息化部. 现代煤化工产业发展问题研究[C]. 2015.

[34] 赵文智，李建忠，杨涛，等. 我国页岩气资源开发利用的机遇与挑战[C]. 中国工程院/国家能源局能源论坛，2012.

[35] 谢克昌，邱中建，金庆焕，等. 我国非常规天然气开发利用战略研究[M]. 北京：科学出版社，2014.

[36] 黄其励，彭苏萍. 能源领域培育与发展研究报告[M]. 北京：科学出版社，2015.

[37] 中国电力企业联合会. 中国电力行业年度发展报告 2016 [R]. 北京：中国市场出版社，2016.

[38] 国家能源局新能源和可再生能源司. 可再生能源数据手册 2015 [R]. 2016.

[39] 国家能源局. 2015年度全国可再生能源电力发展监测评价报告[R]. 2016.

[40] 国家电网公司. 国家电网公司"十三五"电网发展规划（建议稿）[R]. 2015.

[41] 中华人民共和国国家发展和改革委员会. 电动汽车充电基础设施发展指南（2015-2020年）[R]. 2015.

[42] 国家能源局. 风电发展"十三五"规划[R]. 2016.

[43] 国家能源局. 2015年风电产业发展情况[EB/OL]. http://www.nea.gov.cn/2016-02/02/c_135066586.htm [2016-09-16].

[44] 王闻，庄新姝，袁振宏，等. 纤维素燃料乙醇产业发展现状与展望[J]. 林产化学与工业，2014，34（4）：144-150.

[45] 中华人民共和国国家发展和改革委员会东北等老工业基地振兴司. 国投集团铁岭年产 30

万吨燃料乙醇项目开工[EB/OL]. http://dbzxs.ndrc.gov.cn/zttp/zxzx/201707/t20170728_855876.html [2017-11-24].

[46] 浙江省交通运输厅. 舟山六横生物燃料乙醇项目获国家发改委核准[EB/OL]. http://www.zjt.gov.cn/art/2013/11/12/art_17_718222.html [2017-11-24].

[47] 抚州市发改委. 中国石化东乡10万吨/年燃料乙醇项目喜获国家发改委核准[EB/OL]. http://www.fzdpc.gov.cn/gzdt/201401/t20140126_2368517.html [2017-11-24].

[48] 邓耀瑞. 湛江年产15万吨木薯燃料乙醇项目生产试运行结束[EB/OL]. http://zj.southcn.com/content/2016-10/25/content_158247388.htm [2017-11-24].

[49] 刘兴龙. 中证解读:海南椰岛木薯燃料乙醇项目终获发改委"路条"[EB/OL]. http://www.cs.com.cn/ssgs/gsxw/201402/t20140211_4303279.html [2017-11-24].

[50] 河南省发展和改革委员会. 河南天冠集团万吨级纤维乙醇项目顺利通过国家能源局鉴定[EB/OL]. http://jingji.cntv.cn/20120106/120374.shtml [2017-11-24].

[51] 山东龙力生物科技股份有限公司. 龙力生物纤维素乙醇的生物精炼预处理技术[EB/OL]. http://www.china-nengyuan.com/tech/64053.html [2017-11-24].

[52] 袁振宏, 雷廷宙, 庄新姝, 等. 我国生物质能研究现状及未来发展趋势分析[J]. 太阳能. 2017, (2): 12-19.

[53] 庚晋. 生产燃料乙醇的主要原料及经济性分析[J]. 太阳能, 2008, (8): 14-15.

[54] 鞠庆华, 曾昌凤, 郭卫军, 等. 酯交换法制备生物柴油的研究进展[J]. 化工进展, 2004, 23(10): 1053-1057.

[55] 李海滨, 袁振宏, 马晓茜, 等. 现代生物质能利用技术[M]. 北京:化学工业出版社, 2012: 326-327.

[56] 朱锡锋. 生物质热解液化技术研究与发展趋势[J]. 新能源进展, 2013, 1(1): 32-37.

[57] 中国储能网新闻中心. 水电水规总院发布《2016中国可再生能源发展报告》[EB/OL]. http://www.escn.com.cn/news/show-467460.html [2017-11-24].

[58] 张宝心, 姜月, 温懋. 生物质成型燃料产业研究现状及发展分析[J]. 能源与节能, 2015, (2): 67-69.

[59] 多吉, 王贵玲, 郑克棪. 中国地热资源开发利用战略研究[M]. 北京:科学出版社, 2017.

[60] 中华人民共和国国家发展和改革委员会, 国家能源局. 电力发展"十三五"规划(2016—2020年)[R]. 2016.

[61] 吴秀章. 典型煤炭清洁转化过程的二氧化碳排放[C]. 中国工程院/国家能源局能源论坛, 2012.

[62] 张媛媛, 王永刚, 田亚峻. 典型现代煤化工过程的二氧化碳排放比较[J]. 化工进展, 2016, 35(12): 4060-4064.

[63] 国家能源局. 2012. 国家能源局关于印发生物质能发展"十二五"规划的通知(国能新能〔2012〕216号)[EB/OL]. http://www.gov.cn/zwgk/2012-12/28/content_2301176.htm [2017-11-24].

[64] 闫金定. 我国生物质能源发展现状与战略思考[J]. 林产化学与工业, 2014, 34(4): 151-158.

[65] 中华人民共和国国土资源部. 中国矿产资源报告2016 [R]. 2016.

[66] 丁国荣. 国内外乙二醇市场分析及预测[J]. 乙醛醋酸化工, 2017, (5): 14-17.

[67] 国际能源署. 能源技术展望2017 [R]. 2017.

[68] 中华人民共和国国务院. "十三五"国家战略性新兴产业发展规划[R]. 2016.

参考文献

[69] 中华人民共和国国务院. 国务院关于印发"十三五"国家战略性新兴产业发展规划的通知（国发〔2016〕67 号）[EB/OL]. http://www.gov.cn/zhengce/content/2016-12/19/content_5150090.htm[2017-11-24].

[70] 王礼恒, 屠海令, 王崑声, 等. 产业成熟度评价方法研究与实践[J]. 中国工程科学, 2016, 18（4）: 9-17.

[71] 许胜. 技术成熟度的通用定义[J]. 军民两用技术与产品, 2016, （11）: 8-10.

[72] 高原, 高彬彬, 董雅萍. 制造成熟度管理方法研究[J]. 制造技术与机床, 2012, （3）: 30-37.

[73] 葛侃, 孙旭东. 基于 AHP 的淮北矿业集团高技能人才考核评价模型[J]. 中国矿业, 2014, 23（3）: 21-24.

[74] 孙旭东, 张博, 葛宏志. 能源产业成熟度评价方法理论研究[J]. 中国矿业, 2017, 26（10）: 65-69.

[75] RFA. Markets & statistics [EB/OL]. http://www.ethanolrfa.org/resources/industry/statistics/, [2017-11-24].

[76] RFA. Ethanol Industry Outlook [R]. 2017: 6.

[77] USDA. Brazil, Annual Report 2016 [R]. GAIN Report Number: BR16009. 2016.

[78] 2016 年 1—12 月全国石油化工主要产品表观消费量测算表[EB/OL]. http://www.chinacir.com.cn/2017_hysj/553433.shtml [2017-11-24].

[79] 国储玉米一年补贴 630 亿, 2.5 亿吨库存倒逼临储政策改革[EB/OL]. http://epaper.21jingji.com/html/2016-03/29/content_36134.htm [2017-11-24].

[80] 中国石油集团经济技术研究院. 2050 年世界与中国能源展望[R]. 2016.

[81] 中华人民共和国国家发展和改革委员会, 外交部, 商务部. 国家发展改革委、外交部、商务部联合发布《推动共建丝绸之路经济带和 21 世纪海上丝绸之路的愿景与行动》[EB/OL]. http://www.mofcom.gov.cn/article/resume/n/201504/20150400929655.shtml [2017-11-24].

[82] 广东省海洋与渔业厅. 广东省海洋经济发展"十三五"规划[EB/OL]. http://zwgk.gd.gov.cn/006941338/201706/t20170607_708384.html [2017-11-24].

[83] 湛江年鉴 2017 [G]. http://www.gd-info.gov.cn/shtml/zjs/lanmu04/index.shtml [2018-03-07].

[84] 茂名年鉴 2016 [G]. http://www.gd-info.gov.cn/shtml/mms/mmsqk/nj/[2018-03-07].

[85] 阳江年鉴 2016 [G]. http://www.gd-info.gov.cn/shtml/yj/lanmu02/[2018-03-07].

[86] 广东省发展和改革委员会, 中国科学院广州能源研究所. 广东省生物质资源评价及应用研究[R]. 2016: 46-69.

[87] 湛江市人民政府. 湛江市国民经济和社会发展第十三个五年规划纲要（湛府〔2016〕34 号）[EB/OL]. http://www.zhanjiang.gov.cn/fileserver/statichtml/2016-04/a3a4b963-bb88-42f5-abd3-04907639fd80.htm [2017-11-24].

[88] 茂名市人民政府. 茂名市人民政府关于印发《茂名市国民经济和社会发展第十三个五年规划纲要》的通知（茂府〔2016〕63 号）[EB/OL]. http://www.maoming.gov.cn/zwgk/jhgh/201610/t20161024_77588.html [2017-11-24].

[89] 阳江市 2016 年国民经济和社会发展计划执行情况与 2017 年计划草案的报告[EB/OL]. http://www.yangjiang.gov.cn/zjyj/fzqj/jjfz/201707/t20170706_166708.shtml [2017-11-24].